谨以此书献给所有希望把握正确方向、探索前进道路、主导自我命运、追求美好前途的人们！

　　　　　　　　　　——题记

方向管理论

——长期行为的不确定性管理研究

张明正 著

河南大学出版社
HENAN UNIVERSITY PRESS
·郑州·

图书在版编目(CIP)数据

方向管理论：长期行为的不确定性管理研究 / 张明正著. -- 郑州：河南大学出版社，2024.5(2024.12重印)
ISBN 978-7-5649-5892-3

Ⅰ.①方… Ⅱ.①张… Ⅲ.①管理学－研究 Ⅳ.①C93

中国国家版本馆 CIP 数据核字(2024)第 108303 号

责任编辑　薛建立
责任校对　李亚涛　柴桂玲
封面设计　马　龙

出　版	河南大学出版社
	地址：郑州市郑东新区商务外环中华大厦 2401 号　邮编：450046
	电话：0371-86059715（高等教育与职业教育分公司）
	0371-86059701（营销部）　网址：hupress.henu.edu.cn
排　版	郑州市今日文教印制有限公司
印　刷	郑州市今日文教印制有限公司
版　次	2024 年 5 月第 1 版　　　　印　次　2024 年 12 月第 2 次印刷
开　本	787 mm×1092 mm　1/16　　印　张　18.25
字　数	281 千字　　　　　　　　　定　价　65.00 元

版权所有，侵权必究

（本书如有印装质量问题，请与河南大学出版社营销部联系调换。）

序　一

多少年来，"管方向"的重要性尽人皆知。但如何管好方向，管理学界一直缺少系统的应用研究。相关的基础理论研究，更几乎是空白。基于这样一种认识，张明正教授的"方向管理"理论算得上是一个创新的理论。这一创新理论的价值是显而易见的。

我与张明正教授有莫逆之交。2020年春节过后的大年初六，张明正教授发给我一篇他在疫情期间写成的文章《方向管理：长期行为不确定性管理的思考》。据说是他在撰写《方向管理论》书稿的时候，摘出部分重要的观点，整理出了这篇文章，为的是先飨读者。

同行之间互相交流新作征求意见，是学界的优良传统。我本人对管理学没有研究，张明正教授能把其新作发给我，虽然是我们之间几十年惺惺相惜的交情使然，但说实在的，我还真是有些受宠若惊的感觉。后来，这篇两万多字的长文发表在《河南大学学报（哲学社会科学版）》2020年第6期上。

2022年3月，张明正教授发微信给我说，他历时三十多年，终于完成了《方向管理论》书稿，并把前言发给了我，说是准备交稿了。但是，直到2022年11月中旬，他才把《方向管理论》的全部书稿发给我。

原来，做事一向认真的他，又一次对书稿进行了大的修改。据他说，他是突然之间对全书第三部分应该如何写发生颠覆性的认识改变，从原本按照政治、经济、科技、企业管理等不同领域划分、分门别类研究方向管理的具体应用，改为从方法论层面研究方向管理在人类社会中的一般应用。他把已经完成的第三部分中的内容基本弃用，新增的两章大约九万字，全部是重写的，所以又花了半年的时间。

这部分内容我读后颇有感慨。我一直从事国际政治与国际关系的教学与研究工作，负责过学校的学科建设、学位与研究生教育工作，目前分管河南大学的人文社科研究工作，可以说研读过不少学术文章和著作，但在张明正教授新增写的九万字左右的篇幅中，集中展现了这么多新颖的学术观点和独到见解，内容涉及政治、经济、文化、管理等诸多领域，的确并不多见。从修改后的书稿内容看，这两章的确是全书的点睛之笔。

更令我欣喜的是，他的这些理论观点和方法，对我从事的教学研究工作和人文社科研究管理工作，都有着极强的指导意义，让我受益匪浅。

张明正教授在发给我书稿的同时，提出请我为本书作序。在我的观念中，好朋友之间，交情为交情，要为一部不是自己研究领域里的开山之作作序，可不是一件轻松的事情，更不能感情用事，否则，交情就有可能变成为矫情。因此，回信祝贺他大作收笔的同时，婉言谢绝了他的好意。但他立即回信，要我先看完前言和后记再做决定。到了12月中旬，他发微信给我，说出版社已将本选题报上级出版管理部门，等待审批，并再次询问作序事宜。我被他追求真理、勇于探索、勤于实践的精神深深打动，因为交情，只好"矫情"一把。

创建一个新的理论，从学术研究上是一件冒风险的事情。张明正教授创建的方向管理理论，不是一时的心血来潮，可以说凝聚了他一生的心血。20世纪70年代，还是青年学生的他，受托姆"突变论"的启发，就开始对"不确定性"问题产生浓厚兴趣。之后几十年，他致力于"长期行为的不确定性管理"研究，笔耕不辍，提出并创建了方向管理理论。

《方向管理论》一书全面系统地阐述了他所创建的方向管理的基本理论及其应用，是他在战略管理领域里一次大胆的探索。

这本书的副标题是"长期行为的不确定性管理研究"。因为他认为："战略管理本质上是长期行为的不确定性管理。""长期行为的发展趋势和演化规律，系统长期行为演化方向的判断和选择，才是战略管理研究的题中应有之义，不确定性才是战略管理之魂和生命之源。而这一点恰恰是目前几乎所有战略管理理论研究的盲区。"他从系统演化过程中长期行为的不确定性入手,研究系统发展中的方向判断、选择、控制,的确填补了战略管理研究的空白。

他的方向管理理论建立在系统科学理论的基础之上。除了贝塔朗菲的一般系统论、维纳的控制论、仙农的信息论之外,还包括研究系统演化方向的耗散结构理论,研究系统演化内在机制的协同学,研究系统演化方式的突变理论,以及研究系统演化存在状态的混沌理论。对于方向管理研究而言,后四个自组织理论构成了研究方向管理的重要理论基础。他从这四个理论中以及自组织管理的方法中,找到了方向管理的研究思路,进而创建了方向管理理论。

常言说,一个人能走多远,看他与谁同行。在创建方向管理理论的过程中,张明正教授直接得到了钱学森、黄顺基、沈小峰、王雨田、舒炜光、胡玉衡等国内科学哲学和系统科学前辈们的鼓励和指导。这对他的方向管理理论的创立起到了极大的帮助作用。

20世纪90年代初,我来到河南大学政治系(管理科学系)工作,有幸与张明正教授成为同事。那时,政治系学生中流传着"三张三马"之说。"三张",即讲马克思主义哲学的张曙光、讲科学技术哲学与科学技术史的张明正、讲中共党史与政治学的张涛。历届同学们对"三张"各有一个字的评价,这就是张曙光的"深"、张明正的"博"和张涛的"新"。"三马",即讲逻辑的马佩、讲党史的马同增、讲社会学的马进举。

这六位老师课讲得好,有思想,深受学生欢迎,深得学生敬仰,在各自领域里的科研也做得非常好,在学界享有盛誉。在他们身上,不存在教学与科研孰轻孰重、哪高哪低的问题,而是教学相长、教研相成。这也是他们课讲得好、深受学生欢迎的根本原因。我作为新入职的青年教师把他们作为学习的榜样,在工作中也得到了他们的指导和帮助,和他们结下了深厚的情谊。

后来,张曙光教授到了北京师范大学,张涛教授到了深圳大学,只有"三张"之一的张明正教授还一直坚守在河南大学工作,并根据学校学科专业的发展,不断开拓新的研究领域,相继开设了多门新的课程,为本科生和研究生开设了一系列专题讲座。在这些专业课程和专题讲座中,他不断梳理对方向管理理论研究的新思路，阐释方向管理理论的新观点，进而促使方向管理研究成果系统化、理论化。

张明正教授思想敏锐，是个闲不住的人。十多年前，我在校园里偶遇刚刚下课的他，在相互问候中我问他每天忙什么，他说一年到头就忙三件事：讲课，写书，办公司。我说你还有时间办公司，精力真够充沛的。他认真地告诉我，给学生讲企业管理，特别是给MBA的研究生上课，没有管理企业的经验，教学、实践"两张皮"，不仅自己讲课时心里发虚，学生也是不认可的。

张明正教授早在20世纪90年代就开始自己创办公司，为此还主动辞去了政治系副主任的副处级领导职务。他在自己创办的多家企业亲自担任董事长或总经理，据说管理得还不错，效益还可以，企业的总资产早已经过亿。但每当有人说他是儒商时，他总是纠正说自己是"商儒"。他始终认为自己不是有学问的商人，而是进入商海的读书人，归根到底还是一个知识分子。

我们常说理论来自实践，还要应用于实践，并在实践中得到检验，在实践中得以升华。张明正教授20多年办企业的体验，让他对企业管理有了自己独到的理解，讲课更有底气。张明正教授的讲课效果之好，在河南大学有口皆碑。2000年，他获得河南大学教学讲课大赛一等奖。2007年，河南大学对学校20年来的教学状况进行全面回顾与评选，他又在此次校外专家参与的评选中，获得了含金量很高的河南大学教学十佳称号，就是很好的证明。他对理论与实践结合的重视，充分体现了中国文人崇尚"知行合一"的传统。

"纸上得来终觉浅，绝知此事要躬行。"在通读《方向管理论》书稿时，联想张明正教授办企业的实践经历，我理解了他对目标管理理论局限性的分析。企业要生存，必然要追求当下的效益，重视命运攸关的短期行为，运用负反馈的管理方法，搞好具有确定性的目标管理。但是，企业要想长期、稳定地发展，必须有战略的规划。而长期行为的发展势必存在大量的不确定性，而对这种长期行为的不确定性，其研究和应对的难度是很大的，有时甚至难到无从下手。张明正教授创立的方向管理理论，就是力图能够解释和解决这一问题,为企业的战略管理提供理论上的指导。

说实在的,学文科出身的我,对张明正教授运用的自然科学理论不全懂,对他运用的数学理论更是一窍不通。但是,在阅读全书的过程中,可以感受到他为理科基础不太好的人考虑的良苦用心。他最大幅度减少数学推导,有意识将科学性、哲理性与知识性、趣味性融合在一起,尽量用浅显又不失准确的语言来表述,用案例分析来丰富理论,让读者能够比较轻松地理解方向管理理论中的概念、方法与逻辑关系,全书读起来并不觉得深奥难懂,很多观点接受起来并不困难。而理论的生命力就在于能让人们理解、掌握和运用。只有当人们理解了理论并用于指导人们的实践,在实践中不断更新,才能彰显其旺盛的生命力。

张明正教授强调战略管理首先是一门艺术,其次才是方法;方向管理理论是一种更接近于"道"而非"器"的管理理论。但是,本书第三部分"方向管理理论的应用"中,理论与实践的结合还是很好的,读后感觉方向管理理论的确"有用"。他在这部分中提出的很多新观点、新理论使人耳目一新,给人以方法论的启迪。

我这里特别想指出的是,张明正教授认为方向管理本质上不是操作层面的具体管理,而是建立在愿景、理想层面的"向往"管理。他的立论基础就是:"由于长期行为非线性特征所带来的不确定性,系统长期行为及演化的结果通常是无法预测的,长期行为所追求的结果,大多停留在梦想中,对未来结果的期望只能表现在愿景和理想层面。长期行为的规划主要仰赖规划者的直觉与想象力,对长期行为结果追求的价值,主要在追求的过程中体现。"

张明正教授认为,方向管理在某些方面必须仰赖直觉与想象力,必须靠信仰来支撑,高层管理者要善于带领下属在憧憬中奋斗。管理竟然还可以如此这般地"管理",过去的确很少有人这样去想。但是,联想到十八大以来,习近平总书记无数次告诫全党和全国人民不忘初心,无数次讲中国梦,无数次讲理想、信仰的力量;联想到当下西方政治治理中的急功近利,中国政治治理中的长期规划、远见卓识……我似乎也悟出来了其中的些许奥秘，明白了其中的一些道理。

张明正教授基于方向管理理论，在理想层面对人类未来的发展做出了很多的预测。这些预测是否准确，只能交给未来去证实或证伪。但是，作为一个70岁的老人，还有如此的探索精神和大胆敢言，让我们很是钦佩。

任何一种理论都需要在实践中不断接受检验、修正，方向管理理论也不例外。正如张明正教授所言，他仅仅是方向管理理论的探路者，他所提出的理论一定存在这样或那样的不足，需要学界同仁继续不断地探索、丰富和完善。但是，积极的创新永远需要保护和支持，我们期盼这一中国学者创立的方向管理理论，既能够得到管理学界专家的认可，也能够让普通读者读后有所收获。

"矫情"到此，权以为"序"。

孙君健
2023年8月26日于河南大学金明校区

序　　二

　　2022年10月,张明正老师将《方向管理论》的书稿发给我,说是准备交出版社出版,让我帮助写一个英文的内容摘要和作者简介,附在书中。并希望我能发挥专业特长,从管理学的视角出发,为本书写一个序言。

　　我是张明正老师的亲学生。在此之前,鲜闻有学生为老师写的书作序,更何况还是老师的开山之作。但是,张老师说学生是老师的上帝,请上帝作序,天经地义,个中言语恳切,让我难以推辞。而我最近十几年来,与张老师一直有学术上的交往,加之这么多年我始终关注这本书的写作,也为这本书做了一些辅助性工作,的确有很多话想说,就诚惶诚恐答应了老师的请求。

　　1997年9月,我考入河南大学管理科学系(也称"政治系"),这里有很多德高望重的好老师。2000年6月的一个晚上,7点左右,我路过河南大学老校区五号教学楼时,听到101教室传来了阵阵掌声,我靠近窗户一看,太壮观了,可容纳数百人的教室座无虚席,很多学生站着听课,教室门口都挤满了学生。我趴在窗边听了会儿课,这位老师讲课抑扬顿挫,声音很好听,普通话特别标准,讲课时旁征博引,内容引人入胜。旁边有个同样趴在窗边听课的学生告诉我,这门课是"科学技术发展史",讲课的是张明正老师。听到名字,我顿时一惊,原来这就是大名鼎鼎的张明正老师啊!他虽未给我上过课,但名字如雷贯耳,我早就听说张明正老师是老政治系讲课特别好的老师之一。

　　2001年我毕业留校工作,有幸跟张老师做了同事。张老师不仅讲课好,还十分有实践经验,是少有的既有理论功底又有社会实践经历的高校教师。2012年中国企业管理年会在河南大学举办,我和张老师分到了分论坛的同一个组,张老师大会发言的题目是"方向管理——管理在战略层面的思考",这是我平生第一次听到"方向管理"的概念。我被张老师的"大胆"所折服,因为敢提出新的管理理论的学者在我身边鲜见,我总觉得这是件冒险的事情。

张老师认为,在战略管理中,战略目标虽经科学规划而确定,但演化系统的发展能否趋近目标以及目标能否实现,依然具有不确定性。这种不确定性不仅源于外随机性的干扰,更源于系统本身所具有的内随机性。系统的非线性变化乃至长期行为的不可预测,决定了对演化系统发展方向正确与否的把握,较之如何趋近目标的控制手段以及对目标实现程度的追求更为重要。据此,他提出一种新的管理思路——方向管理,并提出若干方向管理的具体操作方法。

2020年春节后,张老师曾发给我一篇论文《方向管理——长期行为不确定性管理的思考》,让我提意见。我提出了自己的几点建议,张老师很谦虚,对我表示了感谢,说已做修改,并且把修改稿发给了我。当年我就在《河南大学学报(哲学社会科学版)》见到了张老师发表的论文。

2022年2月,我告诉张老师我在编写教材,想把方向管理理论中的一部分放到目标管理理论这一章作为阅读教材,张老师欣然同意,并第一时间把《方向管理论》前言发给了我供我参考。到了10月底,张老师说书稿已经完成,并很快发来了全书的电子版。当我看到张老师发来的《方向管理论》书稿时,我的心情与他一样激动,我知道这本书凝聚了张老师几十年的心血,也正如他说的:"此书完成,了我半生心愿。"

方向管理理论是一个完全创新的理论。张明正老师把"目标"作为方向管理理论研究的逻辑起点,从大家熟悉的目标管理理论入手,将其作为开篇着力研究的重点内容,围绕目标管理一步步在逻辑上循序地展开,层层递进地分析,读来颇有曲径通幽的感觉。

众所周知,基于西方情境的目标管理理论目前已经非常成熟,我国学者通过目标管理理论来解释、预测、指导基于我国情境的管理实践,成果也非常丰富。但是,张明正老师另辟蹊径,将目标管理作为一个负反馈控制系统,从人机关系和偏差控制出发,分析目标管理的特点和存在的问题,通过对德鲁克目标管理理论和维纳控制论的比较研究,从组织管理与自组织管理的区别中,顺理成章地引出来方向管理理论。这种有别于传统管理理论的研究思路,正是张老师把系统科学的方法运用于管理科学,几十年来在两个领域辛勤耕耘的收获。

方向管理理论涉及两个非常重要的概念,一个是"长期行为",另一个是"不确定性"。《方向管理论》一书的副标题之所以确定为"长期行为的不确定性管理研究",是因为这两个概念的界定,是本书逻辑展开的关键。通读全书的内容,的确也正是围绕这两个概念展开的。

所谓的"长期行为",是相对"短期行为"而言的,而按照传统管理理论的认识和一般常识,判断"长期""短期"的标准,首要的当然是时间,但张明正老师对此有完全不同的理解。

张明正老师把时间因素引入管理之中,研究时间与确定性的反比关系,这本身已经是理论上的创新了,但他更重要的理论贡献是在长期行为研究上的独到见解。他认为长期行为的认定,时间并不是唯一的考量因素。判断一个管理行为究竟是长期行为还是短期行为,不仅需要考虑时间的长短,还需要综合考虑两者的至少六个特征,缺一不可。

张老师对长期行为与短期行为六个特征所进行的深入分析极具理论张力。尤其他对第六个特征的研究,让我每每掩卷许久,仍觉余味隽永。

张老师在第六个特征的研究中讲到,长期行为主要停留在愿景与理想层面,可以通过憧憬追求。系统演化方向正确与否的判断,需要仰赖直觉与想象力,价值在过程中体现。而短期行为主要停留在操作层面,可以通过具体的执行完成,系统目标的达到与否主要依赖方法与技能,价值在结果中体现。

为什么会是这样呢?他认为长期行为非线性特征所带来的不确定性,决定了长期行为系统演化的结果通常是无法预测的。所以,长期行为所预设的目标,大多只能停留在梦想中,对未来结果的期望只能表现在愿景和理想层面。长期行为的规划主要仰赖规划者的直觉与想象力,对长期行为结果追求的价值,主要在追求的过程中体现。管理者长期前行的支撑,很大程度来自信仰。

张老师关于长期行为的管理首先是一门艺术,处在"道"的层面,需要仰赖直觉与想象力,甚至需要靠信仰来支撑等一系列的认识,显然是东方文化孕育的产物。这些在西方传统管理理论中几无容身之地的观点,乍听起来从心理上的确很难接受,但静心思考,又非常耐人寻味。

张明正老师认为所谓的不确定性,从人类认识的角度看,是指不能准确知道某事件或某行为的结果。就系统演化而言,当一个系统演化发展的过程中,其可能出现的行为结果不止一个,系统的演化就具有了不确定性。

在张老师看来,认识的不确定性会来自人类认识的局限。从认识论的层面看,当主体缺乏信息或者没有足够的能力辨识信息,或者受到情感等诸多因素的影响判断能力下降,导致主体产生认知障碍,对客体的行为变化难以准确预测,就会出现认识上的不确定性。但是,这类不确定性,方向管理理论并不研究。

方向管理理论所讨论的不确定性,主要指的是演化系统自身行为的不确定性。张老师认为,即使我们掌握了演化系统的全部信息,包括系统行为的全部初始条件和所有影响因素,我们也无法准确预测系统的演化结果。换言之,这种不确定性和人的认知能力没有直接的关系。产生不确定性的原因可能来自系统内部,也可能来自外部环境的变化,其不确定性程度与时间成正比。长期行为的目标,在方向管理理论看来,就是一个具有不确定性的奇怪吸引子。

我认为,围绕"长期行为"和"不确定性"这两个概念,关于系统的内外随机性对系统演化长期行为的影响,演化系统从一稳态向另一稳态跃迁时,如何在临界点突变以及突变的形式、系统的演化方向等研究,构成了方向管理理论最鲜明的特色。

张明正老师在分析"蝴蝶效应——对初值的敏感依赖性"时,深入研究了哲学史上长期争论不休的决定论与非决定论。在张老师看来,整个人类社会发展相当长的一个时期,决定论的思维方式,对人类来说就是一种常识。从古代人们仰观天象、俯察地理,根据万物轮回的规律,来安排人类的生产、生活,解释人类的命运,到近代伟大的科学家牛顿、爱因斯坦笃信因果律,用决定论的思维方式看待物理学,这一切都是基于决定论的信仰。人类对未知事物认识水平的评价标准,大多建立在确定甚至精确的基础之上,人类希望通过研究客观事物的运动发展,找到决定论意义之上各类不同的确定性规律,并用这样的一些规律,来指导我们认识世界和改造世界。

张老师认为,相对于决定论的思维方式,方向管理理论带给我们的是一种迥然不同的思维方式,即混沌思维方式。他认为,混沌思维从根本上改变了人类传统的思维方式,其思想精髓集中体现在三个关系中:其一是确定性与非确定性的关系,其二是线性与非线性的关系,其三是精确与模糊的关系。对于一个演化系统的长期行为而言,确定性是相对的,不确定性是绝对的;线性是相对的,非线性是绝对的;精确是相对的,模糊是绝对的。

对管理学而言,混沌思维显然是一种非常重要的思维方式。混沌思维让我们对事物的想法有了新的认识,"非对即错""非黑即白""非善即恶""非友即敌"的二元论思维将被多元化的混沌思维所取代。我们面对的将是一个确定性与不确定性、线性与非线性、精确与模糊对立统一的混沌世界,我们把握的将是混沌世界背后的新秩序。

在我上大学本科时,马克思主义哲学原理是我们的必修基础课。但学习期间,很多理论问题我始终都没有完全搞清楚,如质量互变规律中讲的"爆发式飞跃与非爆发式飞跃"。而这次在张老师关于"沿平衡曲面平滑量变引起质变的哲学思考"中,我看到了一个全新的解释,受到很大的启发。

张老师通过分析黑格尔在《小逻辑》中关于质量互变规律的研究,指出爆发式飞跃与非爆发式飞跃理论存在的最大问题,就在于把质变理解为量变过程的中断。他认为,飞跃只是质变的其中一种形式,并不等同于质变。他利用尖顶型突变模型,对两种不同的质变形式进行了比较,认为:"系统演化在行为曲面上可以呈现出 A→F 的变化方向,也可以呈现出 B→G 的变化方向。在这样的两种状态下,系统演化在折叠处有可能出现量变过程的中断。但当系统在行为曲面上沿 D→C 或 C→D 的变化方向光滑演化,系统演化的全过程没有出现量变过程的中断,同样完成了两种不同质态的转变。"

张老师认为,一个演化系统什么时候通过突变完成质变,什么时候通过渐变完成质变,很大程度上取决于系统稳定程度的变化。如果系统在演化中,旧质始终存在并基本保持稳定,而酝酿新质的因素又不断增多,则通过突变完成质变的可能性就比较大。所以,社会要想不断稳步前进,就必须不断地除旧立新,持续改革。如果因循守旧、故步自封、积聚矛盾,导致激变而出现社会革命的可能性就非常大。同样道理,如果事物在质变过程中两质态之间的中介状态不断平滑改变且系统总体始终保持稳定状态,则质变通过渐变方式完成的可能性就大大增加。改革必须因势利导,而不必拘泥于突变或渐变的形式,因为在实际的行为控制中,更多需要把握的是突变与渐变的统一。张老师的这些认识,对于我们当前改革开放中的某些政策制定,有着非常重要的理论和实践指导价值。

关于复杂性的认识与研究,在 20 世纪末至 21 世纪初,已经发展到了一个更高的阶段,以至于在科学与哲学层面的"复杂性",已经成了一个有别于日常生活层面"复杂性"的专有名词,在某种程度上,"探索复杂性"已经成了自组织理论研究的代名词。张老师关于复杂性的研究同样极具特色。

张老师不仅从自然科学的发展中汲取了丰富的营养,更是在哲学思维的高度上,创造性地开展了对复杂管理领域的认知变革。书中运用方向管理的思维原则、话语体系揭示了复杂问题,为复杂世界的研究提供了方法体系,在理性层面将抽象的"方向"认知问题,转化为"稳定、复杂、有序"等可比较问题,从而使方向管理具有了重要的方法论意义。

方向管理作为一种面对复杂世界的多元思维,对于信息支持不充分条件下新领域的开拓性研究、社会变革时期的探索性尝试、管理过程中突发事件的处理等内含大量不确定性因素系统的管理,提供了一种新的管理思路与方法。方向管理理论在对复杂管理问题本质属性不断升华的基础上,极大地丰富了战略管理理论的内容。

任何正在发展中的理论、结论都有预设的前提假设和使用边界,"拿来主义"下带有西方烙印的管理理论,可能无法解释边界外的现实情境。《方向管理论》一书不仅吸收了中国土壤的独特元素,把握了作用于管理实践的背后规律,以事实为依据去开发和完善中国管理理论,更是基于对中国管理实践的客观认知,尝试提出带有中国传统文化特色的管理理论。张老师并没有盲目地遵循西方主导的管理学理论和研究视域,而是立足中国情境和自然科学相关理论,用自信而不偏狭的国际话语讲好了方向管理理论。丰富的人类实践活动一再表明,科学理论具有指导实践的永恒魅力。实践每发展一步,理论就要跟进一步,甚至多走一步。我们相信,随着实践的发展,方向管理理论会展现出更强大的生命力。

总之,我们在《方向管理论》中看到的新观点、新方法比比皆是,不胜枚举。我现在所列举的不过是书中精彩内容中的一部分。我们只有通读张老师的《方向管理论》全书,仔细品味张明正老师学术研究的心路历程,才能窥探方向管理理论的管理艺术和思想底蕴。

张老师不仅理论上很强,实践上也做得很好,很多人都羡慕他精神、物质的双自由。但很多人不知道的是,张老师在创业道路上的探索是非常艰难的。2017年10月,张老师在他创业20年之际给我发过来一首词,把他创业的酸甜苦辣和豪情壮志一同融入《唐多令·下海》的词中。这首词写道:"一朝入商海,命运逐波流。笑吟吟每天公关,苦哈哈常年债愁。不觉间,花了头。人生凭多难,羡君扼咽喉。疾风到方知劲草,大浪涌起识飞舟。欲弄潮,到中流。"

在这首词中,我们从他钦佩贝多芬敢于扼住命运的咽喉,学习毛泽东到中流击水、浪遏飞舟的乐观与豪情中,感受到他的坚强;也从他"每天公关"的无奈和"常年债愁"的"苦哈哈"中,感受到他创业的不易。

张老师说想让我为《方向管理论》作序,以我的理论功底我是没有底气的,但我愿意把我的感受分享出来,从跟张老师接触的点滴中而有所感悟。特别是我读了这本书的后记,张老师对河南大学深厚的感情令我动容。张老师今年已经70岁了,仍没有停止写作,真正地做到了活到老学到老,这对我还有很多从事管理学教学研究的学者是莫大的激励。

愿《方向管理论》被越来越多的学者阅读、学习、认可和接受!愿张老师健康、幸福!

张洁梅

2023 年 8 月 18 日

目　录

绪　论 ………………………………………………………（ 1 ）

第一部分　目标管理与方向管理

第一章　目标管理 ………………………………………（ 23 ）

一、德鲁克与"目标管理" …………………………………（ 23 ）
    1. 目标管理的提出 ……………………………………（ 23 ）
    2. 三个石匠的回答 ……………………………………（ 24 ）
    3. 目标与使命 …………………………………………（ 26 ）
    4. 目标与战略 …………………………………………（ 27 ）

二、目标管理的方法 ………………………………………（ 29 ）
    1. 关于动物和机器之间的控制 ………………………（ 29 ）
    2. 负反馈方法 …………………………………………（ 33 ）
    3. 负反馈方法在目标管理中的应用 …………………（ 35 ）

第二章　方向管理 ………………………………………（ 37 ）

一、方向概述 ………………………………………………（ 37 ）
    1. 什么是方向 …………………………………………（ 37 ）
    2. 两种方向之区别 ……………………………………（ 37 ）

二、长期行为与不确定性 …………………………………（ 39 ）
    1. 不确定性 ……………………………………………（ 39 ）

2. 管理行为中的时间因素 …………………………………（40）
 3. 客观世界中的时间与系统演化 …………………………（41）
 4. 长期行为与短期行为的六个特征 ………………………（43）
 5. 长期行为与不确定性的关系 ……………………………（47）
 6. 长期战略目标是不可预测的奇怪吸引子 ………………（47）
三、方向管理的概念 ……………………………………………（48）
四、德鲁克方向管理思想的萌芽 ………………………………（49）
 1. 德鲁克的"自我管理" ……………………………………（49）
 2. 自我管理与自组织管理 …………………………………（50）
五、自组织理论是方向管理的理论基础 ………………………（52）
 1. 系统演化的条件与方向——耗散结构理论 ……………（53）
 2. 系统演化的内在机制——协同学 ………………………（53）
 3. 系统演化的方式——突变论 ……………………………（54）
 4. 系统演化的状态——混沌理论 …………………………（55）

第二部分 自组织理论与方向管理

第三章 耗散结构理论与方向管理 …………………………（59）

一、什么是耗散结构 ……………………………………………（59）
二、克劳修斯的退化世界图景 …………………………………（60）
 1. 可逆与不可逆 ……………………………………………（60）
 2. 平衡态热力学 ……………………………………………（61）
 3. 熵 …………………………………………………………（63）
 4. 退化世界的图景——热寂说 ……………………………（64）
三、普利高津解决退化的办法 …………………………………（67）
 1. "存在物理学"与"演化物理学" …………………………（67）
 2. 建立开放系统与引进负熵流 ……………………………（69）
 3. 远离平衡态 ………………………………………………（70）
 4. 非线性相互作用 …………………………………………（71）

5. 涨落触发跃迁 …………………………………………（72）

　二、一稳态向另一稳态的跃迁 ………………………………（74）

　　1. 三种不同状态的稳定 ……………………………………（74）

　　2. 不同稳态间的跃迁与稳态比较 …………………………（75）

　五、耗散结构理论与方向管理的关系 ………………………（76）

第四章　协同学与方向管理 ………………………………（78）

　一、协同学的创立 ……………………………………………（78）

　　1. 激光形成原理与贝纳德对流 ……………………………（78）

　　2. 协同学的创立过程 ………………………………………（82）

　　3. 协同学与耗散结构理论的关系 …………………………（84）

　二、协同学的基本概念与基本原理 …………………………（85）

　　1. 自组织 ……………………………………………………（85）

　　2. 序参量 ……………………………………………………（86）

　　3. 支配原理 …………………………………………………（89）

　　4. 最大信息熵原理 …………………………………………（89）

　三、协同学与方向管理的关系 ………………………………（92）

第五章　突变论与方向管理 ………………………………（95）

　一、托姆与突变理论 …………………………………………（95）

　　1. 阿基里斯追不上龟 ………………………………………（95）

　　2. 突变论的创立 ……………………………………………（98）

　二、客观世界中的突变现象 …………………………………（105）

　三、突变理论的基本内容 ……………………………………（109）

　　1. 结构稳定性 ………………………………………………（109）

　　2. 状态变量与控制变量 ……………………………………（111）

　　3. 七种初等突变的基本类型 ………………………………（112）

　　4. 七种初等突变的几何形状 ………………………………（113）

　　5. 尖顶型突变模型的应用 …………………………………（119）

四、突变理论与方向管理的关系 ………………………………… (123)

第六章　混沌理论与方向管理 ………………………………… (125)

一、混沌理论的创立 ……………………………………………… (125)
　　1."混沌"的由来 …………………………………………… (125)
　　2.洛伦兹与混沌理论的创立 ……………………………… (126)

二、混沌理论的基本内容 ………………………………………… (132)
　　1.蝴蝶效应——对初值的敏感依赖性 …………………… (132)
　　2.内随机性 ………………………………………………… (140)
　　3.奇怪吸引子 ……………………………………………… (141)
　　4.分形与无限嵌套的自相似结构 ………………………… (145)

三、通往混沌的道路 ……………………………………………… (153)
　　1.条条大路通罗马 ………………………………………… (153)
　　2.费根鲍姆常数 …………………………………………… (154)
　　3.混沌思维方式 …………………………………………… (155)

四、混沌理论与方向管理的关系 ………………………………… (157)

第三部分　方向管理理论的应用

第七章　方向正确与否的判定 ………………………………… (161)

一、跃迁的螺旋式上升道路 ……………………………………… (161)
　　1.后一稳态比前一稳态更稳定 …………………………… (162)
　　2.后一稳态比前一稳态更复杂 …………………………… (163)
　　3.后一稳态比前一稳态更有序 …………………………… (165)

二、临界点处的方向判断与选择 ………………………………… (167)
　　1.临界点处的突变及其演化趋势 ………………………… (167)
　　2.沿平衡曲面平滑量变引起质变的哲学思考 …………… (169)
　　3.演化形式与演化方向的判断与选择 …………………… (171)

三、概率判断原则 ………………………………………………… (174)

四、实践价值判断原则 …………………………………………（178）

第八章　方向管理在人类社会管理中的应用 ………………（181）

　　一、人类社会的自组织与超组织管理 …………………………（181）
　　　　1．系统、要素与协同 …………………………………………（181）
　　　　2．人类社会中的自组织 ………………………………………（182）
　　　　3．层级管理、自组织管理与超组织管理 ……………………（184）
　　二、人类社会的发展与世界中心转移规律 ……………………（186）
　　　　1．稳态是人类社会发展的前提条件 …………………………（186）
　　　　2．良性竞争与"新人性假设" ………………………………（187）
　　　　3．非线性增长的大国影响力与大国责任 ……………………（194）
　　　　4．文明决定人类未来的发展方向 ……………………………（196）
　　　　5．国家综合实力的五维分析及世界中心转移规律 …………（208）
　　　　6．世界中心转移与人类社会进步 ……………………………（228）
　　三、人类命运共同体与人类共同价值观 ………………………（234）
　　　　1．人类共同体与人类命运共同体 ……………………………（234）
　　　　2．人类共同价值观 ……………………………………………（240）
　　四、大人类社会观 ………………………………………………（241）
　　　　1．狭义人类社会、广义人类社会与大人类社会观 …………（241）
　　　　2．与人类社会共始终的家庭 …………………………………（242）
　　　　3．人类社会的可持续发展 ……………………………………（245）
　　　　4．天人合一的大人类社会观 …………………………………（250）

附录一
　　我儿时记忆中的河南大学 ……………………………………（253）

附录二
　　关于"传道、授业、解惑"的几点想法（河南大学工商管理学院
　　2013级新生开学典礼上的讲话）………………………………（256）

后　记 ……………………………………………………………（261）

绪　　论

　　方向管理理论是基于系统演化一般规律与人类发展需求，对演化系统的长期行为及其不确定性进行研究的一个创新理论。其中，方向选择的正确与否及其相关内容包含人的价值判断标准。就理论分类而言，方向管理可归于战略管理，是战略管理研究领域一个重要的分支。

　　方向管理的研究之所以重要，是因为我们人类未来的前进之路极其漫长，我们生活于其中的世界及其变化充满不确定性。在现实生活中，从一个人不确定的人生之旅，到一个国家不确定的发展历程，期间都会面临无以计数的各类选择，包括虽为数不多但足以影响个人成长命运的关键选择，或者历史转折关头决定国家发展前途的重大选择。当我们在临界点处面临选择时，倘若没有战略的规划，没有方向管理的观念与科学的方法指导，方向的判断、选择和管控就带有相当程度的盲目性，失误的概率就会比较高。

　　方向管理是一个帮助我们对系统长期演化方向做出判断、选择和管控的管理理论。方向管理在关注系统长期行为非线性变化趋势的同时，尤其重视在微涨落触发形成巨涨落的情况下，系统在临界点突变时的演化状态。方向管理可以通过对演化系统不断从一稳态向另一稳态跃迁的过程控制，让演化系统长期朝着更加有序的方向发展。

　　关于方向管理的想法，我在 1986 年 6 月就已经提出，并得到了我国著名科学家钱学森先生的鼓励。从 1997 年开始，我每年都会为我教的研究生开设相关内容的专题讲座，总听课人数至少上千人。但直到 2012 年 9 月 15 日，我才在中国管理学会"管理学百年与中国管理学创新学术研讨会"上，首次公开正式提出方向管理的概念，并在会议上宣读了相关研究的论文。

如果要溯源的话,我对方向管理理论以及其中所涉及的不确定性问题的兴趣,来自20世纪70年代我读到的一本书。这本书就是上海人民出版社从1973年开始连续出版发行的一套统统叫《自然辩证法杂志》的丛书中的一本。这本书系统介绍了法国数学家勒内·托姆1972年出版的、突变论的奠基性著作《结构稳定性与形态发生学》。

对当时中国国内的研究者而言,这本书对突变论的介绍非常及时,与国际上突变论的相关研究几乎同步。它在介绍突变论主要思想的同时,还摘选了一批国际著名科学家对突变论的积极评论。这些科学家高度赞扬科学领域:"虽然在过去几代中已经出现了许多新的比较重要的数学理论,却没有一个理论引起过同等程度的知识激情。人们恰当地懂得,突变理论为我们生活在其中的世界提供了新奇和深刻的见解。""突变论使人类有了战胜愚昧无知的珍奇武器,获得了一种观察宇宙万物的深奥见解。"[①]

勒内·托姆不仅复活了曾经遭到很多人痛批的居维叶灾变论,颠覆了自莱布尼兹以来"自然界无间断"的普遍共识,打破了关于进化世界连续渐进的描绘,为人类勾勒了一幅连续与间断相统一的自然界图景,而且从数学上完成了对间断性的完美诠释。尤其他对演化系统如何在临界点通过突变,完成从一稳态向另一稳态跃迁的研究,为我们对自然界和人类社会发展的认识,提供了一个全新的视角。我当时几乎成了勒内·托姆的崇拜者,因为他使我观察世界的视野更加开阔。也就是从那时候开始,我对不确定性问题产生了浓厚的兴趣。

1982年2月,我调入河南大学工作,最早主要从事"科学技术发展史""科学技术哲学""系统科学及其应用""市场预测与决策"等课程的教学与相关理论研究。从1997年开始,专注于讲授及研究"企业战略管理"和"自组织理论与自组织管理"。进入河南大学的早期,有三件事对我后

[①] 江秀乐、张明正、刘志科:《系统·演化·发展》,陕西师范大学出版社,1996,第175、176页。

来创立方向管理理论影响很大,让我至今印象深刻。

一件事是在中国人民大学黄顺基教授的推荐和安排下,我参加了1983年9月在北京香山召开的全国第三次科学哲学学术讨论会。这个会议规模很小,但规格很高,国内最著名的科学哲学研究领域的顶尖专家几乎全部到会。在黄顺基教授的建议下,我为会议撰写了一篇涉及不确定性研究的论文《试论托马斯·扬的光干涉实验的方法论、认识论意义》,并在会上作了专题发言。这篇15000多字的论文后来不仅发表了[①],还获了奖。因为这种对自然科学案例在科学哲学层面进行整体深入剖析的研究论文,当时还是不多见的,大家觉得很新鲜。

黄顺基教授之所以建议我对托马斯·扬的光干涉实验做案例研究,是希望我从微粒说与波动说的争论中,找到量子力学不确定性研究的发端。而当我将托马斯·扬的光干涉实验与麦克斯韦的电磁理论、爱因斯坦和德布罗意的波粒统一理论放在一起比较时,的确发现了其中的因果关系。此后,我进一步比较了海森堡对量子力学不确定性的解释,玻恩对薛定谔方程中波函数的统计学诠释,玻尔对观察者效应理解的纠正,以及玻尔的互补原理等涉及不确定性的理论。我试图通过对量子力学完备性的分析,找到爱因斯坦与玻尔争论将近30年的背后原因,对决定论与非决定论之争做出自己的判断。

只是我当时没有想到,这一命题作文式的研究,竟意外影响了我一生学术研究的取向。尽管从今天来看,量子力学所研究的不确定性,与方向管理所研究的不确定性有很大区别:量子力学是对存在系统的研究,基本方程是线性的,只局限于物理层面的不确定性,不涉及混沌状态,不受时间变化的影响;方向管理是对演化系统的研究,研究的是非线性系统的长期行为,是数学层面的不确定性,涉及包括混沌状态在内的所有系统存在状态,与时间变化密切相关。

但同为不确定性的概念及其内在的联系,在当时还是让我产生了丰

---

① 张明正、程明月:《试论托马斯·扬的光干涉实验的方法论认识论意义》,《河南大学学报(自然科学版)》1984年第4期。

富的联想。正是这种联想把我引上了不确定性研究的道路，激励我在长达30多年的时间里坚持着艰难前行至今，并最终提出了一系列关于方向管理的基本观点，初步创立了方向管理的理论。

另一件事是1985年9月至1986年7月，我参加了北京师范大学组织的全国自然辩证法教师研究生课程进修班。在北京学习的这一年，为我提供了一个近距离、长时间接触钱学森先生的机会，并由此真正走上了方向管理研究之路。

钱学森先生是系统科学研究领域世界公认的专家，系统科学是他一生最为重视、耗费精力最多的研究领域之一。他在1979年至1981年间陆续发表一组文章，阐述他希望构建的系统科学体系的框架和内容。他设想的系统科学体系分为四个层次：哲学层面——系统观；基础科学层面——系统学；技术科学层面——运筹学等应用科学；工程技术层面——自动化技术等。

在1985年前后，钱学森先生开始亲自着手创立基础科学层面的系统学。从1986年2月开始，在钱学森先生的召集下，几十位在京研究系统科学的专家，每周二下午两点都会准时在北京系统科学研究所聚会，一起讨论与创立系统学相关的各类问题。会议大多数都是由钱学森先生主持，每次会议讨论的内容也是钱学森先生亲自安排，连每次谁先做引导性发言，都是由钱学森先生指定。

由于我自20世纪70年代中期就对系统科学特别是自组织理论颇感兴趣，恰巧当时进修班导师沈小峰教授正在编著《耗散结构论》一书，他讲课时经常会将书中涉及的问题拿到课堂上讨论，我在进修班里几次相关的发言，引起了沈小峰教授的注意，我们有过几次这方面的交流。感谢沈小峰教授的提携，我有幸每周二下午也会随沈小峰教授、北京师范大学校长方福康教授（方福康曾跟随耗散结构理论的创始人普利高津学习，共同在布鲁塞尔从事研究工作）等人一起从北京师范大学出发，步行到北京系统科学研究所参加系统学创立研讨会。

我印象中钱学森先生除了当选政协第六届全国委员会副主席那天下午缺席讨论会之外，在长达半年左右的时间里，他几乎每周二下午都会准时出现在系统学的讨论会上,由此可见他对创立系统学的重视程度。

系统所有一排低矮的平房,会议几乎每次都在同一间不大的平房里开,房间最多只能容纳几十人,而且只有一张供发言人使用的小桌子和旁边立着的一张小黑板。钱学森先生常常会和大家一起挤坐在一个挨一个的钢管椅子上听发言,大家想记录时,就拿起放在腿上的笔记本。钱学森先生不时会在专家发言时插话,阐述自己的看法,引导着会议讨论的方向。每次会议将要结束时,钱学森先生都要对会议进行简短的总结,并安排下一次会议讨论的内容。

钱学森先生平易近人,会议中间休息时,他偶尔会和大家一起站在院子里聊天。也就是在其中的一次聊天中,钱学森先生给大家加油打气,预测如果系统学能够建立,其科学价值将不亚于爱因斯坦创立的相对论,这让大家很兴奋。当他进一步告诫大家一定要把握好系统科学整体发展的方向,明确系统学研究要达到的目标时,我借机冒昧请教钱学森先生:您说的目标和方向两者之间是什么关系?目标可以用负反馈的方法控制,方向用什么方法控制?钱学森先生略加思索了几秒钟,高声回答说:"想法很好嘛,这个问题可以研究。"

其实,我向钱学森先生求教目标与方向的关系问题,包括之后30多年关于方向管理的研究,绝不是灵感乍现的突发奇想,而是我长久思考的继续。

早在1984年7月,我参加了在兰州大学为舒炜光教授主编的《自然辩证法原理》一书举办的讲习班,郑州大学哲学系胡玉衡先生作为该书的作者之一,也到会参与授课。我与胡先生是忘年交,他曾破例允许我借阅他搜集整理、手工装订成册的几十本珍贵研究资料,还送了我一套他编著的《自然辩证法讲义》,经常在学术上指导我。我到兰州的当天晚上,胡先生就邀我到他住的房间,我们一起讨论书中的一些问题。

其中第十五章的"方向原理"引起了我的兴趣,尤其是书中讲到的:"方向作为自然辩证法的范畴,是反映自然界事物的运动、变化和发展的趋势。趋势本身并不必然地包含一定的目标,但它也可以与某个目标连在一起表现出来。"①这一观点让我觉得其中可讨论的问题很多,也成为我重点向胡先生请教的内容。尽管胡先生讲了很多,但我依然对目标与方向的关系感到茫然。而当时的直觉还是告诉我,目标与方向的关系问题,肯定是一个值得研究的重大理论课题。

  长久的困惑给了我敢于当面向钱学森先生请教的勇气。我非常感谢钱学森先生对年轻人的理解和爱护,没有对我唐突的提问表现出任何的不悦或不屑,钱先生不仅肯定了我的想法,而且鼓励我去探索和研究。也就是从这一刻起,我不仅产生了对方向管理的兴趣,而且逐渐萌生了创立方向管理理论的想法。而后来的研究果然印证了我当初的直觉,因为方向管理理论全部研究的出发点正是来自目标与方向关系的研究。

  第三件事是蒙中国社会科学研究院研究员、中央民族大学哲学系教授王雨田先生厚爱,作为项目团队的一员,我参与了王雨田先生1990年牵头承担的"国家八六三计划"的项目,项目课题的名称为"机器归纳、机器发现与归纳逻辑结合的理论与实验",课题编号为863—306—506。

  该课题研究的内容属于人工智能问题,项目团队企图通过人类思维逻辑途径的研究,在计算机上实现人的思维过程。感谢王雨田教授的信任,安排我担任了其中一个研究小组的负责人。正是这样一个机缘,在此后的几年里,我在系统科学研究中得到了王雨田教授的悉心指导,对自组织理论有了更深入的了解和更深刻的认识。

  1990年6月开始,我与王雨田教授一起陆续撰写并发表了《社会经济系统定量研究的几个理论问题》等论文,在系统科学的研究上,与国内一些优秀的专家教授有了一些合作。这里特别需要提到的是,1991年前后,在王雨田教授的指导下,我与陕西师范大学校长江秀乐教授一起,带领一批国内系统科学研究领域的年轻人,共同撰写了系统科学方面的理论专著《系统·演化·发展》。这本书涵盖了系统科学涉及的几乎所有内容,尤其偏重演化系统的研究。

  为了与各位专家学者一起写好《系统·演化·发展》这本书,我在从

---

① 舒炜光:《自然辩证法原理》,吉林人民出版社,1984,第466页。

撰写编著大纲到出版的几年里,阅读了国内能够找到的几乎所有相关书籍以及论文。这一时期对系统科学,特别是对演化系统研究的知识积累,为我后来创立方向管理理论提供了巨大的帮助。

当30多年前方向管理理论的构思在我的脑海中不断清晰起来的时候,我就不仅意识到这一理论对于当下乃至未来的重要意义,同时也意识到凭借我拥有的知识基础,很难驾驭这样一个理论,因为它所涉及的相关基础知识和研究领域已经远远超出了我的能力覆盖范围。

我甚至认为,这一理论绝非凭某人的一己之力就可以完成的,因为这是一个浩大的理论工程,完成这一工程至少需要一批人甚至几代人付出艰辛的努力,且这些人必须淡泊名利、甘于寂寞,做好在相当长一段时期内,他们的工作不为管理学界所认同的思想准备。因为我很快发现,这一理论的很多结论因"背离常识"而显得"离经叛道",与传统管理理论尤其是西方管理理论的基本出发点和理论体系有极大的差异,任何人接受都必须有一个过程。

"知其不可而为之",很多人理解为是对不明智的人的不理智行为的形容,还暗含不自量力的讥讽。我来研究方向管理,确有明知不可为而为之的意味。但每当我产生这种自卑时,我就想起鲁迅在《故乡》结尾的一句名言:"其实地上本没有路,走的人多了,也便成了路。"①我总安慰自己,明知不可为而为之固然有点执拗,不也代表一种锲而不舍的追求精神吗?更何况我从来没有奢望一蹴而就,也就是想探探路。今天我走,明天别人走,走的人多了,也许路就出来了。及至后来知道了还有人解释孔子当初"知其不可而为之"的本意,是指一个人在使命驱使下迎接挑战的坚强意志的表现时,我就更加释然了。

方向管理理论就理论分类而言,应归于战略管理领域,是研究未来的理论。但与国内外理论界流行的战略管理理论相比,它又显得很另类。

譬如,当几乎所有的战略管理理论都将方向与目标混为一谈时,方

---

① 鲁迅:《鲁迅全集》,甘肃民族出版社,1998,第308页。

向管理理论却着力研究了二者的非同步性乃至非一致性，研究对于一个长期的战略规划，其方向的确定性与目标的不确定性之间的关系。

再譬如，当几乎所有的战略管理理论都在研究如何预设目标、如何实现目标的时候，方向管理理论却认为目标的达到与否并不是战略管理成败的最基本判据，方向管理不要求战略规划之初预设的目标未来必然地与系统演化的方向保持一致，系统演化方向与预设目标的不一致甚至背离，也不意味着演化系统的必然崩溃与管理的失败。

在方向管理理论看来，对系统运动方向正确与否的把握，较之如何趋近目标的控制手段以及对目标实现程度的追求更为重要。方向管理关注的是系统发展方向的偏离与否、长期行为不确定性的表现形式、长期行为非线性变化的发展趋势以及系统在临界点突变时的演化状态。

再譬如，当几乎所有的战略管理理论都重视理论的可操作性时，方向管理却坚定认为战略管理首先是一门艺术，其次才是方法；战略管理不是预测未来，更不是策划未来如何实现，战略管理的首要任务是指明系统演化发展的方向。

方向管理进一步认为，方向管理本质上不是操作层面的具体管理，而是关于"憧憬"和"向往"的管理。对社会系统未来发展方向的判断，在最高的管理决策层面，很大程度上体现为愿景和理想，是知觉与直觉的统一，而其中决策者对系统未来发展的憧憬和向往尤其重要。方向管理不仅仅是临界点处方向判断、选择、管控的方法，更重要的是信念的体现，需要靠坚定的信仰支撑。

正因为如此，当几乎所有战略管理学家都相信科学对未来的预测能力并笃信科学的预测结果时，方向管理理论却从内、外随机性中得出"长期行为不可预测"的结论，只期待混沌中可能展现的一片灿烂。

再譬如，日常生活中通常都是将条理整齐视为"有序"，将杂乱无章视为"无序"，目前几乎所有战略管理的理论，事实上都接受了这种最基本的"常识"认识，将管理规律作为管理理论构建的基础，将管理规范化视为管理有序的基本体现。然而，方向管理理论却认为，即便我们已经完全掌握了管理的规律，即便我们已经掌握了演化系统的全部信息，包括系统行为的全部初始条件和所有影响因素,依然无法准确预测长期行为的未来演化状态。非线性的变化万端和混沌状态才是长期行为"有序"的本质特征。

我曾在一篇论文①中举过一个形象的例子:通常认为,一队士兵纪律严明,迈着整齐划一的步伐行进,可视为有序;一群百姓散漫自由,踱着乱七八糟的步子行进,可视为无序。殊不知,这种理解在一个狭小空间、短暂时间的约束条件下,是没有问题的抑或就是正确的。但将上述行为一旦放进一个更宏大的空间、更久远的时间中考察,长期行为的判断结论竟然完全相反:整整齐齐的士兵行进是无序,自由散漫的百姓信步是有序。当然,这里的士兵和老百姓都只是一种形象的比喻,就如同混沌理论中讲的蝴蝶效应中的蝴蝶一样。

这种乍看荒唐的结论,其中蕴含着深刻的道理。《庄子·应帝王》中讲过一个类似的、很有启发性的故事,其中讲道:"南海之帝为倏,北海之帝为忽,中央之帝为浑沌。倏与忽时相与遇于浑沌之地,浑沌待之甚善。倏与忽谋报浑沌之德,曰:'人皆有七窍,以视听食息,此独无有,尝试凿之。'"结果是"日凿一窍,七日而浑沌死"。倏与忽因"疏忽"而好心帮了倒忙,他们因为不明白"混沌天成"的道理,反而害了浑沌。

我国学者 20 世纪 80 年代在翻译洛伦兹的混沌理论(Chaos)时,一时找不到合适的对应概念,就按照英文 Chaos 的原意,理解为混乱、无秩序的状态,很多人据此把洛伦兹的理论翻译成"紊乱理论"。后来发现如此翻译没有准确反映洛伦兹理论的本意,于是有人想到了《庄子·应帝王》中关于浑沌的故事。因为大家发现,庄子关于浑沌的描述,与古代宇宙论中人们理解的原始虚无、模糊一团不一样,与英文中的混乱、无序也不一样,庄子把"浑沌"理解为一种世界最本初的自然状态,是顺其自然的参照和归宿。而这一认识与洛伦兹的理论在理念上完全契合,于是这才借用了浑沌的概念(后改为"混沌"),"混沌理论"也就成了洛伦兹理论最

---

① 张明正:《方向管理:长期行为不确定性管理的思考》,《河南大学学报(社会科学版)》2020 年第 6 期。

形象、最准确、最贴切的理论名称。

混沌理论中的"混沌"显然不是紊乱,而是一种更高级的有序叠加。正如霍夫施塔特所说:"在表观的有序背后隐蔽着一种奇异的混沌,而在混沌的深处又隐蔽着一种更奇异的秩序。"①这样的思想认识,与我们生活中理解的万马齐喑、噤若寒蝉是无序,百花齐放、百家争鸣是有序等,道理其实是一样的。

因此,方向管理理论强调:在我们生活的世界上,所有的精确都是相对的,不精确才是绝对的;所有的确定都是相对的,不确定才是绝对的。战略管理本质上是长期行为的不确定性管理,短期、操作层面的目标管理,严格讲不属于战略管理。长期行为的发展趋势和演化规律,系统长期行为演化方向的判断和选择,才是战略管理研究的题中应有之义,不确定性才是战略管理之魂和生命之源。而这一点恰恰是目前几乎所有战略管理理论研究的盲区。

再譬如,当如今管理学界很多人都在追求管理的模型化,热衷于运用数学方法提出具有一般解释力的命题,将模型化方法泛化时,方向管理理论却认为模型化只能局限于操作层面的目标管理,适用的是个别与特殊,不适用于长期行为战略层面的规划。如前所述,战略管理最核心的内容主要应该体现在愿景层面甚至理想层面,而具象的愿景与梦幻的理想就是缥缈之中的一种向往,无法精细量化,是不可能也不应该做模型化处理的。

与方向管理基础理论方面的看似怪诞相比,方向管理在应用方面的结论,与现在理论界的很多认识区别更为明显,这同样令很多人难以接受。

譬如,国家测绘部门经过科学的测量得出结果:中国大陆海岸线的"客观"长度是 18000 公里左右。但是,在方向管理理论和"理查森效应"看来,这一长度其实是不确定的。即便是有人测量为 8000 公里或 28000

---

① 魏宏森、宋永华等:《开创复杂性研究的新学科——系统科学纵览》,四川教育出版社,1991,第 550 页。

公里,也是完全真实可信的,而且这种巨大的数据差异与测量误差的大小无关。我相信,对于大部分人而言,我无异于是在说热昏胡话,因为这已经违背了最基本的人类常识。

然而,"常识"就是正确的吗?德国著名的哲学家黑格尔曾经有过一段精辟的论述。他在《哲学史演讲录》这本书里就认为,人的常识是"某一时代的这样一种思想方式,在它里面包含着那个时代的一切偏见"。列宁在《哲学笔记》中引用这段话时,加了一个醒目的批语:"常识=当时的偏见。"①

为什么大部分人会形成如此的"偏见"?因为大部分人接受的关于空间的基础教育都来自欧几里得的几何学。在欧几里得几何学中,线是一维的,面是二维的,体是三维的。我们所生活的、所熟悉的世界就是一个三维的世界。倘若有人问到四维、五维、六维是什么样的空间形式,二分之一维、三分之二维是怎么回事,大部分人恐怕都会一头雾水,如堕雾里云中。因为这涉及了一个很可能大部分人都不熟悉的理论——"分形理论"。

分形理论研究的是自然界中普遍存在的、不规则的空间形式。这一理论的出现从根本上改变了人类的思维方式。方向管理理论在应用部分中提出的混沌思维,其最核心的思想主要就来自"分形理论"。

我个人揣度,很多人可能会认为"分形理论"一定是一个"小众"理论,即便承认它的科学性、真实性,涉及的也一定是自然界的特殊领域,与一般人生活的三维世界相去甚远,我们完全没有必要按照这种理论提供的思维逻辑去思考三维世界中的问题和行事。

事实恰恰相反。

创立"分形理论"的美籍法国数学家曼德尔布罗特认为,研究光滑、规则的线、面、三角形、圆形等形状的欧几里得几何学,才是标标准准的"小众"理论,而且自然界从来没有精确无误的三角形、圆形等形状。自然界大量存在的是地面的凸凸凹凹、海岸线的弯弯曲曲、山峦的高低远

---

① 列宁:《哲学笔记》,人民出版社,1956,第 301 页。

近、树皮的麻麻点点等不规则形状。换言之,欧几里得几何学研究的才是特殊,"分形理论"研究的才是普遍。而当我们将分形理论的基本思想运用到实践中,的确会得出大量匪夷所思的结果。读者如果想深入了解分形理论,请阅读本书第二部分第六章的相关内容。

再譬如,一般人理解的"有序"指的是事物内部要素或事物之间的有规则性、合规律性,"无序"指的是事物内部要素或事物之间的无规则性、无规律性。而方向管理理论认为,这种理解只能局限于一个狭小的空间和短暂的时间之内,对于一个演化系统的长期行为而言,无规则乃至无规律的变化万端才是系统演化的有序表现。而正是基于此,我才提出一个形象的比喻:整整齐齐列队行进的士兵的行为是无序,自由散漫漫步闲逛的老百姓的行为是有序。人类社会长期行为的管理必须建立在这种对"有序"的认识基础之上。

如此等等,不一而足。

这看似独树一帜的一切观点,统统是建立在这个世界太复杂的基础之上。当今科学与哲学层面的"复杂性"已经成了一个有别于日常生活层面"复杂性"的专用词汇,尤其在系统科学领域,"探索复杂性"已经成了自组织理论研究的代名词。真实世界的复杂远远超出一些自以为是的、幼稚的管理学家的想象。建立在可证性基础之上的逻辑方法不适用于战略层面管理的设计,不适用于对未来的把握,解决不了复杂世界的问题。

即使基于可证性逻辑基础之上的数学方法,在复杂的世界中,同样如浩瀚大海中漂荡的一叶扁舟,驾船者永远不要在幻觉中产生征服大海的妄想。所以,当很多战略管理理论都对掌控未来信心满满之时,当很多战略管理专家将系统长期行为做模型化处理时,方向管理理论却注定只能在基于管理实践的深度研究中踽踽前行,尝试用"奥卡姆剃刀"解剖复杂世界,努力在返璞归真的道路上,在哲学与科学之间的徘徊中,思考人类对未来的展望与把握。

我就是在如此的思考中想到了方向管理。在我之前,从未有人提出过方向管理的概念,也没有人从理论上系统研究过方向的管理方法,更遑论实践中的应用,管理学界这方面的研究几近一片空白。我在这方面的探索也仅仅是开始,所有的研究都是初步的,有待进一步深化。

如果一定要说我对方向管理理论的建立确有开创性贡献的话,我自认为主要体现在如下两个方面。

其一,首次提出了方向管理的概念。

目标管理的想法自古就有,在近代西方工业革命之后"可用性"思潮影响下,目标管理的方法更是得到了极大推崇。但总体来看,目标管理作为一种管理理论还不够系统、不够严谨。自从被世人誉为"现代管理学之父"的德鲁克在《管理的实践》一书中完成目标管理理论的构思以来,管理学界普遍认为,作为"目标管理"概念的科学界定及管理方法的完整设计已经基本完成。

但非常遗憾,德鲁克没有在目标管理研究的基础上向前再走一步——尽管他曾经讨论过"工作"与"愿景"层面的区别,尽管他清楚地知道"管理者的专业工作;管理的层级结构;以及因愿景和工作上的差异,导致各级管理者之间产生隔阂",但他终究还是在研究"各个层次的管理者"如何"坚持不懈地将共同的目标作为他们努力的方向"时[①],把目标与方向混为一谈,没有提出方向管理的问题。

以德鲁克的能力与智慧,判断有目标管理就应该有方向管理其实是不困难的,发现二者在联系的基础上有区别也是很容易的。应该说,当德鲁克发现工作目标与愿景目标的区别时,当他提出企业最终应该成为自我管理的理想社区时,他其实已经非常接近方向管理的核心内容了,因为对操作层面的"工作目标"与理想层面"愿景目标"区别的认识,以及对理想社区自组织管理思想精髓的理解,正是方向管理理论的两大认识基础。

正因为如此,我在很多场合讲德鲁克才是研究方向管理理论的先行者,绝非溢美之词或谦逊,因为我的方向管理的几乎全部设想的最初灵感,特别是关于非线性变化和概率特征研究的灵感,都来自量子力学中

---

① 德鲁克:《管理的实践》,齐若兰译,机械工业出版社,2012,第98、100页。

的不确定性研究和德鲁克相关论述的启发。德鲁克关于"未来是不可预测的"①"概率是预测得以进行的基础"②等观点让我茅塞顿开,为我方向管理理论的研究指明了方向。

我冒昧揣测,德鲁克作为研究态度严谨的大家,之所以没有在目标管理研究的基础上对方向管理做进一步的研究,不是因为不存在方向管理的问题,也不是因为方向管理的研究不重要,更不是因为方向管理的研究太浅薄、太容易以至于不屑于研究,恰恰相反,是因为方向管理的研究太困难。更何况在德鲁克研究精力最旺盛的20世纪50年代前后,还没有出现可供方向管理研究的基础理论——自组织理论,德鲁克即便想研究,也会因缺少基础理论支持而无从下手。

而我的幸运就在于,自20世纪50年代以来,人类自然科学的研究获得了长足的发展。特别是20世纪60年代以来,普利高津的耗散结构理论、哈肯的协同学理论、托姆的突变理论和洛伦兹的混沌理论等在内的一组自组织理论先后出现,为方向管理的研究提供了全新的思路和研究的方法,使得方向管理概念的提出和科学的阐释具有了可能性。

我基于现有管理理论,把时间因素与方位意识引进到管理的行为之中,在严格界定长期行为与短期行为的基础上,提出了方向管理的概念。我认为,所谓的方向管理,就是基于系统内外环境条件的变化,通过对系统从一稳态向另一稳态跃迁的非线性发展趋势的分析,在临界点处确定系统未来发展的方向,从而对系统长期演化向更加有序方向的发展进行动态把控的一种管理方法。

其中,方向正确与否的判断尤为重要。方向管理认为,在两种稳态的比较中,只有后一稳态较之前一稳态更加稳定、复杂、有序,我们才能认定演化系统发展的方向是正确的。关于两种稳态之间的比较及系统发展方向的确定,我们将在本书"第二部分"与"第三部分"中做详尽的研究。

---

① 德鲁克:《管理:任务、责任和实践(第一部)》,余向华、陈雪娟、张正平译,华夏出版社,2008,第144页。

② 德鲁克:《管理:任务、责任和实践(第一部)》,余向华、陈雪娟、张正平译,华夏出版社,2008,第145页。

绪　论

其二,找到了适用于方向管理研究的方法和基础理论。

中国伟大的思想家孔子在《论语·卫灵公第十五》中有一句名言:"工欲善其事,必先利其器。"梁启超在其《清代学术概论》中也有一句名言:"凡欲一种学术之发达,其第一要件,在先有精良之研究法。"①我想再加上一句:世界是普遍联系的,在科学如此之昌盛的当代,一个真正精良的管理科学的研究方法必建立于精良且适用的自然科学的理论基础之上。自然科学理论理应且必须成为方向管理研究最重要的基础理论之一。

我之所以有这样的认识,是因为我在创立方向管理理论时,的确从自然科学的发展中汲取了丰富的营养。我所找到的研究方向管理的方法,一言以蔽之,即自组织管理的方法。我所找到的自然科学方面的基础理论,一言以蔽之,是包括普利高津的耗散结构理论、哈肯的协同学理论、托姆的突变理论和洛伦兹的混沌理论等在内的一组自组织理论。

就学科分类而言,耗散结构理论属非平衡热力学理论,协同学是以物理学为基础的综合性理论,突变论、混沌理论严格讲属数学理论,但它们都具有横断学科的性质。在这四个理论中,耗散结构理论侧重研究系统能否演化以及系统演化的方向,协同学侧重研究系统演化的内在机制,突变论侧重研究系统演化的方式,混沌理论侧重研究系统演化的存在状态。

对于方向管理研究而言,这四个理论构成了研究系统演化的一组完整理论。因为方向管理理论说到底,恰恰就是一个以方向控制为目的、以自组织管理为手段的演化控制理论,是一个系统在演化过程中如何把控才能不偏离方向的自组织管理理论,这四个理论自然就成为方向管理基础理论的必然选择。

偶然的灵感乍现和30多年不懈思考的结合,让我提出了方向管理理论的核心概念,找到了研究方向管理理论的一些方法,理出来一个大概的研究思路。对我来说,这已然是超出了我的能力,我感谢上苍不忍负

---

① 梁启超:《清代学术概论》,中华书局,2016,第43页。

我，所给予我的，我已经很知足、很知足了。

倘若真能因仅仅提出理论的一个核心概念，找到一些研究相关理论的方法，就算是创立了一个理论，对梦想成为理论创建者而言，那当然很好，难度也不算太大。但其实在大多数情况下，这是远远不够的，建立一个包含一组概念、逻辑自洽的理论的框架体系，才应该是衡量一个创新理论成熟与否的标准，方向管理理论的创立离此还很远，我不过是做了一些基础性的工作而已。

我的确尝试过建立一个方向管理理论的框架体系，但发现非常难，在诸多难点中，首先就难在整个理论体系逻辑起点的设计，而起点的设计又非常重要，因为它将决定整个理论体系的框架构建和逻辑展开。

比如，基于"二分结构"的马克思主义哲学体系的逻辑起点是什么？从1916年德波林在其《辩证唯物主义纲要》一书中提出建构以"物质"为起点的哲学体系，到20世纪60年代南斯拉夫"实践派"提出构建以"实践"为起点的哲学体系，如今已经100多年过去了，而我国很多哲学家至今依然纠结于"物质"与"实践"何为马克思主义哲学体系的起点，并为此争论不休，互不相让。因为不同的逻辑起点，将可能演绎出一个区别极大，甚至完全不同的哲学体系，这种现象可以用我们在本书第二部分将要重点讨论的"对初值的敏感依赖性"来解释。

德国历史上伟大的哲学家黑格尔，当年在为其庞大的哲学演绎系统设计逻辑起点时，曾对"起点"做出了三条主要规定：第一，它必须是最简单的、没有任何规定性和内容的最抽象的概念。第二，正因为它没有任何规定性，它才必须是最丰富的，内含了以后发展的全部可能性。第三，该起点作为一个统一整体的部分，它能把自身包含的多种多样的可能性和丰富的内容不断展开和外化，同时通过外化不断地认识自己，回复到自身，构成一个螺旋向上的思想圆圈。

黑格尔关于构建哲学理论体系及设计研究起点的思考固然很深刻，但毕竟管理科学作为应用科学，与哲学的研究对象不同，与理论体系构建的原则不同，简单套用显然是不合适的。但这并不代表黑格尔关于"逻辑在先"的观点对管理理论体系的创立毫无启发价值，尤其对方向管理理论而言。因为,方向管理理论相比较于经典管理理论、行为管理理论、近现代偏重量化分析的管理理论等,是一种更接近于"道"而非"器"的管理理论。换言之,方向管理的思考方式与理念,是一种更接近于哲学的思考方式与理念。

由此我就想到,黑格尔所提出的人的具体认识过程,就"时间的次序"来说,是感觉、表象在先,就前提与结论来说,是概念、理念在先,这些观点是颇有道理的,也许这正是方向管理理论体系构建的突破点。

在我看来,作为方向管理理论研究的起点,其最突出的作用应表现为研究过程中的"转换"。转换在这里至少应该包含三点内容:(1)能够成为向着方向管理研究转化的关节点。(2)能够规定方向管理理论研究的方向。(3)能够包含并有利于展开方向管理全部研究的丰富内容。

关于如何创建一个理论体系的逻辑起点问题,我在 20 世纪 80 年代末就开始思考,还曾经发表过专门的研究论文[1]。这篇论文的部分观点扩充后,还被写入《科学论——对科学多方位的分层研究》一书中。[2] 我直觉认为,以"目标"为起点,我们完全可能构建出完整的方向管理理论的框架体系。

中国是一个伟大的国家,中华民族是勤劳、勇敢、智慧的民族,中国几千年来不乏优秀的管理者。但是,在目前中国的管理学研究领域中,绝大部分的管理学理论来自西方,而其中绝大部分来自美国,我们中国人自己原创性的管理学理论还不多,缺少能够影响世界的思想和观点。西方的管理学理论固然有很多值得我们学习的内容,但如此现状对中国人而言,毕竟是有些尴尬的,我希望方向管理理论能够为改变这一状况贡献一点力量。

中国伟大的爱国诗人屈原在他的不朽诗篇《离骚》中有一句流传千古的名句,这就是"路曼曼其修远兮,吾将上下而求索"。一个国家经济

---

[1] 张明正:《从科学研究过程看科学研究的起点》,《河南大学学报(社会科学版)》1989年第 3 期。

[2] 黄顺基、黄国桢、张明正:《科学论——对科学多方位的分层研究》,河南大学出版社,1990,第 31-45 页。

再发达,生活再安逸,也必须有思想的追求,有理性的思考,有负重前行不求回报的奉献者。在方向管理研究的道路上,我们这一代人肩负的责任很大,需要做的工作还很多,任重而道远。

大约一年前,有人向我推荐了斯蒂芬·茨威格的《人类群星闪耀时》这本书,说很适合孩子们读,我买了一本,送给了我的外孙女。某日我闲来也随手翻了一下,初读时不以为然,但当一行字映入我的眼帘时,我突然浑身战栗。茨威格在介绍南极探险家阿蒙森时,结尾有这样一段话:"唯有雄心壮志能够点燃火热的心,去做那些极为偶然能够获得成绩和成功的事情。一个人虽然在同无法战胜的占绝对优势的困境的搏斗中牺牲了自己,但他的心灵却因此高尚无比。"[①]我真的感动了。我不仅被阿蒙森感动了,也被茨威格这段话感动了。

我从还是20多岁一个年轻人时开始思考不确定性,执着地做着极其耗费精力却看不清楚未来结果的事情,恍若白驹过隙,忽然而已,到如今屈指一算,已经是70岁的老翁。然吾虽老矣,仍不敢懈怠,每每想到毛泽东诗词《满江红·和郭沫若同志》中的"多少事,从来急,天地转,光阴迫",就会有紧迫感,就总想着"一万年太久,只争朝夕"。我甘愿做方向管理研究道路上的垦荒牛、铺路石,能干一天就干一天,能做多少就做多少,尽力而为,不留遗憾。

很多朋友劝我悠着点,别活得太辛苦,我非常理解也非常感谢关心我的这些朋友们。但每个人有每个人不同的活法,有的人向往休闲的生活,觉得轻松;有的人喜欢忙碌的生活,觉得充实。我只是在干我喜欢干的事,我很满意我现在的生活状态。我不仅会以曹操的"老骥伏枥,志在千里"自勉,也会以贺知章为榜样,在童心萌动中享受扑面而来的二月春风。我活得也很快乐,这种快乐是一种更高层次的快乐,不在其中之人,是很难感受的。

最后想说的是,我们面对和生活的这个世界充满了不确定性,每个人的人生也充满了不确定性。学习一点关于不确定性的知识,坚定自己

[①] 斯蒂芬·茨威格:《人类群星闪耀时》,立人编译,天地出版社,2018,第197页。

的信念,把握好自己人生发展的方向,对一个人的成长至关重要,更不用说国家和整个人类社会的发展了。所以,我不仅希望管理领域的专家学者关注方向管理理论,也希望更多的普通人了解方向管理理论。

为了普及方向管理的知识,方便普通人的阅读,我在本书撰写的过程中,最大限度减少数学的推导,有意识将哲理性与知识性、趣味性融合在一起,目的就是希望让大家在快乐中学习知识,在阅读时不感到枯燥。

但是,毕竟方向管理理论是一种理性的思考,专业性又比较强,没有相关基础知识的人理解上可能会有一定的难度。尤其是第二部分的"自组织理论与方向管理",不仅涉及诸多自然科学知识,还包含大量的哲学思考,一般人读起来会比较吃力。而这些内容又是学习方向管理理论的必备知识,是绕不过去的,这正是我左右为难的地方。但我坚信逻辑思维的魅力,当理论的分析层层递进且严谨,当理性的光芒一扫浅薄的阴霾,解惑的快乐一样很享受。

坦率说,想把这样一本远离生活常识的书,既写得深入浅出、通俗易懂,又不失科学严谨性;既能让读者轻松学习,又能让读者真正理解整个理论的精髓;既能让普通读者喜欢,又能得到专家学者的首肯……其实是不容易做到的。我虽然努力在做,但到底做得怎么样,只能交给读者来评判了。

我最后特别想强调的是,作为一项开创性的研究,探索中存在这样或那样的问题是必然的,人们对本书研究方法的不同认识,对研究结果的不予认同等,是完全可能的,也是可以理解的。但方向管理究竟有没有研究的必要,有没有研究的价值,这才是问题的关键。如果能够在这一问题上达成共识,认可方向管理研究的必要性和价值,这本书的出版就算是实现了我30多年前决定写作此书的初衷。因此,所有对这本书的批评,哪怕是最挑剔、最严苛的批评,我也都可以欣然接受了。

党的十八大以来,习近平总书记在不同场合多次讲道:"方向决定道路,道路决定命运。"2018年12月18日,在"庆祝改革开放40周年大会"上,他进一步提出:"方向决定前途,道路决定命运"。基于此,我谨以此书献给所有希望把握正确方向、探索前进道路、主导自我命运、追求美好前途的人们。

第一部分

目标管理与方向管理

第一章 目标管理

一、德鲁克与"目标管理"

1. 目标管理的提出

彼得·德鲁克(Peter F. Drucker),1909年11月19日出生于维也纳,祖籍荷兰,其父亲是奥地利负责文化事务的官员。德鲁克从小生长于良好的文化环境之中,先后在奥地利和德国接受教育;1929年后在伦敦任新闻记者;1931年获法兰克福大学法学博士学位;1937年移民美国,曾在一些银行、保险公司和跨国公司任管理顾问;1943年加入美国籍。德鲁克曾在贝宁顿学院任哲学教授和政治学教授,并在纽约大学研究生院担任了20多年的管理学教授。2005年11月11日,德鲁克在美国加州克莱蒙特家中逝世,享年95岁。

20世纪50年代前后,德鲁克提出了一系列关于目标管理的重要观点。德鲁克认为企业目标是企业"编制计划、进行工作安排的基础,是设计管理工作尤其是设计管理结构的出发点"[①]。

2002年6月20日,时任美国总统的乔治·布什代表国家授予了被世人誉为"现代管理学之父"的德鲁克总统自由勋章,以表彰德鲁克在管理学领域为人类做出的贡献。在授勋仪式上,布什总统高度赞扬并特别提出:"德鲁克是世界管理理论的开拓者并率先提出私有化、目标管理和

[①] 德鲁克:《管理:任务、责任和实践(第一部)》,余向华、陈雪娟、张正平译,华夏出版社,2008,第87页。

分权化的概念。"①

在德鲁克看来,目标管理应该包含五个基本要素,这就是目标、人员、任务、责任、成果。具体来说,就是以目标实现为追求,以人员操作为中心,以任务下达为起始,以责任落实为标准,以成果呈现为判据。基于这五个要素,有人把目标管理称为"任务管理",也有人把目标管理称为"责任管理",还有人把目标管理就叫作"成果管理"。

目标管理方法提出之时,正是第二次世界大战后西方经济由恢复转向迅速发展的时期,企业迫切需要采取有效的管理方法来提高被管理者的劳动积极性,提高企业的竞争能力。而目标管理通过分层、分权的管理方法,极大调动了被管理者的主观能动性,增强了被管理者的责任感,对于提高劳动效率的作用非常显著。目标管理在美国一经提出就被广泛应用,日本、西欧国家的诸多企业纷纷效仿,并随即在全世界刮起了一股目标管理的旋风。

其实,目标管理自古就有,在近代西方工业革命之后,目标管理的方法更是得到了极大推崇和广泛应用。布什总统将目标管理的提出归之于德鲁克,管理学界很多人是有异议的。

但是,我认为布什总统的评价总体上是正确的,因为经验的推广运用与科学概念的提出,特别是理论上的系统研究,是有根本性区别的。将目标管理作为一个科学的概念进行分层研究,尤其是将目标管理放在目标与使命、目标与战略等大背景下进行系统的理论阐述,借助案例尝试完成目标管理理论架构的初步设计,并在企业中广泛推行,德鲁克的确是世界管理学界第一人,他对目标管理研究的贡献是应该得到充分肯定的,将目标管理的提出归之于德鲁克并不为过。

2. 三个石匠的回答

德鲁克在1954年出版的《管理的实践》一书中首次明确提出了目标管理的概念。在德鲁克看来,目标管理"必须以共同的信念为基础,必须

---

① 德鲁克:《管理的实践》序三,齐若兰译,机械工业出版社,2012,第Ⅳ页。

用共同的原则来象征大家的凝聚力"①。但德鲁克同时又认为实际上做到这一点很困难,因为不同的人,会有不同的信念,对原则的理解会不同,对目标的认识也就会不同,目标管理就会遇到很大的麻烦。

德鲁克在书中讲了一个很有意思的故事。他说有人问三个正在处理石料的石匠在干什么。第一个石匠怯生生地回答:"我在养家糊口。"第二个石匠自信地回答:"我在做全国最好的石匠活。"第三个石匠仰望天空,目光炯炯有神,他说:"我在建造一座大教堂。"

德鲁克对三个石匠的回答做了如下评价:

第一个石匠知道他从工作中可以得到什么,有明确的追求目标,而且能够设法达到自己的目标,满足于自己的现状,是一个现实主义者。这种人很容易被管理,但他不是管理者,永远也不会成为管理者。

第二个石匠就麻烦了。技艺和能力固然重要,管理者也应该鼓励精益求精,他将自己的目标确定为"成为全国最优秀的石匠"更应该受到鼓励。但因为他有技术,而且自以为有成就,太强调个人技能,这就隐藏了一个危险,他会把个人的职能性工作当成他追求的目标,一旦组织没有给他展示个人技能的机会,他可能就会士气低落,就会抱怨,就可能导致他让个人的目标偏离组织的整体目标,他的愿景与努力反而可能成为导致组织分崩离析的离心力,最终甚至可能会危害到组织。这种人只适合做具体的技术工作,不适合在管理岗位上工作。

德鲁克认为第三个石匠才有可能成为真正的管理者。因为他看到的是整体而不是局部,想到的是未来而不是眼前,考虑的是工作而不是个人。建造大教堂才是他追求的目标,建成大教堂才是他心中的愿景和理想。

德鲁克在这里提出了一个非常重要的问题,这就是目标的分层问题。

所谓目标,其实就是希望达到的境地或标准。与目标密切相关的还有一个概念,就是"目的"。目的是对一个点的追求,指的是想要到达的

---

① 德鲁克:《管理的实践》,齐若兰译,机械工业出版社,2012,第50页。

地点或想要得到的结果,通常与"实现""未实现"结合在一起表述,如"实现目的"。而目标中的境地或标准是对一个区间的追求,通常与"达到""未达到"结合在一起表述,如"达到目标"。目的和目标都是在操作层面来完成。

与目标相关联的还有两个重要的概念,这就是愿景与理想。愿景是愿望的情景式描述与憧憬,理想是对未来事物的期许与梦想,是期望某事物臻于最完善的境界。愿景与理想都是一种精神的追求和向往,二者的区别在于愿景是具象的,理想是抽象的。一个农民希望家庭过上"两亩地、一头牛、老婆孩子热炕头"的生活,是愿景。马克思、恩格斯希望在全世界实现共产主义,习近平希望在全世界建立人类命运共同体,是理想。抽象的理想可以转化为具象的愿景,进而成为可以达到的目标或可以实现的目的。

德鲁克通过三个石匠共同参与建造教堂的故事,将生存目标、技艺目标和愿景目标加以区分,形象说明了不同层次的管理与不同层次目标的关系。他认为:"目标管理必须投注大量心力,并需要特殊工具。因为在企业中,管理者并不会自动自发地追求共同的目标。"而"凝聚共同的愿景和一致的努力方向"就尤其重要。① 德鲁克对愿景目标和努力方向的论述,赋予了目标管理更深刻的思想内涵,成为其目标管理思想中最熠熠生辉的精彩论述之一。

3. 目标与使命

使命在汉语中的本意原就是驱使和命令,但自古以来,使命的含义早已经演变成为一种重大责任的嘱托与信任,而不是简单的指使或指派。而承担使命者因肩负重托也往往会油然而生出一种豪迈之气,甚至不惜为完成使命慷慨赴死。荆轲刺秦王临行前吟唱的"风萧萧兮易水寒,壮士一去兮不复还"就是一种为完成使命而发出的悲壮誓言。

企业使命又称企业宗旨。企业精神是企业对内的约束,企业使命是

---

① 德鲁克:《管理的实践》,齐若兰译,机械工业出版社,2012,第98、110页。

企业对外的承诺,是企业存在的目的或对社会发展的某一方面应做出的贡献的陈述。在德鲁克看来,企业中的每一个员工都应该有使命感,不仅知道自己对企业应该承担的责任,还应该知道企业肩负的社会责任,就好像一个士兵不仅需要服从命令去冲锋陷阵,还应该知道自己为什么打仗,唯此才能够在更高的层面热爱自己所在的企业,为企业的发展尽心尽力。

德鲁克在《管理:任务、责任和实践》一书中,把使命与目标管理联系在了一起。德鲁克认为:"只有明确了企业的目标和企业的使命,才能够清晰而又现实地确定清楚企业的目的所在。"①而只有知道了企业的发展使命,员工才能明白企业目标管理的追求所在。以中国近百年企业发展为例,国家危亡时期很多企业提出的实业救国,改革开放时期很多企业提出的民族复兴,就是一种企业使命。德鲁克这种高屋建瓴的精辟阐述使我们对目标管理有了更深刻的认识。

4. 目标与战略

德鲁克在目标与战略的关系上有自己非常独特的看法。他认为:"目标通常都是建立在预期的基础之上的,而预期充其量只是一些具有洞见性的猜测。目标表达的是对各种因素的一种评价,而这些因素大都存在于企业之外,企业对它们可以说难以控制。毕竟,世界是变化不定而并非静止不变的。"②

正是在这样认识的基础上,德鲁克提出战略规划不是预测,也不是要策划未来:"任何想要这样做的企图都是极不明智的,因为未来是不可预测的。"③德鲁克由此得出了一个重要的结论:"概率是预测得以进行的

---

① 德鲁克:《管理:任务、责任和实践(第一部)》,余向华、陈雪娟、张正平译,华夏出版社,2008,第87页。
② 德鲁克:《管理:任务、责任和实践(第一部)》,余向华、陈雪娟、张正平译,华夏出版社,2008,第118页。
③ 德鲁克:《管理:任务、责任和实践(第一部)》,余向华、陈雪娟、张正平译,华夏出版社,2008,第144页。

基础。"①

　　德鲁克之所以如此重视概率在战略规划中的作用，与20世纪初至50年代自然科学的发展密不可分。尤其是量子力学的出现，不仅颠覆了物理学中传统的认识，也改变了众多管理学家的观念，促使很多管理学家重新思考战略规划中的预设目标与预设目标实现之间的关系，开始意识到虽然目标是建立在预期的基础之上，但并不代表预期目标的一定实现。因为这个世界并不全是必然的、决定论的，而是充满了偶然性，充满了不确定性。

　　众所周知，在17世纪80年代至19世纪末的200多年里，牛顿力学在物理学领域一统天下，几乎听不到反对的声音，因为："它所描述的宇宙是一个其中所有事物都是精确地依据规律而发生着的宇宙，是一个细致而严密地组织起来的、其中全部未来事件都严格地取决于全部过去事件的宇宙。这样一幅图景绝不是实验所能作出充分证明或是充分驳斥的图景，它在很大程度上是一个关于世界的概念。"②在某种意义上，它已经形成了一个时代的世界观，成为毋庸置疑的常识。

　　打破牛顿力学一统天下局面的首先是玻尔兹曼(Boltzmann)和吉布斯(Gibbs)。1889年吉布斯撰写了一部关于统计力学的经典教科书《统计力学的基本原理》，他使用法国数学家刘维尔的成果，对奥地利物理学家玻尔兹曼提出的"系综"这一概念进行扩展，从而将热力学建立在了统计力学的基础之上。吉布斯把统计学引入物理学中，为之后量子力学的出现开辟了一条道路，以至于美国著名应用数学家、控制论的创立者诺伯特·维纳(Norbert Wiener)认为："我们必须把20世纪物理学的第一次大革命归功于吉布斯，而不是归功于爱因斯坦、海森堡或是普朗克。"③

　　量子力学的出现是20世纪物理学领域开天辟地的一件大事。正是

---

　　① 德鲁克：《管理：任务、责任和实践（第一部）》，余向华、陈雪娟、张正平译，华夏出版社，2008，第145页。
　　② 诺伯特·维纳：《人有人的用处》，陈步译，商务印书馆，1978，第1页。
　　③ 诺伯特·维纳：《人有人的用处》，陈步译，商务印书馆，1978，第4页。

量子力学的出现，让人们开始对决定论的世界产生怀疑，不确定性的研究开始引起关注。但我这里需要特别指出：量子力学关于不确定性的研究固然对我影响极大，但真正改变我在管理领域认识的是德鲁克。正是德鲁克一系列的深刻思考和精辟阐述，极大启发了我对管理行为中不确定性的认识和理解，为我创立方向管理理论，特别是提出方向管理的概率判断原则等，提供了丰富的思想营养。

综上，我们可以看出，德鲁克关于目标管理的论述是如此之精彩，认识是如此之深刻，观点是如此之独特。如果不去苛求理论创立的系统性和完整性，以《管理的实践》《管理：任务、责任和实践》等书的出版为标志，目标管理概念的科学界定及理论的初步设计，在德鲁克手中已经基本完成，德鲁克作为目标管理的提出者可谓实至名归。

二、目标管理的方法

1. 关于动物和机器之间的控制

所有目标控制系统存在的一个前提假设，就是控制所面对的系统是确定的、可知的和可控的，人类目前所有没有实现的终极控制，都是囿于人类知识和能力的限制，而不是系统本身的非确定性、不可知和不可控。这样的一个基本认识同时为目标管理理论所认同，目标管理就是追求在对系统进行控制的过程中，如何提升趋近目标的控制手段以及对目标的实现程度。

德鲁克的目标管理是一种操作层面的管理方式，其基本的控制方法是负反馈方法。而最早关于负反馈的研究来自麦克斯韦尔（Maxwell）1868年发表的一篇关于调速器的论文。这篇论文在控制论发展史上的地位非常重要，它标志着负反馈控制方法的研究已经成为近代技术发展的一个重大课题。

谈到负反馈的控制方法，就不能不提到维纳所创立的"控制论"。正是维纳关于负反馈的研究，彻底打破了动物与机器之间智能控制的壁垒,使控制论成为一门适用于自然科学、社会科学的横断学科,推动了管理学的深入研究。

1948年,维纳出版了《控制论》一书,这本书的副标题是"或关于在动物和机器中控制和通信的科学"。维纳曾说过,他之所以选用"控制论"这个名称来命名这门科学,就是为了纪念麦克斯韦尔的这篇文章,因为正是这篇文章中关于负反馈的研究,启发了维纳对负反馈的深入思考。

《控制论》这一奠基性著作的出版标志着控制论作为一门新兴横断学科的诞生。与《控制论》相呼应的是1950年维纳撰写的《人有人的用处》。这本书站在哲学的高度,抓住通讯与控制的共有特点,对控制论作了通俗的阐述,很多人把《人有人的用处》看作《控制论》的姊妹篇。

维纳出生于1894年,是名副其实的神童。

他3岁半就开始读书,生物学和天文学的书籍成了他幼儿时的启蒙读物,7岁时就已经读了大量物理学和生物学方面的书。为避免过分引人注意影响维纳的正常生活,他的父亲在他12岁那年,主动放弃进入哈佛大学学习的机会,送他到塔夫茨学院数学系就读。

大学第一年,他在学习数学的同时,迷恋上了物理学和化学,尤其喜欢做物理实验。第二年,维纳又为哲学和心理学所吸引,读了大量的哲学著作。在同一年,维纳又把兴趣集中到生物学方面,生物学博物馆和实验室成了他经常出入的地方。维纳用三年时间读完了大学课程,1909年大学毕业时才15岁,就开始攻读哈佛大学研究院生物学博士学位,期间又兼修了数理逻辑,18岁获哈佛大学哲学博士学位。1919年,由于哈佛大学数学系主任奥斯古德的推荐,维纳到麻省理工学院数学系任教,并一直在该学院工作到退休。

维纳在大学上学期间接受的跨学科教育和广泛的兴趣为他后来在众多领域进行交叉研究奠定了坚实的基础。他在数学、生物学、哲学等诸多领域都取得了引人瞩目的成就,尤其他创立的控制论为他带来了世界声誉。他曾因此荣获美国总统授予的国家科学勋章。

从历史必然性的角度看,随着人类科学技术发展到一定时期,即便没有维纳的出现,控制论早晚也会产生,但控制论的产生又有其偶然性。

维纳本人的作用当然很重要,但维纳当时写作《控制论》这本书的直接起因来自第二次世界大战期间战争的需要,是战争的急迫性加速了控制论的诞生。

1939年第二次世界大战刚刚爆发,美国军方就遇到了一个亟待解决的问题,这就是防空炮火控制系统中自动测距器与自动瞄准器的设计。因为当时战场上法西斯德国的飞机相对于盟军的高炮打击能力具有明显的优势,德国人不仅飞机的速度快,而且飞行员训练有素,不断变化的飞行战术和飞行员的驾驶技巧让盟军老式高射炮的射击变得极为困难和低效,因为人的反应能力已经不足以应对如此高速且飞行轨迹不断变化的飞机。

在1940年前后,美国政府专门找到维纳,委托他与工程师别格罗等人负责解决这个问题。维纳首先想到的解决思路就是引入统计数学的工具。因为从理论上讲,一架飞机在空中的飞行有三维的任意自由度,但实际上是不可能的,飞机的飞行必然受到一定条件的约束,遵循概率分布。维纳认为只要引入统计数学,对飞行曲线的预测就可以得到解决。

从实际的结果看,维纳的思路是完全正确的。统计数学的引入不仅解决了飞机飞行曲线的预测,帮助研发出防空炮火控制系统中的自动测距器与自动瞄准器,而且对后来控制论的创立产生了重大影响。统计数学对控制论之所以重要,是由自动装置本身的特点所决定的,因为任何一个自动装置的自动性都表现在它具有自动适应不断变化的外部环境的能力。适应中虽然可采用的对策具有多种可能性而不确定,但这种不确定性的选择在一定条件下具有一定的概率分布,服从于一定的统计规律,可以用统计数学来表达。

但是,仅此是远远不够的。掌握飞机的飞行曲线,并不等于防空炮火控制系统就具有自动测距、自动瞄准和准确打击的能力。因为维纳发现,人以及一切动物的行为,与机器具有明显的不同。人和动物可以通过眼睛测距,通过大脑分析,通过肢体的配合等,完成很多复杂的行为,比如人手抓茶杯、老鹰抓小鸡之类的捕获动作,打击飞机之类的瞄准和击发等。而当时已有的自动装置与反映当时自动化水平的伺服机构理论都不能解决这些问题，特别是原有的伺服机构理论，只能解决某些体力劳动的自动化，不能解决智能的自动化问题。

如何打通人（包括动物）与机器之间的壁垒，让机器完成本来应该由人或动物完成的工作，让机器具有智能化的自主能力，让机器实现与动物一样的智能控制，成为维纳研制防空炮火控制系统一个绕不过去的难题。

就在维纳一筹莫展的时候，罗森波吕斯的帮助启发了他。

从18世纪一直到19世纪末，"反射"的概念一直就是神经生理学与心理学的基本概念。从笛卡尔最早提出反射的概念，到谢灵顿通过测定肌肉张力把脊髓的神经活动认定为反射活动，再到巴甫洛夫通过研究中枢神经系统反射行为，提出条件反射与无条件反射，关于神经生理学层面的反射研究，已经取得丰富的成果。尤其是巴甫洛夫的高级神经活动学说，为控制论提供了描述人类某些智能生理机制的理论前提。但如何把动物的生理行为与机器行为之间的隔断打通，让机器实现与动物一样的智能控制，维纳一时还理不清思路。

1947年秋，一个偶然的机会，维纳到墨西哥国立心脏研究所与罗森波吕斯共同工作了一段时间，两人之间有了一次历史性交谈。当维纳向罗森波吕斯诉说苦恼时，罗森波吕斯向维纳介绍了他正在研究人类一种叫作小脑震颤的疾病，他发现这是一种神经紊乱，这种神经紊乱在动物实验中已经得到证明。比如，他们研究猫的肌肉痉挛现象时发现，由于某种神经紊乱，肌肉即使没有承载负荷，也会出现痉挛，他们认为这是一种反馈机制的表现。罗森波吕斯告诉维纳，他们曾经精确预测出这种反馈系统的振荡频率。

罗森波吕斯关于神经紊乱是一种反馈机制的表现的研究极大启发了维纳，维纳联想到他1947年春在剑桥参观心理研究室时，与图灵关于机器能否思维的一次谈话，他意识到沟通人与机器的关键就是共同的反馈机制，从而一举突破了人与机器的阻隔，开发出了用于实战的自动测距器与自动瞄准器。70多年后的今天，我们来回顾维纳创立控制论的历程,对反馈机制,特别是对负反馈机制的研究,是维纳当初取得突破的重要一步。

2. 负反馈方法

反馈(feedback)又称回馈,是维纳所创立的控制论的基本概念,是指将系统的输出返回到输入端并以某种方式改变后成为再输入,进而影响系统功能的过程。一般泛指发出的信息返回发出的起始点并影响再发出的控制方式。

反馈分为两种:一种是正反馈,正反馈信号可以使净输入信号增强,系统偏差不断增大,系统振荡,由此而放大控制作用。另一种是负反馈,反馈信号使净输入信号减弱,系统输出与系统目标的误差减小,从而得以稳定系统的工作状态。对负反馈的研究是维纳所创立的控制论的核心问题。

负反馈控制的目的就是基于信息反馈、偏差分析和偏差控制,使系统运行过程中对目标的偏差减少,保证系统的运行稳定趋近于预设的目标。

控制系统按照有无反馈回路区分,可以分为开环控制系统与闭环控制系统。如果一个控制系统无反馈回路,我们称之为开环控制系统;如果一个控制系统有反馈回路,我们称之为闭环控制系统。

为了直观理解负反馈控制方法,我们首先分析一个开环控制系统。

以纯机械钟表的结构为例:从提供动力的发条到传递动力的齿轮系统,再到控制齿轮转动的擒纵机构,共同构成了一个钟表的结构系统。这种结构系统运行过程中的控制行为就是一个典型的开环控制系统行为。

在这样的一个系统中,所有的一切运动、控制都是事先设计好的,一旦设计定型完成后,整个钟表系统就按照预设的目标运行。但由于外界环境的变化(如温度变化、湿度变化、颗粒物污染等),会造成钟表走时的失准,因为机械钟表作为一个开环控制系统,从制造之初就没有关于偏差反馈的设计,钟表控制系统本身没有适应环境、反馈纠错的能力,这种失准因失控而不可避免。

开环控制的原理框图如图1-1所示。开环控制系统的优点是装置简单,操作容易,控制系统制造成本低;缺点是抗干扰能力差,没有纠错能力。所以,开环控制方式只能适用一些简单的、精度要求不高的系统运行。

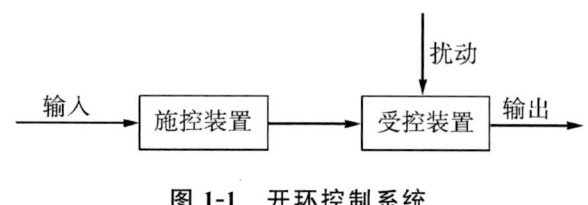

图1-1 开环控制系统

闭环控制系统是带有反馈回路的控制系统,控制原理如图1-2所示。

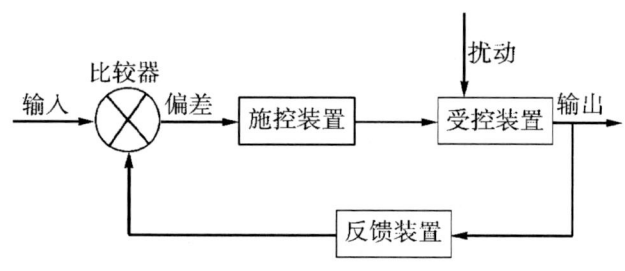

图1-2 闭环控制系统

以一辆无人驾驶的智能汽车为例:汽车在公路上行驶,汽车驱动系统和智能控制系统就共同构成一个汽车运行的闭环控制系统。

由于外界环境的变化(如坡度改变、道路凸凹不平、弯道等),汽车行驶过程中会必然偏离原先预设的目标,这时,汽车的雷达系统会自动捕捉偏离信息,然后将信息通过反馈回路回输到智能控制系统,智能控制系统首先将原先的输入信息与反馈信息进行比较,通过计算机计算出偏差,再将调整信号输入整个汽车运行的控制系统,成为指挥汽车运行的再输入信息。如此循环往复,以预设目标值为准,通过不断地纠偏调整,让汽车运行始终不偏离预设目标。

闭环控制系统通过反馈回路的设计,不断纠正系统运行过程中出现的偏差,使系统输出与系统目标的误差减小,从而得以稳定系统的工作状态。这种负反馈的控制方法在目标管理中得到广泛应用。

3. 负反馈方法在目标管理中的应用

负反馈方法是目标管理中所运用的最基本的方法。

具体到一个目标管理的过程而言,就是根据拟管理系统的实际,首先预设一个具有可行性的系统运行目标,在系统趋向目标运行的过程中,通过信息的不断反馈,去比较在实际运行中出现的对预设目标的偏差,进而采用各种针对性的调控手段减少偏差值,以期系统运行最终趋近预设的目标。

比如,国家预设了某年 GDP(国内生产总值)的增长目标,然后就会在某年中不断通过职能部门的调查、监测,掌握经济运行是否偏离了当初预设的目标。如果信息反馈发现系统运行偏离超过允许值,系统就会启动负反馈调控机制,通过偏差分析掌握偏离程度,然后运用各种宏观调控、微观调控等手段,通过调整国家经济运行的态势,让经济运行回归预设目标允许的振荡区间。如果年度内系统运行能够进入系统预设目标的允许偏差区间,就可以说目标管理是成功的。如果系统偏差超过了允许值甚至远离预设目标,就意味着目标管理的失败。

这种以负反馈为基础的目标管理方法应用之广泛,可囊括至小到一个家庭的收支,一个企业的生产、销售、产值、利润等的目标控制,大到一个国家 GDP(国内生产总值)、CPI(消费者物价指数)、全球环境治理、全球政治经济秩序整顿等的目标控制,应用的时间跨度覆盖迄今为止整个人类文明的进程。

目标管理最基本、最常用的控制方式就是负反馈控制。在目标管理的过程中,负反馈有助于系统稳定、协调地工作,有助于系统运行趋近预设的目标。在此,我们可以借助图 1-3 所示,直观说明负反馈控制对系统稳定运行的作用。

我们预先设定一个运行系统的目标值为 J,输入的控制信息为 Q,系统从 t_0 出发开始运行。控制系统在趋向目标的运行中,一旦出现环境因素引发的扰动输入,系统运行必然会不断偏离原先设定的目标值 J,系统

在从 t_a 至 t_b 的运行时间内,系统的输出曲线将会呈现为一个振荡的曲线变化。面对系统运行的振荡变化,闭环控制随之就会启动负反馈机制,通过负反馈控制实施一系列的调整,使系统运行的振荡曲线不断衰减,直至趋向稳定,系统运行达到预设的目标。

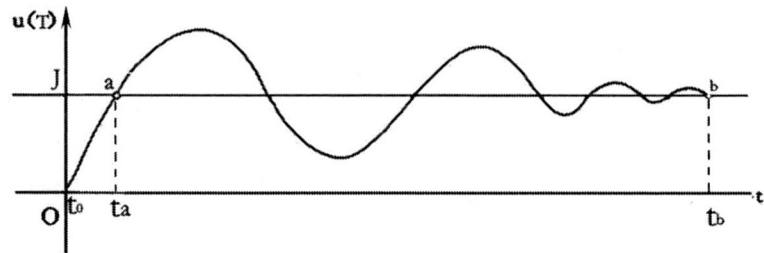

图 1-3　系统运动振荡曲线的衰减

通过负反馈控制手段实施的目标管理,其本质特征是对确定性目标的管理。这种管理不管以何种形式在何时出现,都无法改变其以确定性工作目标为追求,以实现式管理为手段的技能管理特质。无论当初的目标预设合理与否,无论系统运行过程中内外随机性的干扰如何,无论系统内外条件特别是环境条件的变化如何,只要预设目标确定之后,目标管理更偏重的是如何提升、完善有助于控制系统趋近目标的控制手段。所有实施目标管理的管理者都会努力在特定资源的有效配置前提下,使系统的输出值不断趋近先前所预设的工作目标值。对管理效果优劣的评价亦是建立在工作目标实现与否乃至实现顺利与否的基础之上。

第二章 方向管理

一、方向概述

1. 什么是方向

何谓方向？根据汉语言学的语义解释，"方"是方位，"向"是指向。站在牛顿力学的立场上审视，物理时空中的基本方位指的是东、西、南、北、上、下等，相对方位指的是上下、左右、前后、远近等，指向是对准某基本方位的延伸。基于牛顿力学关于方位与指向的认识，物理时空层面上的所谓方向，可定义为："某出发点对准某基本方位且不断延伸的指向。"宇宙的无限性决定了物理时空中的方向没有终点。在目标管理中，方向延伸的终点就是目标。

2. 两种方向之区别

物理时空层面的"方向"与管理层面的"方向"虽名称相同，但含义有别。物理时空层面的方向体现在具象的物理时空中，管理层面的方向体现在系统运行的发展趋势中，二者既有联系又有区别。其中的重要区别在于以下三个方面。

（1）物理时空层面的"方向"没有价值判断，无所谓好坏优劣。而管理层面中的"方向"则内含价值判断，有正确、错误、好坏、优劣之分。

中国历史上有一个非常著名的成语，叫"南辕北辙"。这个成语来自于《战国策·魏策四》，是季梁为了说服魏王放弃攻打邯郸所讲的一个故事。季梁告诉魏王,他听说有一个人乘车想去南边的楚国,却赶车往北边走,当有人告诉此人这样走是到不了楚国时,此人还不服气地反问,我的马善于奔跑,我的盘缠充足,我的车夫非常能干,我为什么到不了楚国?季梁的答案很简单,方向错了。如果方向错了,"此数者愈善,而离楚愈远耳"。

我们且抛开地球是圆的以及战国时期的政治形势,纯粹来讨论南辕北辙,季梁谈到了管理中一个非常重要的问题,这就是管理者的方向选择及其价值判断。因为任何一个管理者的方向选择,都内含明确的价值判断。管理者对于方向正确与否的判断,将直接影响管理者对系统运行的控制以及系统的运行结果。

在方向正确与否的判断上,一个自然人和一个企业、一个国家的判断原则没有本质的区别,方向管理的道理是相通的。以个人对人生道路的选择为例,人生的悲剧往往不在于无法实现自己的追求,而在于根本不知道自己追求的方向,在于选错了方向。所谓方向比努力更重要,所谓"愈善愈远",讲的都是一回事。关于方向有无对错、好坏的价值判断,正是管理层面方向与物理时空层面方向的重要区别之一。

(2)物理时空层面"方向"的确定,无须考虑在该方向延伸时间的长短,而管理层面的"方向"与拟管理系统运行时间的长短紧密相关。

在物理时空中存在的方向,只与对准某基本方位且不断延伸的指向有关,延伸时间的长短不影响方位指向的确定。但管理中的方向控制,受系统运行时间的长短影响,会显现出完全不同的控制状态。时间愈长,影响愈大。将时间因素引入到长期行为的管理之中,是方向管理与目标管理的重要区别之一。

短期行为的目标管理固然也有方向控制的问题,但因其方向与预设目标具有高度一致性,管理实践中完全可以忽略方向的控制而只关注目标的实现,甚至将方向的管理等同于目标的管理。短期行为方向控制之优劣,可以完全以目标的达到与否作为判断标准。

长期行为的方向控制会表现出与短期行为完全不同的控制状态。因为长期行为在内、外随机因素的影响下,系统演化方向与预设目标具有必然的分离性,以至于管理中必须淡化目标而专注于方向。长期行为管理方向控制之优劣,是以方向的偏离与否作为判断标准的。

方向管理理论认为,对一个系统的长期演化行为而言,方向正确与否的把握,较之如何趋近预设目标以及对目标实现程度的追求更为重要。因此,为了系统沿着正确方向前进,方向管理不仅不拘泥于预设目标的确定性实现,甚至容许预设目标在特定条件下的颠覆及重设。

(3) 物理时空层面的"方向"无须考虑确定性与非确定性的问题,而管理层面的"方向"与确定性、非确定性密切相关。

如前所述,由于短期行为管理中的方向与预设目标具有高度一致性,所以短期行为的管理是完全针对目标的确定性目标管理。而长期行为系统在内、外随机因素的影响下,演化方向与预设目标具有必然的分离性,预设目标实现的不确定性就决定了长期行为的方向管理是一种着眼于方向的不确定性管理,不确定性下的方向控制调整也就成为方向管理的必然选择。

不确定性条件下的方向控制完全取决于系统演化是否沿着正确方向前进。不确定性对长期行为方向控制方式的影响,从哲学的高度看,是因为所谓的方向,一定是系统演化过程中的方向,是系统在环境因素影响下变化、发展中的方向,离开了事物的运动变化,孤立的方向是不存在的。但方向控制的根据来自于系统演化、发展的规律,方向的控制应该在系统演化的不确定性中体现。

二、长期行为与不确定性

1. 不确定性

所谓不确定性,从人类认识的角度看,是指不能准确知道某事件或某行为的结果。信息论的创始人仙农(Shannon)用信息量作为不确定性的度量,从数学上首次定义了不确定性。就系统演化而言,当一个系统演化发展的过程中,其可能出现的行为结果不止一个,系统的演化就具有了不确定性。

人类认识的不确定性来自于人类认识的局限。从认识论的层面看,当主体缺乏信息或者没有足够的能力辨识信息,或者受到情感等诸多因素的影响判断能力下降,导致主体产生认知障碍,对客体的行为变化难以准确预测,就会出现认识上的不确定性。这类不确定性不在本书的研究范围。

本书所讨论的不确定性指的是演化系统自身行为的不确定性。即使我们掌握了演化系统的全部信息,包括系统行为的全部初始条件和所有影响因素,我们也无法准确预测系统的演化结果。换言之,这种不确定性和人的认知能力没有关系。产生不确定性的原因可能来自于系统内部,也可能来自于外部环境的变化。其不确定性程度与时间成正比。

2. 管理行为中的时间因素

在系统演化发展的短期行为中,呈现的是线性变化。目标预设与系统演化在方向上的不一致性,如果其误差值在允许范围内,对目标实现的影响处于可接受状态,在实际的管理行为中,就可以对内外随机性造成的不确定性的影响忽略不计,将短期行为的方向管理等同于目标管理,管理行为的成功与否就可以以目标的实现与否以及目标实现的顺利与否作为判据。

长期行为的情况就完全不同了,在内外随机性造成的不确定性的影响下,系统演化的非线性变化将成为一种必然。由于系统演化过程中出现的涨落,可能导致系统从一稳态向另一稳态跃迁的过程中,出现系统演化方向与预设目标的极大偏差甚至完全背离的突变。此刻判断系统演化是否沿着正确方向前进的判据就不再是预设目标的实现与否,而是系统演化中后一稳态较之前一稳态是否更稳定,系统演化从趋势分析,是否遵循了从低级到高级、从简单到复杂、从无序到有序的发展路径。

因此,将时间因素引入管理的行为之中,将时间与系统的演化过程相关联,让时间因素在演化中体现,在演化过程中揭示长期行为与短期行为的特征,研究确定性与时间的反比关系及其对管理行为的影响,是定义方向管理概念的关键所在,也是方向管理与目标管理的根本区别之所在。

3. 客观世界中的时间与系统演化

站在马克思主义哲学的角度看时间,客观世界中的时间其实就是物质运动的持续性。这种持续性表现为运动过程的久暂、运动过程依次出现的顺序、运动过程间隔的长短以及时间的一维性和不可逆性。

然而,在自然科学发展很长的一段时期内,人类并不是如此认识时间的。在16世纪中叶前后,自然科学取得了引人注目的成就,尤其以牛顿经典力学的确立为标志,自然科学达到了一个新的高度。然而,人类对时间的一维性和不可逆性的认识却是不充分的。在牛顿力学中,"时间 t 只起一个参数的作用,过去和未来是等价的"[1]正如大家所熟悉的,在牛顿方程

$$F = m\frac{\mathrm{d}^2 \bar{r}}{\mathrm{d}t^2}$$

里,如果把时间参量由 t 变为 $-t$,这个方程是不变的。也就是说,牛顿方程时间反演是对称的。利用牛顿方程既可以推知未来,又可以说明过去。这种不变的时间观念甚至表现在更新的学科之中。譬如在量子力学中,薛定谔方程是一个含有基本力学量即哈密顿量的波动方程,其显形式是:

$$ih\frac{\partial \psi}{\partial t} = Hop\psi$$

薛定谔方程对于时间来说是一阶的,一旦知道了某个时刻 t_0 的 ψ,我们就可以对任意时刻——无论是将来的还是过去的时刻——求出 ψ 来。

量子力学相对牛顿力学虽然可称之为一次物理学的革命,但在对时间的认识上"仍因袭了牛顿物理学的思想:一个静止的宇宙,即一个存在着的、没有演化的宇宙"[2]。在这样的理论框架中,现在已经"包括"了过去和未来。

---

[1] 普里高津:《存在和演化》,《自然杂志》第三卷第一期。
[2] 伊·普里戈金:《从存在到演化:自然科学中的时间及复杂性》,曾庆宏等,上海科学技术出版社,1986,第14页。

而实际情况并非如此。

与科学家关于时间的研究相比,倒是哲学家更为聪明一点。早在公元前500年左右,古希腊著名的爱菲斯学派的代表人物赫拉克里特就提出了"一切皆流,无物常住"的思想。如果说赫拉克里特的"演化"思想还只是一种朴素的猜测的话,黑格尔的自然哲学则当之无愧地可以算作对牛顿时间观的一个自觉的反动。他明确指出:"事物本身就是时间性的东西,这样的存在就是它们的客观规定性。"①这实际上已经明白无误地表述了这样一种演化的思想:时间本身就是一种变易。

在对自然界演化与时间不可逆性的认识上,黑格尔也许比当今的普里高津、哈肯等人走得更远。"黑格尔的自然哲学系统地吸收了牛顿科学所否认的一切。尤其是,它盯住了在力学所描述的简单行为与像生物那样的复杂实体的行为之间的质的差别。它否认约化这种种层次的可能性,拒绝认为差别仅在表面的思想,拒绝认为自然基本上是均匀和简单的那种思想。"但由于"黑格尔的自然哲学所固有的困难因其体系所依据的科学背景废弃而加剧"②,从而引起了当时科学家的普遍憎恶和蔑视,以致被当作一种"形而上学的热昏胡话"而遭到遗弃。

真正能够引起科学家对演化思想重视的哲学家也许应该说是怀特海(Whitehead)。这位英国著名的数学家、哲学家一向认为科学与哲学之间没有根本的矛盾。为证明这一信念,他身体力行地与他的学生罗素(Russell)共同从数学观点去探讨哲学问题。

怀特海十分推崇演化的思想,在他的"有机哲学"中,研究的就是"真正实体的生成、实在和相互联系"。他强调个性、创造性的相互影响及变化、持续等问题。而最能充分表现他的演化观的著作是他1929年出版的《过程与现实》。怀特海敏感地认识到:"假如组成自然的各个成员均被定义成永恒的、单个的实体,它们在一切变化和相互作用中保持它们的

---

① 黑格尔:《自然哲学》,商务印书馆,1980,第49页。
② 伊·普里戈金、伊·斯唐热:《从混沌到有序:人与自然的新对话》,曾庆宏、沈小峰译,上海译文出版社,1987,第130-131页。

同一性，那么就不可能想象出自然界的有创造力的演变。"①

怀特海认为，科学不可能永远做混乱的俘虏。在怀特海看来："哲学的任务就是对永恒和变化进行调和，就是把事物想象为过程，就是去证明演化组成实体，组成一个个诞生着和死亡着的本体。"②怀特海的这些思想深刻地影响到了后来耗散结构理论的创始人普里高津乃至整整一代研究演化科学的自然科学家。像20世纪70年代前后出现的协同学的创立者哈肯、超循环理论的创立者艾根以及用来定量描述非平衡相变过程的数学理论——突变论的创立者托姆……无不直接或间接地受到了怀特海的影响。正是这种深刻的演化哲学思想，为20世纪70年代到80年代一大批科学家讨论世界是怎样自发地从无序走向有序、从简单走向复杂、从低级走向高级的复杂的不可逆演化过程，指明了前进的方向。

4. 长期行为与短期行为的六个特征

所谓长期行为中的"长期"，固然指的是一个相对而言较长的时间区间，但长期行为的认定，时间并不是唯一的考量因素。短期行为对应确定性的目标管理，长期行为对应非确定性的方向管理。判断一个管理行为究竟是长期行为还是短期行为，不仅需要考虑时间的长短，还需要综合考虑两者的至少六个特征。

特征一：长期行为着眼于未来，通常需要摆脱过去的束缚。短期行为立足于当下，通常需要基于过去的基础之上。

系统在长期演化的过程中，随着系统自身及环境条件的不断变化，当下对未来的影响会随着时间的推移逐步减弱。所以，长期行为既要珍惜历史留下的辉煌，继承有助于系统沿正确方向演化的积极因素，更要着眼于未来，摆脱历史积存形成的束缚，破旧立新，与时俱进，引导系统

---

① 伊·普里戈金、伊·斯唐热：《从混沌到有序：人与自然的新对话》，曾庆宏、沈小峰译，上海译文出版社，1987，第137页。

② 伊·普里戈金、伊·斯唐热：《从混沌到有序：人与自然的新对话》，曾庆宏、沈小峰译，上海译文出版社，1987，第137页。

沿正确方向发展。

短期行为则必须建立在对过去经验的总结和利用之上,更重视传统,主要着眼点在于当下。当下就是短期行为的出发点、立足点,过去的积累就是短期行为目标实现的基础。离开了过去和当下,短期行为目标的实现就无从谈起,过去和当下是短期目标实现最基本的条件。

特征二:长期行为基于系统外部环境的变化,当下的资源配置是非决定因素。短期行为基于系统本身的需求,当下的资源配置是决定因素。

系统在长期的运行过程中,系统当下资源配置对系统未来运行状态的影响会随着时间的推移而不断衰减,更何况由于外随机性的干扰以及长期行为的非线性变化,在某一时刻,临界点附近的微小环境条件改变,可能会成为系统突变的触发媒,导致系统运行发生无法预期的巨涨落,使系统从一稳态跃迁到另一稳态,以至于长期行为无法预测。基于长期行为的这一特征,当我们做系统发展的长期规划时,当下的资源配置并不是首要的决定因素,系统演化趋势的预测、环境条件变化对方向控制耦合叠加的作用才是长期规划必须考虑的重中之重。

短期行为的目标管理通常来自于系统当下本身存在的需求。离开了当下的资源配置目标管理就失去了基本的条件,实现目标的行为就是无米之炊。所以,当下系统内的资源配置就成为目标实现的决定因素。

特征三:长期行为的实现通常无确定的期限,时间限制不是必要约束条件。短期行为的实现必须有明确的期限,否则其所对应的目标管理将毫无意义。

长期行为的表现,说到底,是系统演化发展趋势的表现。由于长期行为的趋势变化具有显著的非线性特征,未来的状况具有极大的不确定性,结果的预测极其困难甚至不可预测,对于长期行为的把握主要体现在方向层面,这就决定了长期行为所有的量化设计其实都是理想状态下的设计,在很大程度上只具有象征性意义,包括时间在内。因此,长期行为的实现不可能设置确定的期限,时间限制不是长期行为规划的必要约束条件。

短期行为是目标管理,目标管理的成功与否是以目标的实现与否以及实现的顺利与否作为判据。所以,目标得以实现的时间限定对目标管理就尤其重要。没有明确的时间限制,目标的实现、尚待实现与没有实现之间的界限将因缺少时间限制而模糊,目标管理就无从谈起,目标的管理就毫无意义。

特征四:长期行为基于非确定性的基础之上,预设目标不仅是可以改变的,特定条件下的颠覆与重设也是允许的。短期行为基于确定性的基础之上,预设目标是不能改变的,否则其所对应的目标管理将因失去目标而无所适从。

由于系统本身所具有的内随机性以及环境条件改变带来的外随机性,系统演化过程中的长期行为具有不确定性的显著特征。长期行为规划之初所预设的目标,随着时间的推移,预设目标实现的条件会发生改变,如果不加以调整,预设目标会逐步偏离系统演化的正确方向。对于长期行为的演化发展,预设目标因环境条件的改变而改变是长期规划过程中的必然选择,在特定条件下,预设目标的改变甚至颠覆与重设不仅是可能的,也是允许的。从方向管理的视角看,预设目标的变动性本就是长期行为管理的题中应有之义。

短期行为目标管理的条件之一就是管理初始必须首先预设确定的目标,之后目标管理的所有一切行为都是围绕如何实现这一目标展开。即便是环境条件发生改变甚至重大改变,目标管理首要的选择也不是改变预设目标,而是尽量排除环境条件改变对目标实现产生的"干扰",尽全力保证目标的实现。如果因条件改变导致目标无法实现,从目标管理的视角看,无疑意味着目标管理的失败。因为预设目标无确定性可言,目标管理将失去存在的价值。

特征五:长期行为的表现是一种非线性的发展过程,是演化系统从一稳态向另一稳态跃迁的变化趋势。短期行为的表现是一种线性的实现过程,是行为与结果的一一对应。

在一个系统中,如果系统内不同因素的组合作用只是这些不同因素单独作用的简单叠加,诸如 $1+1=2$,因 A 物体运动变化导致 B 物体运动变化且一一对应等，这种简单叠加的关系或特性就是线性的。如果系统演化初始阶段一个微小原因的敏感反应导致最终形成与行为无法一一对应的结果，甚至是难以预测、衡量的巨大结果，这种非叠加的关系或特性就是非线性的。关于线性与非线性的关系，我们将在本书第二部分做更为详尽的研究。

长期行为的不确定性首先就体现在系统演化的非线性过程。由于触发媒非线性作用可能引起系统突变，对于长期行为发展的预测，只能是演化系统从一稳态向另一稳态跃迁过程中系统演化发展趋势的预测，这种预测很难甚至不可能完成确定性的表达。

短期行为的确定性恰恰就体现在系统演化的线性过程。影响系统演化的几乎所有条件，包括基于系统资源配置的条件等，都可以直接影响系统的演化过程，且这种影响对于结果的实现呈现一一对应的因果关系。因此，这种线性作用所导致的结果的出现不仅是可以预测的，而且是可以准确预测的。

特征六：长期行为主要停留在愿景与理想层面，可以通过憧憬追求，系统演化方向正确与否的判断需要仰赖直觉与想象力，价值在过程中体现。短期行为主要停留在操作层面，可以通过具体的执行完成，系统目标的达到与否主要依赖方法与技能，价值在结果中体现。

由于长期行为非线性特征所带来的不确定性，决定了长期行为系统演化的结果通常是无法预测的，长期行为预设的目标大多停留在梦想中，对未来结果的期望只能表现在愿景和理想层面。长期行为的规划主要仰赖规划者的直觉与想象力，对长期行为结果追求的价值主要在追求的过程中体现，理想永远在路上。管理者长期前行的支撑很大程度来自于信仰。

短期行为的目标管理是实操行为，必须通过具体的操作来完成。目标管理过程中的目标实现与操作过程中方法与技能的掌握密切相关。合理的操作方法与娴熟的操作技能有助于目标的实现乃至顺利实现。短期行为目标管理的成功与否，其判定标准乃至目标管理的价值，在结果的实现中体现。

5. 长期行为与不确定性的关系

当我们研究一个演化系统的长期行为时,分析发现,系统演化的时间 t 与系统行为的确定性 Q 呈现反比关系。在极限条件下,即当时间趋近于零($t \to 0$)时,确定性趋近于无穷大($Q \to \infty$)。随着时间的推移,确定性在不断降低。当时间趋近于无穷大($t \to \infty$)时,确定性趋近于零($Q \to 0$)。

造成时间与确定性成反比关系的原因就在于:在一个无穷小的时间区间内,演化系统内外环境条件几乎没有任何变化,演化系统受到的干扰最小,演化过程中的行为将表现出最大的确定性。在一个足够长的时间区间内,由于演化系统内外环境条件的变化,以及演化系统长期行为的非线性特征,演化系统在演化过程中的长期行为将表现出不断增大的不确定性。

这里特别需要指出的是,一旦系统内外环境条件的变化在临界点处作为触发媒产生放大作用,由微涨落引起的巨涨落就会导致系统通过突变完成从一个稳态向另一个稳态的跃迁。而系统正是通过这一次次跃迁,促使系统演化不断沿着从简单到复杂、从低级到高级、从无序到有序的方向前进,才能完成自身的螺旋式发展。方向管理所要做的,正是对系统发展方向的把控。

6. 长期战略目标是不可预测的奇怪吸引子

长期行为与短期行为、方向管理与目标管理之间并没有一条不可逾越的鸿沟,短期行为的目标管理中有方向的考虑,长期行为的方向控制中也有目标的安排,它们之间有着深刻的内在统一性。只不过短期行为的方向与预设目标具有高度的一致性,而长期行为的方向与战略目标具有必然的分离性。

如前所述,长期行为不是短期行为时间上的线性延长,方向管理也不是目标管理在愿景层面的线性放大。长期行为的战略目标与短期行为的预设目标由于性质的不同,在实现过程中会有迥然不同的表现。由于长期战略目标是决定性与随机性、必然性与偶然性的统一,具有奇怪吸引子的典型特征,我们姑且就把长期行为的战略规划目标当作一个不可预测的奇怪吸引子。

吸引子是一个数学概念,指的是极限的集合。所有的运动系统,不管是混沌的还是非混沌的,都以吸引子为基础,它因具有把一个系统或一个方程吸引到某一个终态或终态的某种模式而得名。

如果读者想一般性了解吸引子理论,进而理解为什么说长期战略目标是一个奇怪吸引子,请大家参看本书第一部分和第二部分的相关内容。如果想深入进行研究,那就必须学习并掌握相关的自组织理论了。

三、方向管理的概念

有了关于长期行为不确定性的研究,我们已经可以大体上定义出方向管理的概念。笔者认为,所谓的方向管理,就是基于系统内外环境条件的变化,通过对系统从一稳态向另一稳态跃迁的非线性发展趋势的分析,在临界点处确定系统未来发展的方向,从而对系统长期演化向更加有序方向的发展进行动态把控的一种管理方法。

需要说明的是,自形式逻辑在亚里士多德时代出现以来,人类在思维时已经习惯于用概念反映研究对象的特征,用定义揭示概念的内涵,毕竟逻辑的方法简单明了又方便。但是,恩格斯却认为:"定义对于科学来说是没有价值的,因为它们总是不充分的。唯一真实的定义是事物本身的发展,而这已不再是定义了。"[①]毫无疑问,恩格斯的观点是正确的。我们可以从不同的视角或维度来审视方向管理,但不可能也不会有一个全息点让我们全方位无遗漏地把握方向管理。所以,本书所给出的关于方向管理的概念,与其说是为了准确定义方向管理,莫如说是为了方便运用方向管理,如此而已。

---

① 《马克思恩格斯全集》,第 20 卷,人民出版社,1971,第 667 页。

四、德鲁克方向管理思想的萌芽

1. 德鲁克的"自我管理"

应该说,当德鲁克发现操作层面的"工作目标"与战略层面的"愿景目标"的区别时,他其实已经非常接近方向管理概念的提出。尤其他提出的企业应该多培养"有管理能力的、有责任感的工人"和建立"一个自我管理的工厂社区"①,以及他所期待在该工厂社区内的管理,更多呈现出的是一种人与人之间相互默契的配合而非强加干预的思想,其实正是方向管理理论中最核心的思想。在德鲁克看来,如果每一个"知识工人(Knowledge Worker)"都努力成为并确实成为自主的管理者而非被动的被管理者之日,也就是企业最终成为自我管理的理想社区之时。

直到 20 世纪 80 年代后我们才逐步认识到,德鲁克这种构筑于愿景层面的"自我管理"理念犹如神来之笔,与几十年后才出现的自组织管理思想竟有异曲同工之妙。德鲁克理想中自我管理的企业虽然还不是严格意义上的自组织社区,但已经具备了成为自组织社会形式的最基本的条件。从某种意义上可以说,是德鲁克开了自组织管理研究的先河,启发了我们对方向管理的理解。

但是,遗憾之处在于,德鲁克没有在目标管理研究的基础上向前再推进一步——尽管他已经认识到"工作目标"与"愿景目标"的区别,清楚看到了"管理者的专业工作;管理的层级结构;以及因愿景和工作上的差异,导致各级管理者之间产生隔阂",但他终究还是在讨论管理者如何"坚持不懈地将共同的目标作为他们努力的方向"时,②没有进一步阐明目标与方向的联系与区别,甚至将二者混为一谈,从而与方向管理的提出失之交臂。

---

① 德鲁克:《公司的概念》,慕凤丽译,机械工业出版社,2012,第 235 页。
② 德鲁克:《管理的实践》,齐若兰译,机械工业出版社,2012,第 98、100 页。

非常有趣的是,当我们将德鲁克"自我管理"的管理模式与近年来风靡于世界的"阿米巴经营模式"①进行比较时,发现所谓的阿米巴经营模式与理念,其基本内容与德鲁克提出的建立一个"自我管理的工厂社区"的想法,其实是一脉相承的,从根本意义上讲,都是属于自组织管理。

稻盛和夫所说的阿米巴其实指的就是阿米巴虫,又叫变形虫,是原生动物门肉足纲根足亚纲变形虫目变形虫科的一属。阿米巴体长平均20微米,赤裸、柔软,因可向各个方向伸出具有行走、摄食功能的伪足,以至于看似体形不定而得名。这种古老的单细胞动物通过细胞的二分裂方式进行繁殖,一个阿米巴可以分裂成若干个独立生存的阿米巴。目前世界上大约有100多种阿米巴,这些阿米巴由于生活环境不同,可分为内阿米巴和自由生活阿米巴,前者寄生于人和动物体内,后者主要生活在水和泥土中。

稻盛和夫受到阿米巴生存、繁殖方式的启发,提出了以阿米巴命名的企业经营管理模式。阿米巴经营模式从管理理念上体现的是中国儒家文化的仁爱思想,从组织形式上就是根据企业经营的需要将一个企业分裂为若干个相对独立的组织个体,从经营方法上就是各个阿米巴独立核算和运营。稻盛和夫特别强调,企业应该在裂化的过程中有意识培养一批有经营能力的领导人,同时还鼓励全体员工都参与到企业的经营中。

阿米巴经营模式强调让每一个员工都从被管理者转变为经营者,从员工的被动立场转变为领导的主动立场,每一个员工个体都可以像阿米巴一样通过自我调整适应环境的变化等观点,与德鲁克的"自我管理"思想是一致的,在阿米巴经营模式中,到处都可以看到德鲁克"自我管理"的影子。

2. 自我管理与自组织管理

德鲁克的自我管理强调的是,让一批有管理能力的、有责任感的工

---

① 稻盛和夫:《阿米巴经营模式》,刘建英译,东方出版社,2010。

人建立一个自我管理的工厂社区。在这种自我管理的社区中,体现的是一种人与人之间相互默契,是主动的积极配合而非被动的忍受驱使,是彼此的协商而非强加的干预。在德鲁克看来,如果社区内的每一个成员都努力成为并确实成为自主的管理者而非被动的被管理者之日,自我管理的理想社区就开始出现了。

德鲁克自我管理的思想与 20 世纪 80 年代之后出现的自组织管理有异曲同工之妙。自组织管理中的"自组织"一词来自于德国著名物理学哈肯的《协同学引论》。哈肯在其重要著作《协同学引论》第七章"自组织"中曾经有一个形象的比喻,他说:"比如说有一群工人,如果每个工人在工头发出的外部命令下按完全确定的方式行动,我们称之为组织,或更严格一点,称它为有组织的行为。……如果没有外部命令而是靠某种相互默契,工人们协同工作,各尽职责来生产产品,我们把这种过程称为自组织。"①

哈肯作为物理学家所阐述的自组织这一思想与德鲁克作为管理学家所阐述的关于自我管理的理想社区的思想具有惊人的相似性。正是在两位大家的指引下,最近几十年来,世界范围内出现了一大批研究自组织管理的专家学者,出现了一大批自组织研究的成果,形成了初具雏形的自组织管理理论。

所谓自组织管理理论,可以理解为是以哈肯自组织理论为基础、以德鲁克自主管理思想为核心所建立的一种新的管理理论。自组织管理既是一个系统自我适应、自我学习、自我服务、自我成长的过程,也是一个系统通过内部要素间的协同而达到有序化程度的过程。自组织管理理论不仅反映的是一种新的管理思想,而且是一种新的管理方法。

自组织管理理论与传统的管理理论有着非常明显的区别。传统管理理论重视对"存在系统"的研究,自组织管理理论重视对"演化系统"的研究。传统管理理论以人和事的研究为中心,自组织管理理论以系统与要素的研究为中心。传统管理理论重视对规律性、必然性、确定性的研

---

① 赫尔曼·哈肯:《协同学引论》,徐锡申等译,原子能出版社,1984,第 240-241 页。

究,自组织管理理论重视对混沌性、偶然性、不确定性的研究。传统管理理论笃信科学的预测结果,往往把预测结果作为系统运行所追求的目标,自组织管理理论认为长期行为不可预测。传统管理理论研究的是目标的管理,自组织管理理论研究的是系统演化趋势和发展方向的管理。传统管理理论研究的是行为,主要停留在实操层面,依赖的是方法,自组织管理理论重视实操更重视理想,管理方法经常会仰赖直觉。

这里需要特别指出的是,现在管理学领域发表的关于自组织管理的论文、出版的关于自组织管理的著作相当部分研究的并不是真正意义上的自组织管理。因为无论是德鲁克的自主管理,还是哈肯的自组织管理,作为新的管理方法的价值固然存在,但从归根结底的意义上,自组织理论研究的是演化系统内要素间的默契协同,是演化系统的存在形态,是演化系统向何处去。因此,自组织管理的价值主要应该体现在管理的过程之中。

五、自组织理论是方向管理的理论基础

方向管理理论的研究不是无根之木、无源之水,有与之相对应的研究方法以及理论的基础。这就是包括普里高津的耗散结构理论(Dissipative Structure)、哈肯的协同学(Synergertios)、托姆的突变论(Calastrophe)、洛伦兹的混沌理论(Chaos)等在内的一组自组织理论。

耗散结构理论产生于20世纪60年代末。普利高津从开放系统的研究入手,在局域平衡假设的条件下,重点研究耗散结构的性质及其形成、稳定和演化的规律,借此揭示开放系统如何从无序走向有序的过程。协同学产生于20世纪70年代初。哈肯从系统要素间的协同关系入手,重点研究由大量要素组成的系统在一定条件下,通过协同在宏观上呈现有序状态,形成具有一定功能的自组织结构的机理。突变论产生于20世纪70年代初。托姆从状态变量与控制变量的关系入手,重点研究系统如何从一稳态跃迁到另一稳态的现象和规律。混沌理论产生于20世纪60年

代初。洛伦兹从系统存在状态入手,重点研究非线性系统表现出的非常复杂的类随机行为及其发展趋势。

这四个理论虽分属不同的自然科学领域,但都具有横断学科的性质且又具有内在的联系,研究的都是变动状态中的系统演化。耗散结构理论侧重于系统演化的条件与方向,协同学侧重于系统演化的内在机制,突变论侧重于系统演化的方式,混沌理论侧重于系统演化的存在状态及发展趋势。这四个理论构成了研究系统演化的一组完整理论。

1. 系统演化的条件与方向——耗散结构理论

耗散结构理论能够成为方向管理研究首选的理论基础,源自于它是对系统存在、演化及其不可逆性研究最全面的一个理论。一个复杂系统在长期的演化过程中能否保持系统的稳定存在状态,系统的演化发展是否具有可持续性以及系统向何处去,是方向管理研究中首先需要考虑的三个问题。普利高津在《从存在到演化——自然科学中的时间及其复杂性》一书中为我们提供了重要的研究思路。尤其他所提出的"把强调实验及定量表述的西方传统和以'自发的自组织世界'这一观点为中心的中国传统结合起来"的认识,[①]给予了我们极大的启发。我们的方向管理理论,就是从现代自然科学的方法中、从中国传统哲学天人合一和顺乎自然的理念中汲取思想营养,从系统整体观念出发所提出的适用于不确定性管理的理论。

2. 系统演化的内在机制——协同学

协同学理论同样对方向管理理论的研究至关重要。在协同学看来,千差万别的系统尽管其属性不同,但在整个环境中,各个系统间一定存在着相互影响而又相互协作的关系。协同学描述了系统在临界点附近的行为,阐述了慢变量支配原则和序参量概念,认为事物的演化受序参

[①] 伊·普利戈金:《从存在到演化——自然科学中的时间及复杂性》中译本序,曾庆宏等译,上海科学技术出版社,1986,第3页。

量的控制,演化的最终结构和有序程度决定于序参量,序参量的大小可以用来标志宏观有序的程度,当外界条件变化时,序参量也变化。

协同学的这一观点不仅完美诠释了辩证唯物主义中"主要矛盾与次要矛盾"的哲学思想,也为方向管理的研究提供了方法论意义上的指导。

协同学对方向管理理论研究的最大帮助是它所提出的关于自组织的概念。如前所述,哈肯作为物理学家所阐述的自组织这一思想与德鲁克作为管理学家所阐述的关于自主管理的思想具有惊人的相似性。自组织概念的提出为我们方向管理的研究夯实了重要的理论基础。

3. 系统演化的方式——突变论

突变理论的出现不仅是人类科学发展史上一次开拓性的突破,更是人类思想史上一次伟大的革命。在此之前的几乎所有科学家、哲学家都认为世界从根本上是连续的,莱布尼兹"自然界无间断"的认识深入人心,包括马克思主义哲学创立者之一的恩格斯都对此深信不疑。因为恩格斯所有哲学认识的自然科学基础都是建立在以牛顿力学为代表的经典科学的基础之上,他无法接受居维叶灾变论的观点,在居维叶与达尔文的冲突中,他坚定地选择站在了达尔文一边。即便是量子力学创立之后的相当长时间,人们对物质分布的不连续性、能量的量子化、生物进化的中断等自然界不连续性的认识,依然缺少数学的支撑,不能清晰知道间断对这个世界意味着什么。

托姆为人类勾勒了一幅连续与间断相统一的自然界图景,并从数学上完成了对间断性的诠释。尤其他对演化系统如何从一稳态向另一稳态跃迁的研究,为我们对客观世界的认识提供了一个全新的视角。英国数学家斯坦瓦特曾高度评价:"虽然在过去几代中已经出现了许多新的比较重要的数学理论,却没有一个理论引起过同等程度的知识激情。人们恰当地懂得,突变理论为我们生活在其中的世界提供了新奇和深刻的见解。"①方向管理理论也从中汲取了丰富的营养。

4. 系统演化的状态——混沌理论

洛伦兹的混沌理论利用连续的数据关系,对那些不规则而又难以预测的现象及其过程进行分析,描述了演化系统在不可逆条件下向何处去。混沌理论对混沌的内随机性、无限嵌套的自相似结构、初值的敏感依赖性以及奇怪吸引子、非整数维等问题的研究丰富了我们对混沌的认识。其所描绘的倍周期分叉进入混沌、阵发进入混沌、湍流进入混沌、三体相互作用进入混沌等,使我们明白了"条条大道通混沌"的道理,明白了混沌是客观世界普遍存在的现象,清楚认识到演化系统的未来发展趋势及其存在形式,领悟到了长期行为不确定性的真谛。

总之,方向管理理论说到底,就是一个以方向控制为目的、以自组织管理为手段的系统演化控制理论,是一个系统在演化过程中如何把控才能不偏离方向的管理理论,这四个从不同角度研究系统演化的理论自然就成为方向管理的重要理论基础。

---

① 江秀乐、张明正、刘志科:《系统·演化·发展》,陕西师范大学出版社,1996,第175页。

第二部分

自组织理论与方向管理

第三章 耗散结构理论与方向管理

耗散结构理论是对系统存在、演化及其不可逆性进行研究的理论。它重点研究一个复杂系统在长期的演化过程中能否保持系统的稳定存在状态,如何从无序到有序,系统的演化发展是否具有可持续性以及系统演化的发展方向。

耗散结构理论的提出者是比利时著名科学家普利高津。

普利高津1917年1月25日出生于莫斯科。在俄国社会大变革的影响下,他的家庭于1921年离开了俄罗斯。经过几年在德国的旅居之后,1929年定居于比利时,1949年取得了比利时国籍。

普利高津1941年在比利时布鲁塞尔自由大学获博士学位,1951年任该校理学院教授。普利高津领导的布鲁塞尔学派,是国际上著名的非平衡统计物理学学派之一。这个学派在非平衡统计物理学和热力学领域坚持研究几十年,使得非平衡统计物理学形成科学体系,并推广应用于化学、生物学、环境科学、医学、农业科学、工程技术乃至哲学、历史学、经济学、管理学等各个领域。耗散理论作为自然科学理论,应用范围如此之广泛,在科学史上是不多见的。普利高津由于在科学上的重要贡献,获得了1977年的诺贝尔化学奖。

一、什么是耗散结构

普利高津1969年首次正式提出耗散结构的概念。

普利高津通过研究发现,一个远离平衡态的开放系统,通过与外界交换物质和能量(耗散物质和能量),在一定条件的约束下,在从一稳态向另一稳态跃迁的过程中,可能形成一种新的稳定有序结构。普利高津将这种结构称之为耗散结构,研究耗散结构的理论称之为耗散结构理论。

马克思曾经有过一个非常有名的论断:他认为一门科学,只有当它成功地运用数学时,才能达到真正完善的地步。普利高津不仅提出耗散结构概念,而且用数学形式进行了完美的表达,这种表达对耗散结构理论研究的推动非常重要。普利高津在他的《我的科学生活》一文中回顾这一段研究经历时曾说:"耗散结构的概念用数学形式表达出来之后,其科学研究的新阶段就打开了。"[①]因为它不仅标志着耗散结构理论的建立,更标志着耗散结构理论的完善。

耗散结构概念的提出以及耗散结构理论的建立,开启了人与自然界新的对话。它所展现的非线性系统在远离平衡态时所出现的各种新的有序现象,让我们对复杂世界的演化有了新的认识。尽管耗散结构理论还存在有待解决的一些问题,还有进一步完善的必要,但它所提出的产生耗散结构的条件,以及它对存在与演化的研究,不仅有着重要的科学意义,而且对整个人类社会的实践也有着重要的指导价值。

二、克劳修斯的退化世界图景

1. 可逆与不可逆

可逆与不可逆是对事物发展过程的描述。如果事物在发展过程中具有往复性,这种过程称为可逆,如果事物的发展呈现单向性,不可往复,这种过程就是不可逆。《易经》中的"无往不复"讲的是可逆性,孔子感叹的"逝者如斯夫"讲的是不可逆性。

人类物理学的发展,从17世纪到20世纪,出现了两个伟大的成果,一个是以伽利略、牛顿等为代表的一批优秀物理学家所创立的经典力

---

① 湛垦华、沈小峰:《普利高津与耗散结构理论》,陕西科学技术出版社,1998,第8页。

学,一个是以普朗克、爱因斯坦、玻尔等为代表的一批优秀物理学家所创立的量子力学。这两个理论对科学的贡献毋庸置疑,但它们存在一个共同的问题,这就是它们都把时间仅仅作为一个外部参量,描述的都是可逆的运动,它们不考虑与时间方向性相关的演化问题。

正因为如此,普利高津将经典力学、相对论以及量子力学统统称之为存在物理学。他认为,存在物理学与演化物理学的重要区别之一就在于前者研究可逆的运动,后者研究不可逆的运动。

在物理学的发展历史中,作为经典物理学四大理论支柱之一的热力学,首先把不可逆过程纳入了物理学的研究范围之内,所以,热力学也就当仁不让地成了研究不可逆演化理论的基础学科。

2. 平衡态热力学

热力学分为平衡态热力学和非平衡态热力学。平衡态热力学又称之为经典热力学。经典热力学的内容主要包括热力学第一定律和热力学第二定律。

热力学第一定律涉及的是热现象领域内能量守恒与转化的规律。它描述了在一个孤立的系统内,物质的能量传递、转换是如何通过做功和热传递方式来改变系统的内能,其定量关系为:

$$\Delta E = W + Q$$

该关系式表达的意思为:物体内能的增量(ΔE)等于对物体所做的功(W)和物体吸收的热量(Q)的总和。这一定律的基本内容虽然在18世纪就已被大多数物理学家所认识,但最早只是一种经验表述,后来经过迈尔、焦耳等很多物理学家的验证,直到19世纪中叶,才以科学定律的形式被确立。

热力学第一定律告诉我们,在一个孤立的系统内,热量可以从一个物体传递到另一个物体,也可以与其他能量互相转换,但在转换过程中,能量的总值保持不变。热力学第一定律是能量守恒与转化定律在热力学领域中的特例。能量守恒与转化定律很好诠释了笛卡尔提出的运动不灭原理,它不仅在热力学范围内适用,同时也成了自然界普遍遵循的基本定律之一。

我们在表述热力学第一定律时,必将涉及"孤立系统"的问题。在热力学中对什么是孤立系统是有严格界定的。热力学把系统与环境之间的关系划分为三类:如果系统与外界环境既没有能量交换也没有物质交换,这类系统就称为孤立系统。如果只有能量交换而没有物质交换,称为封闭系统。如果既有能量交换又有物质交换,称为开放系统。

严格意义上来说,自然界并不存在孤立系统,孤立系统只是一种理想状态。封闭系统因为与外界有能量的交换,不是真正的完全"封闭",所以有人就认为封闭系统也应该称之为开放系统,因为二者的区别仅在于开放程度的不同。

这种认识站在经典热力学的角度,是有一定道理的,因为所有经典热力学理论的研究都是以理想状态下的孤立系统作为研究条件的。但从耗散结构理论研究的角度看,这种认识则未必合适,这种认识不仅会造成概念的混淆,更重要的是,对于一个耗散结构而言,能量与物质的交换是一体而不可分的,从形成耗散结构的条件看,系统必须同时不断与环境交换物质与能量,才有可能形成耗散结构。由于孤立系统和封闭系统状态下都无法形成耗散结构,所以从形成耗散结构的条件看,分类恰恰相反,我们更多是将孤立系统与封闭系统作为等价系统处理,而不是将封闭系统与开放系统等量齐观。

建立在热力学第一定律基础之上的热力学第二定律,最早同样是一条大多数物理学家认同的经验定律。克劳修斯与开尔文对这一经验定律有不同的表述。克劳修斯将热力学第二定律表述为:热量不能自发地从低温物体转移到高温物体而不发生其他变化。开尔文将热力学第二定律表述为:不可能从单一热源取热使之完全转换为有用的功而不产生其他影响。这两种表述分别从经典物理学的角度解释了热力学第二定律,指出了某些过程的不可能性。热力学研究很容易证明克劳修斯和开尔文的表述是等价的。

3. 熵

在热力学第二定律中涉及一个非常重要的概念"熵"。20 世纪 80 年代初,美国著名社会活动家杰里米·里夫金(Jeremy Rifkin)曾经围绕这一概念写出《熵:一种新的世界观》,成为当时研究人类社会可持续发展方面影响很大的一本书。尽管这本书的很多观点从今天来看其认识水平已经大大落后于时代,但一个自然科学的概念,能够如此深刻地影响人类对世界的认识,被社会科学家上升到世界观层面,在自然科学领域还是不多见的。

熵作为概念的使用,涉及范围很广,不仅物理学中使用,数学、天文学、化学、生命科学、心理学、经济学、控制论、信息论等诸多领域也在广泛使用。众多领域虽然使用的是同一个"熵"的概念,但在不同的应用场景中对熵的解释是不同的。比如,在信息论中,熵被定义为离散随机事件的出现概率,一个系统越是有序,信息熵就越低,越是无序,信息熵就越高。再比如,在热力学中,熵是表征系统紊乱程度的一个物理量,一个系统越是有序,熵值就越低,越是无序,熵值就越高。

在大多数情况下,熵作为描述系统状态的函数,是被用于计算系统中失序现象的程度。

在热力学中,熵的定量关系是:

$$\Delta S = Q/T$$

该关系式表达的意思为:系统内熵的增量(ΔS)等于热量(Q)和温度(T)的比值。

热力学第二定律表述了热力学过程的不可逆性。由于在孤立系统内只能从高温热源向低温热源传递热量,在没有受到外部作用的影响下,不可能反方向传递,系统只能自发地朝着热力学平衡方向——最大熵状态演化。在热力学意义上这个过程是不可逆的,我们称之为熵恒增。换言之,在孤立系统内,由于变化过程的不可逆性,熵只能是有增无减。当孤立系统内的熵恒增达到熵最大的热平衡状态,热量的传递过程将会停止,系统内没有任何运动、变化,我们把这种熵最大的状态称之为系统的最大无序。

鉴于熵的概念对于学习方向管理的重要性,为了帮助普通读者加深对熵的理解,我们利用一幅孤立系统内热量传递的示意图(图3-1),使用初等数学对熵恒增做一个深入浅出的通俗解释。尽管计算的结果只是近似正确,但丝毫不影响大多数人通过如下解释而准确理解熵的含义。

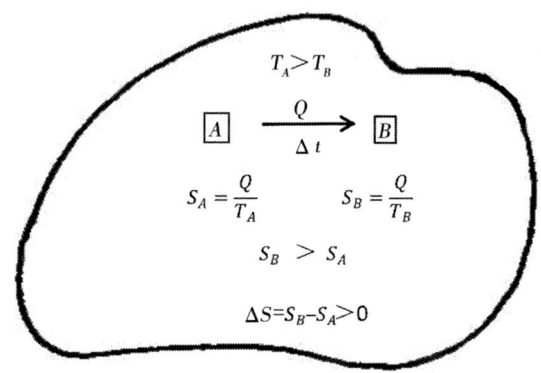

图 3-1　系统内的熵恒增

对于一个孤立的热力学系统,假设系统内仅有 A、B 两物体,且 A 物体的温度(T_A)大于 B 物体的温度(T_B),由于该系统与环境没有物质、能量的交换,系统内的热量只能从 A 物体传递到 B 物体。根据热力学第一定律,传递过程中,A 物体所损失的热量(Q)与 B 物体所获得的热量(Q)是相同的。

ΔS 根据热力学第二定律可知,$\Delta S = Q/T$。所以,在一段无限小的时间(Δt)内,A 物体损失的熵为 $S_A = Q/T_A$,B 物体得到的熵为 $S_B = Q/T_B$。因 $T_A > T_B$,故 $S_B > S_A$,其熵的增量 $\Delta S = S_B - S_A$ 为正值,这就是所谓的熵增现象。

在如此状态下,如果没有其他影响因素或克劳修斯所提到的"其他变化"的出现,函数熵将呈现恒增且单调增加直至达到熵最大值(热力学平衡态)。当一个热力学系统的熵最大时,系统的紊乱程度也达到最大。

4. 退化世界的图景——热寂说

热力学第一定律和热力学第二定律本来就是关于一个孤立的热力

学系统运动状态的描述,但克劳修斯把它外推到了整个宇宙空间。按照克劳修斯的推论,宇宙间的一切能量都是可以互相转化的,但由于卡诺循环的效率必定小于1($\eta<1$),所以宇宙间的一切能量最终都将转化为热能。而根据热力学第二定律,在没有受到外部作用的影响下,系统只能自发地朝着最大熵状态演化,且这个过程是不可逆的,那么,理论上宇宙演化的最终结果就是系统达到熵最大的热平衡状态。这个时候的宇宙,所有的能量转化都不复存在,所有的运动形式——包括物理的、化学的、生物的等等在内的一切运动形式都将停止,整个宇宙变成了一个热平衡状态下的"死寂"的宇宙,宇宙系统的存在状态在这一时刻达到了最大无序。这就是科学史上著名的克劳修斯的"热寂说"。

关于热寂说是不是克劳修斯提出的,科学史上是有争论的。有人根据文献发现,开尔文早在1852年就提出过与热寂说接近的观点,此后的10年中又多次重复这一思想,而克劳修斯正式提出热寂说则是在1867年。但现有文献同样表明,在热寂说的内容表述上,克劳修斯远比开尔文讲得更明确。克劳修斯在1867年著名的演讲《关于热的动力理论的第二原理》中讲道:"宇宙越接近于其熵的最大值的极限状态,它继续发生变化的可能性越小;当它最后完全到达这个状态时,也就不再出现进一步的变化了,于是宇宙就将永远处于一种惰性的死寂状态。"我们认为,正是克劳修斯将热力学第二定律推广到了宇宙,才最终将热寂说完整呈现在世人面前。

由于热寂说涉及了宇宙未来和人类命运等重大问题,所以克劳修斯热寂说的出现震惊了整个世界。人们无法想象,克劳修斯为自然界的发展描绘的竟然是这样一幅可怕的退化图景。因为在自然科学中,达尔文生物进化论也对不可逆现象的研究以及演化理论做出了贡献,但这两个理论却给出了截然不同的两种自然界演化图景:克劳修斯的热寂说,推论出自然界是朝着退化方向演化,描绘的是一幅从复杂到简单、从高级到低级、从有序到无序的演化图景。而达尔文的生物进化论,则推论出自然界是朝着进化方向演化,描绘的是一幅自然界从简单到复杂、从低级到高级、从无序到有序的演化图景。孰优孰劣?退化论与进化论之争由此挑起。

　　就现在掌握的文献看,比较早对热寂说提出系统性质疑的是恩格斯。

　　马克思和恩格斯所创立的辩证唯物主义,一个非常重要的观点是运动观。在恩格斯看来,"运动,就它一般的意义来说,就它被理解为存在的方式、物质的固有属性来说,包括宇宙中发生的一切变化和过程"①。恩格斯认为,运动是物质固有的根本属性,物质世界处于永恒的运动、变化和发展之中,脱离物质的运动是不存在的,没有运动的物质同样是不存在的。热寂说显然违背了辩证唯物主义的运动观。如果任由热寂说泛滥,将直接威胁到马克思主义的存在。

　　恩格斯在《自然辩证法》《反杜林论》以及与马克思的通信中多次提及热寂说存在的问题,并表示强烈的反对。但热寂说是热力学第二定律的外推,即便是在当代,很多天体物理学家也认为,克劳修斯将热力学第二定律推广到整个宇宙并没有科学上的错误,更何况恩格斯生活的那个年代,还没有出现大爆炸宇宙学的假说,恩格斯如果想从科学上证明热寂说的错误,在当时是根本不可能完成的任务。

　　恩格斯自己其实已经清楚认识到这个问题,所以他在反对热寂说的时候,并没有奢望从科学上战胜热寂说,而仅仅是做了一个哲学层面的预言,他认为:"放射到宇宙空间中去的热一定有可能通过某种途径(指明这一途径,将是以后某个时候自然研究的课题)转变为另一种运动形式,在这种运动形式中,它能够重新集结和活动起来。"②恩格斯指出散失到宇宙空间的热如何重新集结是以后自然科学去解决的问题,这是实事求是的态度。恩格斯把预言建立在牛顿力学和信仰的基础之上,主要根据的是辩证唯物主义的运动不灭原理。但他用运动不灭原理来反驳热寂说并进而证明运动不灭原理的正确,在逻辑上是有问题的,仅此不足以解决热寂说提出的问题。

---

①　恩格斯:《自然辩证法》,人民出版社,1984,第124页。
②　恩格斯:《自然辩证法》,人民出版社,1984,第22页。

三、普利高津解决退化的办法

自然界到底是如何演化的,其演化方向是朝向退化还是进化,在国内相当长时期的讨论中,已经超出了科学研究的范围,上升到是否坚持辩证唯物主义的大是大非问题。

如果一定要从归根结底的意义上讨论系统的退化和进化,这当然是一个很大的问题,因为的确涉及了辩证唯物主义的运动观。而物质观、运动观、时空观是整个辩证唯物主义的理论基础,辩证唯物主义又是整个马克思主义的理论基础。

其实,自然界及其物质系统的演化既有退化的方向,也有进化的方向,热力学将不可逆性首次引入物理学中,指出了退化的客观存在,为我们打开了认识世界的一个新的窗口,在科学上是有贡献的。但克劳修斯为我们所描绘的这样一幅退化世界的可怕图景,又的确对马克思主义的运动观构成了挑战。因为在马克思主义看来,自然界的发展所遵循的是一条从低级到高级、从简单到复杂、从无序到有序的进化的发展道路。而克劳修斯为我们描绘的是一条从高级到低级、从复杂到简单、从有序到无序的退化道路,而且是不可逆的。这对坚持马克思主义的人来说,无论如何是不能接受的。

然而,感情上的不能接受不能代替科学的论证,对克劳修斯的热寂说不能采用简单粗暴的批判方法。最近若干年来,很多天体物理学家参与其中,希望利用大爆炸宇宙学的研究成果揭开热寂说之谜,就是一种很好的探索。但这些建立在假说基础上的很多推论,在科学界很难达成共识,很多科学家并不认同这些研究成果,甚至不认同这样的研究思路。

我们欣喜地看到,普利高津另辟蹊径,为我们提出了新的解决方法。

1. "存在物理学"与"演化物理学"

普利高津首先将物理学划分为"存在物理学"与"演化物理学"。

在普利高津看来,自然界的运动变化在空间和时间上有着本质的差别。我们可以从空间中的某一点自由移动到另一点,比如从 A 点移动到 B 点,同样也可以做反向的移动,从 B 点移动到 A 点。但时间却是不可逆的,不能做反向变动。我们可以从过去走向未来,不可能从未来回到过去。普利高津认为时间是有方向的,所谓的时光隧道和时空穿越,是小说家想象力的产物,不是科学。这种时间的方向性可以形象解释为"时间之矢"。

普利高津进一步指出:"在动力学中,无论是在经典的、量子的,还是在相对论的动力学中,时间只是一个外部的参量,它没有什么优惠的方向。在动力学中,没有任何东西能够区别过去和未来。"[①]所有的运动都是可以循环往复的可逆运动。正是基于此,普利高津将包括经典力学、相对论、量子力学在内的动力学理论称之为"存在物理学",把之后所出现的描述不可逆运动、讨论时间方向性的物理学理论称之为"演化物理学"。

物理学中对不可逆现象及其系统演化的研究是从热力学开始的,热力学的研究成果对经典动力学的冲击是巨大的。因为自牛顿以来,以经典力学、相对论、量子力学为代表的动力学理论一向认为,自然界的所有运动都可以约化为可积系统,因而可逆性就是基本前提,在运动状态的计算中,时间 t 既可以是正值也可以是负值,过去和将来在运动系统中是等价的,自然界的运动变化只能遵循动力学规律。然而热力学却向人们展示了另外的一幅科学图景,在这幅热力学系统图景中,不可逆过程支配着世界,系统运动只能沿一定的时间方向而演化,过去和将来并不等价,逆时间方向的过程是不可能发生的。这一系列观念的颠覆无疑是一种革命性的颠覆,为我们研究复杂系统提供了一种全新的视角。

普利高津在对时间的方向性进行研究的同时,提出了一个解决自然界退化的方法,这就是首先将一个孤立的系统转变为一种远离平衡的开放系统,让这一开放系统与外界不断地交换物质和能量,在系统内的变

---

① 伊·普利戈金:《从存在到演化:自然科学中的时间及复杂性》,曾庆宏等译,上海科学技术出版社,1986,第 185 页。

化达到一定阈值时,系统就有可能从熵恒增的状态中摆脱出来,通过引进负熵流让系统由熵增转变为熵减,系统逐步从无序向有序转变,最终形成一种新的有序结构。普利高津将这种新的有序结构命名为"耗散结构"。

在普利高津看来,形成耗散结构至少应该有四个条件:其一是建立开放系统;其二是远离平衡态;其三是存在非线性相互作用;其四是借助涨落触发,推动系统实现由一稳态向另一稳态的跃迁。

2. 建立开放系统与引进负熵流

系统的开放是形成耗散结构的首要条件。

如前所述,对于一个孤立系统而言,系统只能自发地朝着热力学平衡方向——最大熵状态演化,而开放系统的情况就完全不同了。一个开放系统的熵的变化(ds)由两部分组成(如图 3-2 所示),一部分是系统本身由于不可逆过程产生的熵增(d_is),另一部分是系统与外界交换物质与能量引起的熵流(d_es)。

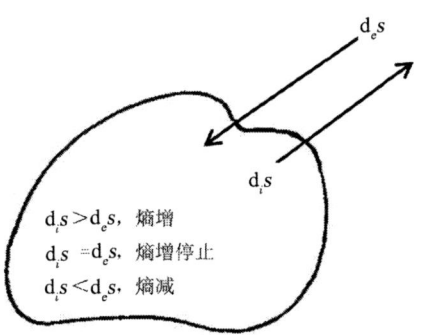

图 3-2　开放系统熵的变化

根据热力学第二定律我们知道,由于熵恒增的存在,d_is 将永远大于零,但 d_es 的大小则完全取决于与环境相互作用的情况,可以大于、等于或小于零。当 d_es 小于零的情况出现时,我们称之为负熵流出现了。此刻我们可以设想三种情况:

其一,$d_is > d_es$,系统继续熵增,系统内有序向无序变化直至熵最大值。

其二，$d_is = d_es$，系统熵增停止，系统内有序程度稳定不变。

其三，$d_is < d_es$，系统出现熵减，系统内开始出现无序向有序的转变。

普利高津在不违背热力学第二定律的条件下，通过系统的开放以及引入负熵流来抵消熵增，让局部系统有了可以从无序向有序转化的可能。尽管有人质疑开放系统在从环境中引入负熵流的同时，可能因改变环境而带来更大系统的紊乱，但毕竟普利高津已经迈开了解决问题的第一步。普利高津不仅一扫热寂说带来的百年困惑，解决了系统可以演化的问题，而且指出了开放系统在引入负熵流且 $d_is < d_es$ 时系统演化的方向。普利高津在演化理论的研究中的确做出了值得夸赞的伟业。

3. 远离平衡态

形成耗散结构的第二个条件是远离平衡态。

物理系统的演化行为不仅与热力学系统的类型有关，而且还与系统所处的状态有关。根据系统状态的差异，我们将系统所处状态划分为平衡态与非平衡态，非平衡态又包括近平衡态和远离平衡态。

当系统与环境之间的宏观状态不随时间变化而变化，这种恒定状态称之为定态。如果系统与环境之间没有宏观的物质转移与能量传递，系统内部也没有任何宏观过程出现的定态，我们称之为平衡态。平衡态是定态的一个特例。一个孤立系统从非平衡态自发趋向平衡态的运动，其实就是一个从有序向无序演化的退化过程。当系统处于平衡态时，熵取极大值，系统处于最无序的状态。

所谓近平衡态，指的是处于离平衡态不远的线性区内的系统状态。处于近平衡态的系统行为，遵守反映各种流、力之间比例系数的昂萨格倒易关系和普利高津最小熵产生原理。由于近平衡态对平衡态只有很小的偏离，系统即使初始时呈现出某种有序性，随着时间的流逝，也会自动地接近并趋向平衡态，具有和平衡态相似的性质。近平衡态不会发生任何时空有序行为，也不会产生耗散结构。

远离平衡态是相对于平衡态和近平衡态而言的，是一种开放系统条件下非线性区域的系统状态。在远离平衡态的状态下，系统内可测的物理性质极不均匀,其热力学行为与用最小熵产生原理所预言的行为相比,可能会有所不同甚至完全相反。所以,系统行为在远离平衡态的状态下,昂萨格倒易关系和最小熵产生原理都不再适用。在远离平衡态时,系统可以在某个临界距离进入从无序状态向有序状态转变的分岔点,并在随机涨落的"触发"下突变,产生新的时空有序结构。所以,远离平衡态是产生耗散结构的必要条件。普利高津常说的"非平衡是有序之源"①讲的就是这种情况。

这里需要特别提出的是,在耗散结构理论出现之后才出现的哈肯的协同学,在这一点上有着与耗散结构理论不同的认识。协同学认为,系统从无序到有序转化的关键并不在于系统是平衡或非平衡,或是偏离平衡状态的远近,而在于组成系统的各个子系统之间的协同作用,即使是处于平衡态的开放系统,在一定的条件下,也可以呈现出宏观的有序结构。关于协同学中所涉及平衡与非平衡的关系,我们将在本书第四章"协同学与方向管理"中做更加深入的研究。

4. 非线性相互作用

形成耗散结构的第三个条件是非线性的相互作用。

线性与非线性是用以描述自然界中不同相互作用特性的范畴。在一个系统中,如果 N 个不同因素的组合作用只是 N 个不同因素单独作用的简单叠加,这种关系或特性就是线性的。比如,一吨水可以卖 5 元,10 吨水可以卖 50 元,这种简单叠加就是线性的。线性关系在数学上可理解为两个变量之间的一次函数关系。线性关系通常都是复杂现象的近似,大多数系统只有当其接近平衡态时,系统才可能表现出线性关系。

如果系统演化初始阶段一个微小原因的敏感反应,导致最终形成无法衡量的结果,甚至是难以预测的巨大结果,即所谓微涨落触发巨涨落,这种非叠加的关系或特性就是非线性的。混沌理论中"对初值的敏感依赖性"(蝴蝶效应),《汉书·司马迁传》中的"差以毫厘,谬以千里",讨论

---

① 姜璐、时龙:《自组织管理理论》,北京师范大学出版社,1995,第 50 页。

的都是非线性问题。

研究发现,非线性相互作用是系统形成有序结构的内部原因,系统内部各要素之间通过非线性关系才能发生相干作用。普利高津就此曾明确指出:"对于形成耗散结构必需的另一个基本特征,是在系统的各个元素之间的相互作用中存在着一个非线性的机制。"①非线性其实是无处不在的。美国哈佛大学博士、康奈尔大学教授斯蒂芬·斯托加茨就明确指出:"当整体不等于部分之和时,当事物间出现了合作与竞争,不只是将它们的单独贡献相加的时候,你就可以肯定非线性是存在的。"②而正是非线性的存在,这个世界才能够变化万端,丰富多彩。

5. 涨落触发跃迁

形成耗散结构的第四个条件是涨落。

涨落是热力学与统计物理学中一个非常重要的概念。当我们对由大量子系统组成的系统进行宏观量的测量时,系统在每一时刻的实际测度并不都精确地处于平均值上,而是或多或少有些偏差,这些偏差就叫涨落。

涨落可以由系统内部引起,也可以由环境的变化引起。涨落的大小带有一定的偶然性,出现也是随机的。普利高津认为涨落在形成耗散结构中起着非常重要的作用,涨落可以引起系统结构的改变,系统结构的改变可以带来系统功能的改变,结构和功能的改变又可以影响涨落的范围。他用一幅示意图(如图3-3所示)描述了系统功能、结构和涨落三者之间相互影响、制约的关系。

在平衡态或线性非平衡区,涨落是一种破坏系统自稳定性的干扰,但平衡态或线性非平衡区域内的系统具有很强的抗干扰能力,涨落虽然可能会影响系统偏离平衡态,对处于平衡态的系统产生破坏作用,但也

---

① 湛垦华、沈小峰:《普利高津与耗散结构理论》,陕西科学技术出版社,1982,第156页。

② 斯蒂芬·斯托加茨:《同步:秩序如何从混沌中涌现》,张羿译,四川人民出版社,2018,第181页。

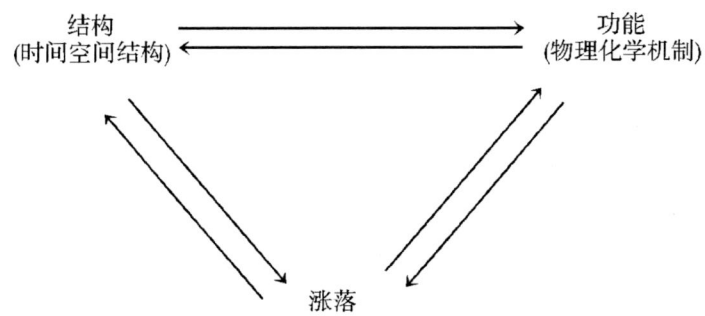

图 3-3　结构、功能、涨落三者的相互关系

可能会帮助系统恢复到平衡态，成为维系系统处在平衡态的动力。更何况热力学系统相对于其子系统来说非常大，而涨落相对于平均值又很小，对系统宏观变化实际测量产生的影响可以说是微乎其微，因而往往可以被忽略不计。

然而，在远离平衡态时的情况就大不相同了。当系统的演化（或者说系统的宏观变化）处在临界点（即所谓阈值）附近时，系统状态将会失稳，但如果没有外部条件的作用，系统不会自动瓦解崩溃，这时候涨落的作用就显现出来了。涨落在一定的条件下可能被不稳定的系统放大，一个微小的涨落可能变为一个巨大的涨落，巨涨落将可能成为导致系统更加偏离平衡态的"触发器"，成为推动新的耗散结构出现的杠杆。

这里需要特别指出的是，涨落导致的非平衡变化只可能发生在一个特定的阈值，即只有一个相变点，而不是一个相变区域，整个变化过程是突变式的，而不是量的积累。这种突变的发生使系统从一个稳定的宏观状态跃迁到另一个更加稳定的宏观状态，形成新的耗散结构。为维持这个新的耗散结构的存在，系统必须不断地补充物质和能量。一旦不能从环境获得物质和能量，新的耗散结构立刻瓦解。

举一个可以类比的例子：一台气体激光器，如果用很弱的外源能量去泵浦（激励）激光原子，当外界泵浦输送原子系统的能量没有达到一定的临界阈值前，每一个活性原子都独立且无规则地反射光子，光子的频率、相位都是无序的。一旦泵浦能量达到某一临界阈值时，激光器就会立刻从一稳态跃迁到另一稳态，射出单色性、方向性、相干性极好的受激发激光。一旦泵浦能量弱于临界阈值,这种非平衡的有序状态又会立刻瓦解。

在涨落对非平衡相变作用的研究中,以普利高津为首的布鲁塞尔学派的贡献厥功至伟。"他们对于非平衡相变的分析和认识,实质上是把已经成熟的人们对平衡相变现象的认识分析,作一种合理的外推。但在其中充分地考虑了非平衡的特征,特别是在远离平衡的非平衡区域中呈现耗散结构的特征。他们充分地肯定了涨落在非平衡相变过程中的重要性,而且用随机微分方程理论,从几率论的角度,给予非平衡相变以半定量式的解释。"①由于普利高津的杰出工作,人们现在把他提出的相关理论称之为"布鲁塞尔学派的涨落作用学说"。

四、一稳态向另一稳态的跃迁

如前所述,当系统远离平衡态时,如果控制参量达到某个临界值,系统就会进入从无序状态向有序状态转变的分岔点,此刻系统状态将会失稳,涨落可能被不稳定的系统放大,一个微小的涨落可能变为一个巨大的涨落,系统在涨落的触发下会产生突变,使系统从一个稳定的宏观状态跃迁到另一个更加稳定的宏观状态,形成新的耗散结构。

为了深刻理解什么是稳态之间的跃迁,必须首先理解三种不同状态的稳定以及三种不同稳定之间性质上的差别。

1. 三种不同状态的稳定

在客观世界中,我们通常意义上理解的稳定只有两种:

第一,当外界对某系统施加一个作用或扰动时,系统的状态不随时间发生明显的变化。比如不产生明显的位移、形变、化学性质变化等,即我们常说的不易改变、稳固不动。这种不易改变的系统结构,我们称之为稳定结构。

---

① 湛垦华、沈小峰:《普利高津与耗散结构理论》,陕西科学技术出版社,1998,第328页。

第二,当外界对某系统施加一个作用或扰动时,使系统偏离原来的状态,系统仍能以某种方式自动恢复到原来的状态中去。比如弹簧受力后形变的恢复、悬挂物受力摆动后重新恢复到先前的垂挂状态等,即我们常说的回弹、恢复。这种具有恢复力的系统结构,我们称之为超稳定结构。

耗散结构理论中所指的稳定叫趋势稳定,是有别于前述两种稳定的第三种稳定,即系统在远离平衡状态的条件下,从一稳态向另一稳态跃迁中系统自动发生或容易发生的趋势。系统在内、外随机因素的干扰下,不仅能够始终保持系统状态不发生本质改变,而且可以始终保持系统一以贯之的、可持续发展的稳定趋势,我们把这种稳定称之为趋势稳定。

耗散结构理论中研究的第三种稳定,不仅在状态上有别于前两种稳定,在性质上与前两种稳定也有根本的区别。前两种稳定是在物理时空中表现,第三种稳定是在系统长期演化的行为中表现。方向管理理论中研究的稳定,正是这种系统演化趋势中所表现出的稳定。

2. 不同稳态间的跃迁与稳态比较

方向管理研究的是系统从一稳态向另一稳态跃迁的发展趋势,在趋势的分析中确定系统发展的方向,其中一稳态向另一稳态的跃迁内含两种稳态之间的比较。方向管理认为,只有后一稳态较之前一稳态更加稳定,我们才能说系统的发展趋势是稳定的,而趋势稳定是系统发展方向正确的必要条件。

我们之所以仅仅只比较两个稳态,研究两个稳态之间的跃迁过程及其稳定性的发展趋势,绝不是因为客观世界就是一个一个稳态的集合,恰恰相反,在我们认识的客观世界中,稳定是相对的,不稳定才是绝对的,自然界存在着大量的不稳定系统。正如桑德斯所言:"自然界中的系统不全是结构稳定的,在数学中,动力学系统也确实并不全是结构稳定的。"但桑德斯明确指出:"我们将不处理这种本质上不稳定的系统。显而易见,我们有理由把注意力局限于稳定系统,因为正是它们是可供分析的系统,但这不是抹杀其他系统的存在。"①

桑德斯提出只有稳定的系统才是可供分析的系统,才有研究的价值,这一观点非常重要。这样的道理其实在马克思主义哲学中早已有了答案。在马克思主义哲学看来,运动是物质的根本属性,物质世界处于永恒的运动、变化和发展之中,脱离运动的物质是没有的,所以运动是无条件的、绝对的。而静止是运动的特殊状态,是暂时的、有条件的、相对的。运动的绝对性与静止的相对性是辩证的关系,不了解相对静止就不了解绝对运动,只有承认事物的相对静止,才能够理解物质的多样性,才能够区分事物,对事物进行具体的分析和研究。因为只有相对静止的事物才是"可供分析"的事物,否认相对静止,就会把一切具体的物质形态和具体的运动形态变为捉摸不定、变幻不定的纯粹流变。

所以,方向管理理论在研究系统演化的发展趋势、确定一个系统是否沿着正确的方向前进时,其所分析的系统,就是系统演化过程中不同的稳态和稳态之间的比较。

五、耗散结构理论与方向管理的关系

普利高津的耗散结构理论通过对系统存在、演化及其不可逆性的研究,不仅初步解开了克劳修斯热寂说带来的百年困惑,提出了系统演化从无序向有序转化的可能性,而且给出了演化系统从无序向有序转化的条件以及系统演化发展的方向,为方向管理理论提供了重要的理论基础。

以17世纪经典力学和20世纪量子力学的出现为标志,人类在自然科学,尤其是物理学领域取得了伟大的成就。但无论是经典力学还是量子力学,都从来不考虑与时间相关的系统演化问题,当时很多著名科学家甚至对研究不可逆问题表现出极大的反感。爱因斯坦就明确认为不

---

① P.T.桑德斯:《灾变理论入门》,凌复华译,上海科学技术文献出版社,1983,第328页。

可逆只是一种幻觉，是一种主观印象。他多次在不同场合强调，物理学的基本定律中没有任何不可逆，你必须接受这种思想。著名量子物理学家玻恩甚至说不可逆是无知介入物理学基本定律的后果。在他们的眼中，时间只是一个外部的参量，过去、现在和未来在经典力学和量子力学中都是等价的。正如普利高津后来所评价的，他们只关注"存在的物理学"，忽视了"演化的物理学"。

首先关注到系统演化问题的是热力学。但是，热力学第二定律在表述热力学过程的不可逆性时，只看到孤立系统存在的熵恒增，却找不到解决熵恒增的办法，而眼睁睁看着系统趋向最大无序，整个宇宙走向"热寂"。

是普利高津在演化物理学最困难的时刻挺身而出。他明确指出，系统只有远离平衡态，才可能形成耗散结构，而一个开放的耗散结构系统是系统从无序向有序转化的先决条件。普利高津认为，系统只有不断从外部引进负熵流，抵消正熵流，才有可能解决熵增的问题。

普利高津在耗散结构理论中讨论了两个重要的问题，一个是非线性的相互作用促进有序形成，一个是涨落推动系统演化。普利高津认为，非线性相互作用是系统形成有序结构的内部原因，系统内部各要素之间只有通过非线性关系才能发生相干作用。在普利高津看来，所谓的系统演化，从形态上就是不同稳态之间的跃迁，而推动跃迁的触发媒就是涨落。正是在远离平衡态时微涨落放大为巨涨落，才会导致新的耗散结构出现和稳态的跃迁。

方向管理理论正是在耗散结构理论的启发下，把时间因素引入到方向管理领域，找到时间与确定性的反比关系，才逐步深入到长期行为的研究之中。方向管理理论吸收了耗散结构理论研究的主要成果，把开放的耗散结构系统作为系统从无序向有序演化的前提，把后一稳态较之前一稳态更稳定作为系统演化方向正确与否的基本判据，把非线性相互作用作为系统演化的条件，在系统从一稳态向另一稳态跃迁的发展趋势的分析中，确定系统长期发展的方向，把控系统演化向更加有序的方向发展。是普利高津的耗散结构理论为方向管理的研究提供了重要的基础理论的支撑，方向管理理论从耗散结构理论中汲取了丰富的营养。

第四章 协同学与方向管理

一、协同学的创立

协同学(synergetics)一词源于希腊文,哈肯理解的协同学就是关于系统中各子系统之间相互协同的科学。自协同学创立以来,它已经被广泛应用于物理学、化学、计算机科学、生物学以及经济学、社会学等领域,其学科性质为研究系统从无序到有序演化规律的横断学科。

关于协同的含义,可以从两个方面理解:其一,系统内协调两个或两个以上要素完成某一目标的过程或能力。其二,系统内各要素为实现某一目标,彼此间自发默契合作而形成的一种宏观集体效应。协同学研究的协同是第二方面,即系统要素之间如何自发互相配合产生协同作用和合作效应。

哈肯创立协同学的最初灵感来自于关于激光、贝纳德对流等客观世界中存在的自组织现象,以及他对这些现象的研究。

1. 激光形成原理与贝纳德对流

协同学的创立者是德国著名物理学家赫尔曼·哈肯(Hermenn Haken)。哈肯1927年生于德国莱比锡,1951年在埃尔朗根大学取得数学博士学位,1956年在埃尔朗根大学任数学讲师。他由于在群论、固体物理、天体物理等领域有很深的造诣并取得引人瞩目的研究成果,于1960年成为斯图加特大学的理论物理学教授,并担任理论物理研究所所长。

第四章 协同学与方向管理

1960年初,哈肯在美国贝尔实验室担任顾问期间,恰巧该实验室正在研究世界上第一台激光器,激光的形成原理引起了哈肯极大的兴趣,他从此投入到了激光理论的研究工作中。

哈肯与他领导的斯图加特研究团队用统计学与动力学相结合的方法,建立了一套解释、预言激光现象的理论。哈肯的激光理论不仅能够解释拉姆理论所能解释的现象,而且还解释了拉姆理论所不能解释的现象,从而极大地推动了激光理论的发展,成为与拉姆学派并驾齐驱的世界两大激光理论学派之一。哈肯的《激光理论》一书也成了激光理论领域的权威和经典之作。他由于在激光理论和固体物理方面杰出的贡献,1976年获得了英国物理研究院和德国物理学会联合颁发的波恩奖章,1981年获得了美国富兰克林研究院颁发的迈克尔逊奖章,1986年获得了德国总统亲自颁发的联邦大十字功勋星章。

协同学的主要思想正是来自于哈肯对激光理论长期研究的感悟。哈肯在从事激光理论研究的过程中发现,激光的产生不仅与外部能量的输入有关,而且与激光活性原子的协同作用有关。

比如,一台气体激光器,当外界泵浦输送原子系统的能量没有达到一定的临界阈值前,激活原子所处的能级遵从玻尔兹曼分布律,每一个活性原子都独立且无规则地反射光子,光子的频率、相位都是无序的,激光器所发出的光是互不相干的自然光,就相当于一盏普通电灯发出的光。随着泵浦能量表征系统有序程度的提高,处于高能级原子数的比例越来越大,一旦达到某一临界阈值时,外来的光子将会诱发激发态的原子受激辐射,激光器就会改变原来输出的自然光,立刻射出单色性、方向性、相干性极好的受激发激光。

哈肯对这种激光现象做过一个非常有趣的形象解释。哈肯假设有一条充满水的水渠,渠里面站了很多手中拿着棍棒的小人。小人就表示为原子,水面的变化就相当于光场的变化,平静的水表面相当于没有光场。从宏观效果上看,没有光场,显示的就是一片黑暗(如图4-1所示)。

如果小人把棍棒插入水中,将在水表面激起波动,这相当于原子产生了光场。但小人的动作不统一,棍棒的插入不相干,这相当于光子的

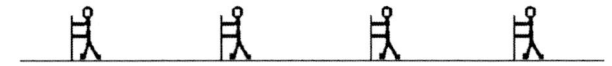

图 4-1　平静的水面:没有光场

频率、相位都是无序的,产生的是完全无规则的运动,发出的是互不相干的自然光(如图 4-2 所示)。从宏观效果上看,也就是我们通常看到的普

图 4-2　无规则行为:发出自然光

通的灯光。但激光的情况就不同了。一旦泵浦能量达到某一临界阈值时,外来的光子将会诱发激发态的原子产生受激辐射,这就相当于所有小人听到一声令下,同时把棍棒插入水中,水表面出现了一个均匀运动,激光器就会改变原来输出的自然光,立刻射出单色性、方向性、相干性极好的受激发激光(如图 4-3 所示)。

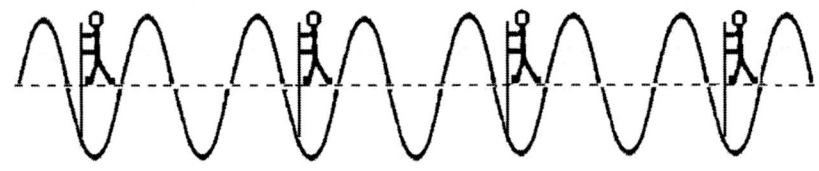

图 4-3　规则行为:发出激光

哈肯解释说:"在人类领域中,小人们怎么会如此协调动作是容易明白的。在他们身后蹲着一个老板或一个工头,这个人不断吆喝着'干,干,干',因而棒的插入得到了严格的控制。然而没有人对激光原子这样发号施令。原子的行为是自组织的。"①哈肯在这里通过一群小人在水渠里插棍棒搅动平静水面产生波动的比喻,提出了原子行为的自组织问题。

哈肯猜测在这种自组织行为的背后,一定有某种机制在产生作用,

---

① 赫尔曼·哈肯:《协同学:大自然构成的奥秘》,凌复华译,上海译文出版社,2013,第46-47 页。

他断定这种机制就是子系统之间的协同作用。哈肯很快发现,不仅是激光,其他领域的很多自然现象也存在类似的机制,如流体力学中的贝纳德对流、化学中化学振荡出现的贝洛索夫—扎包廷斯基反应等。

贝纳德对流是法国物理学家贝纳德(Benard)在1900年一个观察流体特征的实验中发现的。这类对流常常发生在从底部加热的流体层的表面上,浮力和重力是形成贝纳德对流的主要原因。

贝纳德发现,当对流体层从下面加热时,流体层的上、下表面会产生温差,流体层将维持一定的温度梯度。我们引入一个称为瑞利(Rayleigh)数的无纲参量 R^a,用于表征温度梯度的变化。对于确定的流体和一定的流体层尺寸,R^a 和温度梯度成正比,温度梯度等于零,R^a 也等于零(如图4-4所示)。

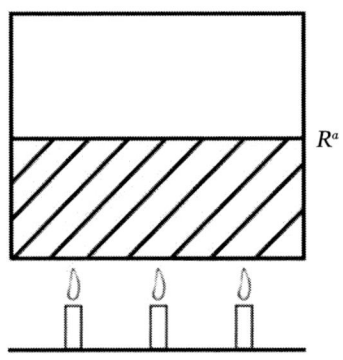

图4-4 对流体层加热,上、下表面产生温差

如果通过加热流体层并维持上表面温度不变,位于底部的液体因为受热而密度较低,在其上浮过程中温度梯度会发生改变,使 R^a 由零逐渐增加。贝纳德发现,随着 R^a 的加大,当 R^a 达到一个临界值(称为临界瑞利数)时,热传导态将会失去稳定性,与此同时就会出现一个新的传导机制——对流,这种现象称之为贝纳德对流不稳定性,简称为贝纳德对流。

贝纳德对流达到临界值,流体会自发形成规则的图案,这类图案又称为贝纳德花纹。贝纳德对流通常会形成规则的正六角棱柱(如图4-5所示),在某些实验条件下,也会出现正四棱柱或螺旋状。

贝纳德发现,这种宏观尺度上的空间结构并不是由仪器的相应结构

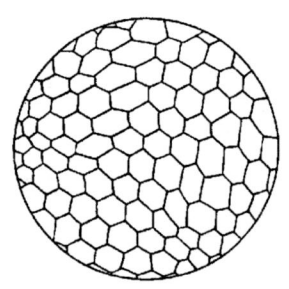

图 4-5　贝纳德花纹：流体垂直剖面

所提供，相反，热源输送给流体的热能是无规则运动的能量。所以，贝纳德认为，这种宏观结构的出现是流体内在原因形成的，而不是外部赋予的。哈肯后来的研究证明了贝纳德的猜测：这种宏观结构的形成过程就是一种系统内典型的自组织过程。哈肯认为，如果没有子系统间的相互协同作用，也就是他后来创造性提出的自组织，贝纳德对流中奇特的宏观结构是不可能出现的。

顺便提一下，在两个同轴的圆筒之间充入流体，如果两筒中的其中一个出现转动，即使没有温度差，当圆筒转速加大到某一个临界值时，也会出现类似的宏观结构，我们通常将这类现象称之为泰勒不稳定性（如图 4-6 所示）。由于这种实验是靠转速的改变而不是加大温度梯度来控制流体的状态，操作和观察都更加方便。

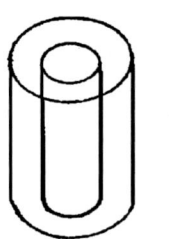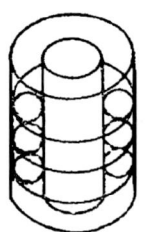

图 4-6　泰勒不稳定性实验装置

哈肯对激光、贝纳德对流等的思考直接催生了协同学的诞生。

2. 协同学的创立过程

哈肯1970年末在斯图加特大学的一次演讲中首次提到协同学，但其主要概念和基本思想的表述出现在1971年发表的《协同学：一门协作的学说》的论文中。之后短短的几年,哈肯就用协同学的理论成功处理了生态、生物、物理、化学、气象学等很多领域的课题,后来又逐步拓展到电气及机械工程、社会学、经济学乃至心理学等诸多领域,在应用研究领域取得了巨大的成功。

1977 年哈肯出版了《协同学引论》,这本书的副标题是"物理学、化学和生物学中的非平衡相变和自组织"。这是哈肯第一部全面阐述协同学理论的专著。在这本书中,哈肯以信息论、控制论、突变论等一些现代科学理论为基础,吸取平衡相变理论中序参量的概念和绝热消去原理,通过对不同学科领域中的同类现象的类比,揭示了不同系统从无序到有序转变的共同规律。

顺便提一下,目前国内翻译的这本书有两个比较有影响的翻译版本。一个是张纪岳、郭治安翻译的《协同学导论》,1981 年由西北大学科研处内部出版。这本书在当时成为部分大学物理专业、化学专业、生物专业等专业学生学习协同学的重要参考书,对协同学在国内的早期传播起到了积极作用。另一本是徐锡申等人翻译的《协同学引论》,1984 年由原子能出版社出版。

1981 年,哈肯又撰写了《协同学:大自然构成的奥秘》。在这本书中,哈肯不仅研究了协同学理论在物理学、化学、生物学中的应用,还研究了协同学理论在婚姻与家庭、经济发展、社会革命、大脑功能与思维科学、社会学、计算机科学等领域的应用。有人把这本书称为《协同学引论》的姊妹篇。

1983 年哈肯和翁德林合作,对协同学的数学基础进一步系统化,撰写出了《高等协同学》,使协同学的研究从研究协同效应的微观机制上升到宏观机制,将协同学的研究推进到一个更高的阶段。

协同学研究远离平衡态的开放系统在与外界有物质或能量交换的情况下,如何通过自己内部协同作用,自发地出现时间、空间和功能上的有序结构。哈肯采用统计学和动力学相结合的方法,通过对不同的领域的分析,提出了多维相空间理论,建立了一整套的数学模型和处理方案,在微观到宏观的过渡上,描述了各种系统和现象中从无序到有序转变的共同规律。由于协同学研究涉及众多领域，使得协同学成为近年来被广泛应用的横断学科。

3. 协同学与耗散结构理论的关系

在哈肯看来，一个在长期演化中不断发展的系统一定是一个通过子系统间相互协同构成的系统。如果说耗散结构理论解决的是系统能否演化以及系统演化的方向，协同学则通过研究系统从无序到有序转变的规律和特征，发现了子系统之间是怎样通过协同产生宏观的空间结构、时间结构和功能结构，揭示了系统形成与演化的内在机制。

协同学与耗散结构理论之间有许多相通之处，它们甚至彼此将对方当作自己的一部分，以至于有人认为，由于协同学中包含了太多耗散结构理论的内容，这两个理论是可以合二为一的。这种认识显然低估了协同学的价值。

这两个理论虽然有着紧密的联系，但相互之间的区别是非常大的。协同学相对于耗散结构理论，不仅是内容上量的扩充，在很多基本的认识上也是完全不同的。比如，耗散结构理论研究远离平衡态的开放系统，认为系统只有在远离平衡的状态下才有可能形成新的宏观有序结构。协同学却认为，系统从无序到有序转化的关键并不在于系统是平衡或非平衡，或是偏离平衡状态的远近，而在于组成系统的各个子系统之间的协同作用，即使是处于平衡态的开放系统，在一定的条件下也可以呈现出宏观的有序结构。

这种认识对耗散结构理论而言显然是革命性的，因为耗散结构理论没有考虑到子系统的协同性可以产生如此的作用，没有更深入探讨系统从一稳态向另一稳态跃迁过程中稳定性形成的机制。协同学的研究弥补了耗散结构理论的不足，开拓了系统在从无序到有序转化过程中的一个新的研究领域。

二、协同学的基本概念与基本原理

自20世纪70年代以来,国外出版的"协同学丛书"有40多卷,国内研究协同学的专著也非常多,研究协同学文章的数量更是不计其数。

协同学的内容虽然庞杂,但真正体现协同学精髓的主要是两个基本概念和两个基本原理。两个概念指的是自组织和序参量,两个原理指的是支配原理与最大信息熵原理。两个概念是整个协同学构建的基础,两个原理分别是协同学微观方法和宏观方法的理论依据。

1. 自组织

自组织是协同学最核心的概念之一。哈肯的《协同学引论》的副标题就是"物理学、化学、生物学中的非平衡相变和自组织"。哈肯在《协同学引论》中对自组织曾经有一个形象的比喻,他说:"比如说有一群工人,如果每个工人在工头发出的外部命令下按完全确定的方式行动,我们称之为组织,或更严格一点,称它为有组织的行为。显然,经过这样调整后的行为导致生产某种产品的联合行动。……如果没有外部命令,而是靠某种相互默契,工人们协同工作,各尽职责来生产产品,我们把这种过程称为自组织。"[①]

哈肯在《高等协同学》中对自组织有更为深刻的描述。哈肯认为协同学就是研究子系统是怎样合作以形成宏观尺度上的时间结构、空间结构和功能结构。哈肯特别提醒我们注意这些结构是如何以自组织的方式出现的。因为,我们将只"研究支配这些自组织过程的原理,而不问子系统的具体性质如何"[②]。

哈肯发现,一个系统在从无序状态向有序状态转变的过程中,需要

---

① 赫尔曼·哈肯:《协同学引论》,徐锡申、陈式刚、陈雅深等译,原子能出版社,1984,第240-241页。
② 吴大进、曹力。陈立华:《协同学原理和应用》,华中理工大学出版社,1990,第1页。

外界环境提供能量流和物质流以支持这种转变。比如一个气体激光器，必须由外部不断泵浦输送能量，当控制参量需要达到某一阈值时才能发出激光，这是必须的外部条件。然而，哈肯观察发现，激光器在相变前后的能量流、物质流并没有发生质的变化，从外部输入激光器的能量流、物质流中并没有提供形成激光的信息，激光怎么就形成了？显然激光这种"无生命的物质也能自发组织，产生富有意义的过程"①。这引起了哈肯的深入思考。

哈肯认为，外部环境充其量只是提供了系统从无序向有序转变的条件，有序结构的形成一定是系统内部自身组织起来的、子系统之间协同作用的结果，哈肯把系统这种自身组织的方式称为自组织。

自组织是相对于他组织而言的。他组织是指组织指令和组织能力来自系统外部，而自组织是系统在没有外部力量强行驱使的情况下，系统内部各要素间协调动作，导致空间的、时间的或功能上的联合行动，出现有序的活的结构。自组织是通过"自己管理自己"的方式达到组织的和谐与有序。

2. 序参量

协同学研究协同系统在外参量的驱动下，在子系统之间的相互作用下，以自组织的方式在宏观尺度上形成空间、时间或功能有序结构的条件、特点及演化规律。不言而喻，协同系统的状态由一组状态参量来描述。

但是，即使一个最简单的实际系统，所包含的子系统的数目也十分庞大，表征子系统的状态变量数目也多得惊人。虽然任何一个物理过程中状态变量的变化都可以用一组微分方程表示，但由于描述系统演化的微分方程组太多，要解析求解这些非线性微分方程组，将非常困难，甚至是不可能的。

---

① 赫尔曼·哈肯：《协同学：大自然构成的奥秘》，凌复华译，上海译文出版社，2013，第7页。

然而研究发现,影响系统存在、演化的变量可以分为两类,一类叫状态变量,还有一类叫控制变量。虽然状态变量的数目极大,但微分方程中状态变量系数所表示的控制变量,数量并不多。原因就在于,实际系统的演化结果是有确定结构的,这种结构往往只用一个或几个控制变量就可以表示出来。而控制变量的改变可以改变微分方程解的性质。所以,如何从众多的状态变量中选出控制变量,简化求解方法,就显得尤其重要。

哈肯通过研究发现,这些状态参量随时间变化的快慢程度是不相同的。在远离平衡态的开放系统由无序向有序转化的过程中,当系统逐渐接近于发生显著质变的临界点时,系统不同的参量在临界点处的行为大不相同:有的参数阻尼大,衰减快,对转变的整个进程没有明显的影响;有的参数出现临界无阻尼现象,衰减缓慢,在演化过程中起着主要作用。

哈肯根据参数在临界点附近变化的快慢将参量分为两类:凡是阻尼大、衰减快的参量,称之为快弛豫参量。快弛豫参量的数目很大,但其临界行为都一样。凡是临界无阻尼、衰减缓慢的参量,称之为慢弛豫参量。这两类变量同时包含在决定系统演化的微分方程组中,相互联系,相互作用,相互制约,相互竞争。

研究发现,演化系统中的慢弛豫参量虽然很少(只有一个或几个),但它却控制着系统演化的整个进程,决定着演化结果所具有的结构和功能,面对表征系统的有序程度,哈肯就把它称为序参量。

序参量是描述系统整体行为的宏观变量,也是一个系统中主导系统有序程度的参量。序参量的大小可以用来标志宏观有序的程度,当系统是无序时,序参量为零。当外界条件变化时,序参量也变化,当到达临界点时,序参量增长到最大,此时就会出现了一种新的宏观有序结构。

序参量一旦形成,就成为主宰系统演化过程的决定力量。在系统从无序转变为有序状态过程中,总是由序参量支配其他系统状态参量的演变,促使演化系统在从一稳态向另一稳态的跃迁中,最终形成更稳定的有序结构。

系统演化的方向在很大程度上是由序参量所决定的。序参量与马克思主义哲学中所讲到的事物发展的主要矛盾或矛盾的主要方面,具有极大的关联性。因此,寻找演化系统的序参量,将成为方向管理中非常重要的工作。

以上我们对序参量所做的阐述并不是严格意义上的数学解释,而是语义的解释。如果我们对于序参量的阐述仅仅停留在语义层面的解释,是远远不够的。原因正如哈肯所说:"对一个高度抽象的数学符号做语义解释总会遇到词不达意的问题,因为应用情境变化,对同一数学符号(参数)的语义解释也要跟着修改。最好的办法就是罗列序参量在不同应用情境下的属性。"①譬如,当我们将协同学的基本理论应用到物理学、化学、生物学乃至社会学、管理学、经济学等领域时,就必须建立更多的应用实例及给予相应的情境化解释。

既然对序参量所作的语义解释存在不严格、不准确的问题,为什么包括哈肯在内的几乎所有协同学研究领域的专家还要坚持做语义解释?原因有两个:其一,这种所谓"不准确"的解释其实只是深度和细节的欠缺,并不违背相关理论的核心思想,甚至有助于对核心思想的理解。其二,除了极少数的专家之外,我们读者群中的绝大多数存在数学理解上的障碍,如果一味强调数学的准确性而放弃语义解释,会在客观上阻碍理论的推广,尤其对诸如协同学一类的横断学科的普及推广,影响更大。

其实,与语义解释相比较,很多科学家甚至用异想天开的联想或类比去阐述深奥的理论。比如,哈肯用一群小人拿着棍棒搅水,去类比激光的发生机制;洛伦兹用蝴蝶效应去讲述"对初值的敏感依赖性";麦克斯韦用"麦克斯韦妖"去设想违反热力学第二定律的可能性;爱因斯坦用上帝不会掷骰子去批评量子力学的不完备性……这些奇妙的联想与类比由于形象生动、便于记忆,不仅广泛应用于自然科学领域,丝毫无损科学研究的严肃性,而且取得极好的科学普及效果,有些甚至成为科学理论传播中的经典。

---

① 鲍勇剑:《协同学:合作的科学——协同论创始人哈肯教授访谈录》,《清华管理评论》2019年第11期。

3. 支配原理

支配原理又称作伺服原理或役使原理。这一原理指出，大量物理系统和非物理系统通过不稳定性可以自发形成空间结构、时间结构或时空结构。当系统演化接近从一稳态向另一稳态跃迁的临界点时，系统的突变结构通常由少数几个慢变量即所谓序参量决定，而系统其他变量的行为则由这些序参量支配。

支配原理之所以又称作伺服原理，就是因为序参量支配、役使快变量，快变量伺服于序参量。那些为数众多的快弛豫参量不仅被序参量支配，并可以被通过绝热消去法将它们消去。

支配原理应用的核心方法是绝热消去法。

为了找到在演化过程中起支配作用的慢弛豫参量，而忽略快弛豫参量的变化对系统演化的影响，即令快弛豫参量对时间的导数（时间微商）等于零，然后将得到的关系代入其他方程，从而得到只有一个或几个慢弛豫参量的演化方程——序参量方程，这样的一个处理过程就称之为绝热消去法。

绝热消去法是协同学减少基本方程维数、降低方程自由度、消去大量变量、寻找慢变量的基本方法之一。它把难以胜数的偏微分方程简化为一个或几个序参量方程，使原来难以求解或无法求解的问题变得简单明了。

绝热消去法是非常有用的方法。当系统的演化不能用方程加以描述时，绝热消去法的思想仍然可以运用到系统模式建立的分析中。我们通过观察系统演化过程中的各种变量变化的快慢，或者注意系统中各个变量的寿命长短，就可以大致通过比较忽略快弛豫参量，留下慢弛豫参量。如果系统变化存在不同层次，那么还可以通过逐级忽略快变量的办法寻找序参量。而序参量一旦找到，系统的自组织机制就基本清楚了。

4. 最大信息熵原理

信息熵的概念是仙农（Shannon）最早提出的。

仙农于1916年4月30日出生于美国密歇根州,1932年入密歇根大学就读,1936年毕业后去麻省理工学院任电机工程和数学助教,1940年以优异的研究成果在该院取得电机工程技术硕士和数学博士学位。1940—1941年间,由美国国家研究委员会资助去普林斯顿大学从事研究工作。此后即以数学家身份加入贝尔电话实验室。1956年回到麻省理工学院,但仍兼任贝尔电话实验室的顾问。仙农从1958年起任麻省理工学院教授,直至1980年退休。2001年2月24日在马萨诸塞州去世,享年84岁。

仙农的主要贡献是创立了经典信息论。他1948年在《贝尔系统技术杂志》上发表了《通信的数学理论》一文,这篇长达80余页的文章分两期刊出。以这篇文章的发表为标志,宣示了信息论的诞生。

信息论是运用概率论与数理统计的方法研究信息、信息量、信息熵、通信系统、数据传输等问题的应用数学学科。仙农研究了从信源发出的消息,如何通过编码转换为信号,信号在信道传输时如何受到噪声等的干扰,以及如何通过滤波排除干扰、通过解码还原为消息,最终传递给信宿(如图4-7所示)。

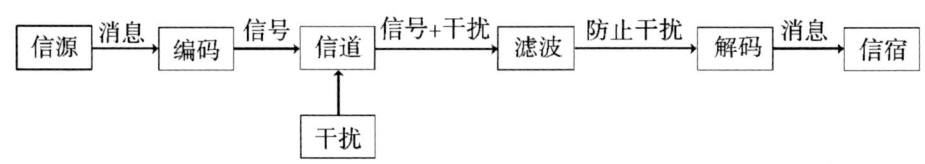

图 4-7 信息传输模型

仙农在研究从信源到信宿的信息传递时,采用了严格的数学方法。正是仙农对编码、信道、干扰、滤波、解码等一系列基本概念进行严格的数学描述,才使得信息研究由粗糙的定性分析阶段进入到精密的定量阶段,并因此而发展成一门真正的科学学科。仙农因对信息的研究成就卓著,被尊称为"信息论之父",并由此成为享誉世界的科学家。

仙农基于信息与概率之间的关系,首先提出了信息量的概念。

仙农发现,当一个不可能出现事件的出现概率为0,该事件出现提供的信息量为无限大(∞)时,我们不会去研究。而一个必然事件早就在我们的预料之中,不可能出现任何意外时,事件的出现概率为1,该事件出现提供的信息量为零(0)时,我们同样没有必要研究。只有出现概率介于0与1之间的事件,才会给我们带来值得研究的信息,而信息中反映出来的不确定性才具有研究的价值。仙农用信息量作为对信息中"不确定性"的度量。

在研究信息量的基础上,仙农进一步提出了信息熵的概念。熵是仙农从热力学中借用过来的老概念,信息熵是用来描述信源不确定度的新概念。在仙农看来,任何信息都存在冗余,冗余的大小与信息中每个符号的出现概率或者说不确定性有关。仙农把信息中排除了冗余后的平均信息量或曰平均不确定性称为"信息熵",并给出了计算信息熵的数学表达式,即:

$$H(U) = E[-\log p_i] = -\sum_{i=1}^{n} p_i \log p_i$$

在仙农看来,一个信源发送出什么信息是不确定的,衡量它可以根据其出现的概率来度量。概率大,出现机会多,不确定性就小,反之不确定性就大。不确定性越大,熵也就越大,把它搞清楚所需要的信息量也就越大。所以,信息熵也可以理解为是用于度量信息量的一个概念。

如果站在观察一个系统有序程度的视角看,仙农发现,系统越是有序,信息熵就越低;系统越是混乱,信息熵就越高。所以,信息熵也可以说是系统有序化程度的一个度量。

仙农的这一研究成果极大启发了哈肯。

哈肯很早就知道,当用微观方法处理像生命体这样一类复杂系统时,由于人们对其子系统的了解甚少,研究非常困难。而宏观方法简单易行,可以很容易处理对子系统尚不清楚的复杂系统。哈肯就想到,能否像热力学一样从宏观角度找到规律,进而从宏观推断微观分布,简化研究的方法,降低研究的难度。

哈肯的想法固然很好,但这件事说起来简单,做起来非常不容易。其实,普利高津早先也有过同样的思考。普利高津在耗散结构理论中就曾经试图用熵的概念从宏观推断微观,揭示非平衡相变过程中系统如何从无序转换为有序的机理,但收获不大。因为熵是以等概率的平衡态为基础的,用熵函数很难判定非平衡相变这类问题。

哈肯受仙农的启发,决定另辟蹊径,用信息熵来解决自组织系统通过非平衡相变出现宏观结构的问题。因为哈肯发现,当复杂系统接近线性失稳点时,会出现一种由序参量决定并能够反映系统宏观结构的信息,他将其称之为"协同信息",它可以看作是信息熵在序参量上的"投影"。哈肯用实验测出序参量的约束条件,导出序参量的概率分布,从而通过计算协同信息,借以预测复杂系统宏观行为定性改变的特征,进而提出了最大信息熵原理。

哈肯首先设定了最大信息熵原理的约束条件,然后把信息概念推广到了非平衡态。哈肯认为,由于在临界点出现巨涨落的缘故,序参数信息取极大值。如果系统的总信息在相变点存在极大值,就可以由此推断宏观量或微观量的概率分布,我们就有可能从系统产生质变(即宏观上出现新结构)出发,寻找到其内部协同的机理。后来的科学研究完全证实了在相变点具有最大信息这一推断,为最大信息熵原理奠定了坚实的基础。

哈肯这种从最大信息熵出发、从宏观推断微观的研究方法一经提出,立刻引起广泛重视。因为这种方法不仅可以处理对子系统尚不清楚的复杂系统,而且简单易行。信息熵原理对于我们运用宏观的方向管理原理,来解决微观的目标管理的具体问题,提供了一个非常重要的研究思路。尽管有人认为最大信息熵原理约束条件的选择带有任意性,所以最大信息熵原理带有某种局限性,但毕竟哈肯已经迈出了开拓性的一步,它在理论上的重要意义应该得到充分的肯定。

三、协同学与方向管理的关系

耗散结构理论提出了系统演化从无序向有序转化的可能性,给出了演化系统从无序向有序转化的条件,指出了系统演化发展的方向,但并没有研究系统演化的内在机制,这项工作是由协同学来完成的。相较于耗散结构理论，协同学建立在大量的实验基础之上，理论阐述相对更完整，这在很大程度上得益于协同学巨大的后发优势。

我们今天来看耗散结构理论与协同学，会发现两个理论之间很多内容高度重合，耗散结构理论的很多内容和研究方法都在协同学中不同程度地体现。正因为协同学与耗散结构理论之间有许多相通之处，它们甚至彼此将对方当作自己的一部分，以至于有人认为，由于协同学中包含了太多耗散结构理论的内容，这两个理论是可以合二为一的。

但也有很多人认为，这两个理论虽然有着紧密的联系，但相互之间的区别是非常大的。协同学相对于耗散结构理论，不仅是内容上量的扩充，在很多基本的认识上也是完全不同的。

自组织是协同学所提出的最核心的概念之一。哈肯的《协同学引论》的副标题就是"物理学、化学、生物学中的非平衡相变和自组织"。哈肯在《协同学引论》中对自组织曾经有一个形象通俗的比喻，在《高等协同学》中对自组织有更为深刻的描述。哈肯认为协同学就是研究子系统怎样合作以形成宏观尺度上的时间结构、空间结构和功能结构的理论。哈肯特别提醒我们注意这些结构是如何以自组织的方式出现的。

序参量是协同学提出的又一个重要概念。是描述系统整体行为的宏观变量，也是一个系统中主导系统有序程度的参量。当系统演化接近从一稳态向另一稳态跃迁的临界点时，系统的突变结构通常由少数几个慢变量即所谓序参量决定，而系统其他变量的行为则由这些序参量支配。

序参量的大小可以用来标志宏观有序的程度，当系统是无序时，序参量为零。当外界条件变化时，序参量也变化，当到达临界点时，序参量增长到最大，此时就会出现了一种新的宏观有序结构。哈肯认为，序参量一旦形成，就成为主宰系统演化过程的决定力量。在系统从无序转变为有序状态过程中，总是由序参量支配其他系统状态参量的演变，促使演化系统在从一稳态向另一稳态的跃迁中最终形成更稳定的有序结构。支配原理就是通过逐级忽略快变量的办法寻找序参量。而序参量一旦找到，系统的自组织机制就基本清楚了。

协同学的这一系列研究成果,对创立方向管理理论至关重要。本书第三部分中的很多内容的基本思想都来自于协同学。譬如,方向管理理论提出,方向选择正确与否的一个重要判据,就是系统内要素间是否具有非线性的自组织协同作用,这一观点的基本内容就来自于协同学。

第五章　突变论与方向管理

一、托姆与突变理论

1. 阿基里斯追不上龟

我在本书绪论中曾经评价过托姆的突变论,赞扬托姆不仅复活了曾经遭到很多人痛批的居维叶灾变论,颠覆了自莱布尼兹以来"自然界无间断"的普遍共识,打破了关于进化世界连续渐进的描绘,而且为人类勾勒了一幅连续与间断相统一的自然界图景,并从数学上完成了对间断性的完美诠释。为了帮助读者完整理解这段话的含义,我们首先从著名的"芝诺悖论"讲起。

芝诺(Zeno)是古希腊著名的哲学家之一。他生于意大利半岛南部的埃利亚城邦,是埃利亚学派著名哲学家巴门尼德的学生。有人曾猜测,芝诺之所以提出一系列关于运动的悖论,初衷之一就是为了支持巴门尼德关于"存在"不动的观点。芝诺的著作早已失传,后人之所以能够知道芝诺悖论,是因为其中一些悖论曾经被记录在了亚里士多德的《物理学》一书中。据说,芝诺从"多"和运动的假设出发,一共推出了40个各不相同的悖论。现存的芝诺悖论至少有8个,其中关于运动的4个悖论最为著名。

在芝诺关于运动的4个悖论中,人们最耳熟能详的是"阿基里斯追不上龟"。芝诺认为,如果让乌龟先爬行一段路程后,再让阿基里斯(古希腊传说中跑得最快的英雄)去追,那么阿基里斯就永远也追不上乌龟。

芝诺的逻辑推论是：阿基里斯在追上乌龟前，必须先到达乌龟曾经爬过的某一个点，但当阿基里斯到达这个点时，乌龟已经又向前爬行了一段距离，于是阿基里斯必须追上这段距离，可是乌龟此时又继续向前爬行了一段距离，如此下去，虽然阿基里斯越来越接近乌龟，但永远也追不上乌龟（如图5-1所示）。

图5-1 阿基里斯追不上龟

阿基里斯追不上龟之所以称之为悖论，是因为任何一个具有一般生活常识的人包括芝诺本人，都清醒知道，阿基里斯在实际的追赶中一定可以追得上龟，但人们从逻辑上苦于无法找到芝诺推论存在的矛盾，逻辑上阿基里斯就是追不上龟，故而构成悖论。

芝诺悖论之所以让很多人感到困惑，是因为芝诺悖论的背后实际上隐含了一系列不合理的假设，即世界是连续而非间断的，在这样一个连续的世界中，空间、时间和运动是可以分离的，而且空间和时间可以进行无限连续无间断的分割，无限多的无穷小量的相加等于无穷大量。

其实，同样生活在2000多年前的亚里士多德，已经注意到了芝诺悖论存在的问题。他曾经做了一个假设：芝诺悖论成立的前提必须是空间和时间可以无限被划分。后来培尔调侃式地为亚里士多德的假设加上了"如果"二字。黑格尔有感于培尔的幽默，在《哲学史演讲录》一书中夸奖培尔说："'如果'二字绝妙"。列宁在《哲学笔记》中把黑格尔夸奖培尔的这句话专门摘抄下来，在旁边批注"如果我们把无限的划分进行到底"①，然后把批注用线框框住，并且在"如果"和"无限的"下面加上了着

---

① 列宁：《哲学笔记》，人民出版社，1956，第282页。

重号,以强调这两点的重要性。

芝诺的这些假设至少存在三个问题:

其一,芝诺割裂了空间、时间与运动之间的关系。阿基里斯在追赶乌龟的过程中,乌龟与阿基里斯运动到达的地点是统一确定的,但运动到达该地点所采用的时间计算是各自离散的时间系统,无论将时间间隔取得再小,整个时间仍是由无限的时间点组成的。芝诺不认为运动是时间的连续函数,他故意有选择地忽略了运动是距离、时间和速度的统一。

其二,芝诺认为连续时间是离散时间将时间间隔取为无穷小的极限。但是,量子理论则认为时间和空间并不可以无限切分,庄子想象中的"一尺之棰,日取其半,万世不竭",其实是不可能的。时间存在一个称之为"普朗克时间"的最小单位,空间也存在一个称之为"普朗克长度"的最小单位,如果小于这两个单位,计算将失去意义,物理学理论也将没有存在的价值。所以,有些科学家甚至将这两个单位以下的所有存在直接称之为"无"。

顺便讲一下什么是普朗克时间和普朗克长度。

近代天文学中的大爆炸宇宙学与近代物理学理论都认为,宇宙诞生历史中最早的时间阶段为从 0 至大约 10^{-43} 秒,这个时间段重力的量子效应非常突出,足以完成一个对称破缺的过程,而对称破缺使这个时期的宇宙迅速膨胀,在之后的 3 分钟形成了至今仍在膨胀着的宇宙,普遍红移就是证据之一。所以,量子理论将普朗克时间确定为 10^{-43} 秒,这是宇宙中最短的时间间隔。

量子理论同时将普朗克时间定义为普朗克长度与光速的比值。而光在一个普朗克时间所行走的距离大约是 1.616×10^{-35} 米,所以,量子理论将普朗克长度确定为 1.6×10^{-35} 米,这是宇宙中最短的长度。

其三,现代数学认为无穷个离散项的和是收敛的。时间的流动看上去无穷无尽,其实加起来只是个常数而已。乌龟不可能制造无限多个起点,阿基里斯在追赶中经历短暂的时间后,很快就会接触到普朗克时间的范围,这个时刻就是阿基里斯追上乌龟的瞬间。

尽管从今天的科学解释中,很容易就可以得出阿基里斯可以追上乌龟,但芝诺的奇思妙想毕竟困惑了人们千年之久。以至于直到近代仍有人认为芝诺只不过是个聪明的骗子,他的悖论就是诡辩。但无论如何我们应该承认,芝诺的确非常了不起,他用非数学的语言,描述了连续性所遭遇到的问题,开启了近代自然科学才真正开始的连续与间断以及无穷小问题的研究。

芝诺的功绩还在于,他不仅提出了动和静、无限和有限、连续和离散的关系,而且进行了辩证的考察。芝诺被亚里士多德誉为辩证法的发明人,黑格尔在他的哲学史演讲录中也认为芝诺是古希腊哲学家中第一个辩证考察了运动的人,将芝诺称之为"辩证法的创始人"。而20世纪60年代,托姆在关于连续与间断关系的思考中,不仅从芝诺悖论中获得了丰富的营养,同时还激发出了创立突变论的灵感。芝诺对人类智慧的贡献是毋庸置疑的。

2. 突变论的创立

突变论的创立者勒内·托姆(Rene Thom)1923年9月2日生于法国东部的蒙贝利亚尔,这是一座与瑞士接壤的美丽城镇。托姆小时候在圣路易中学上学,毕业后入读巴黎高等师范学校,1946年毕业后又去斯特拉斯堡大学学习,1951年在巴黎大学获博士学位。托姆获得博士学位后,先在格勒诺布尔大学任教,1954年起在斯特拉斯堡大学任教,1957年升任教授,1964年任巴黎高等科学研究院数学教授,1976年当选为法国科学院院士。2002年10月25日去世。

托姆在数学方面的研究工作大致分两个阶段:

前一阶段(1951年起)主要是研究代数拓扑学及微分拓扑学,这方面的工作主要反映在他的博士论文中。在博士论文中,托姆给出了著名的托姆变形及托姆同构,并由此证明了微分流形的某些拓扑不变性。由于托姆的研究对代数几何学及微分拓扑学的进展起到了很大的推动作用,他为此荣获了1958年度国际数学界的最高奖——菲尔兹奖。

后一阶段(1956年起)主要是研究奇点理论。托姆其实从1949年起就已经在研究微分流形之间映射的奇点理论,1956年开始研究流形特别是欧氏空间之间函数的奇点分类问题,1966年后他还对叶状结构的奇点理论及动力系统的奇点理论进行过研究,并尝试用数学来说明自然界发生的相关现象。托姆的这些研究成果后来都成了突变论的数学基础。

其实,利用数学方法研究突变现象,托姆并不是人类历史上的第一人。早在19世纪末,法国著名的数学家庞加莱(Ponincaré)就已经应用拓扑学的方法尝试研究突变现象。

所谓拓扑学(topology),是研究几何图形或空间在连续改变形状后还能保持不变的一些性质的学科。

拓扑学中的"拓"来自于"拓片"一词中的拓,"扑"是指轻轻拍打,是拓片的一种手法。"拓扑"一词有用拓片方法"一一对应"复制的含义。拓扑学在日本称为"位相几何学",我国曾翻译成"形势几何学"、"连续几何学"等。由于1965年推出的《数学名词》中称为拓扑学,而后我国数学界就逐渐接受并采用了拓扑学这一概念。

拓扑学是几何学与集合论的结合,所以也有人将拓扑学理解为研究点集与函数的拓扑性质的学科。拓扑学中的函数,我们常常用映射或影射来表达,指两个元素的集之间元素相互"对应"的关系。

为了让更多人了解拓扑学的基本思想,以便于加深理解突变论的核心内容,我们不妨做一个形象的实验:

我们在可以任意形变的物体(比如一块橡皮)上画一个圆(称为图形A),然后把橡皮随意扭曲、拉伸、压缩(不要破裂、折叠),这时,随着橡皮的形变,图形A就会变成图形B,我们把这种从图形A到图形B的变化,称为"橡皮变形"。当我们研究这两个图形之间的关系时发现,尽管图形A与图形B在橡皮上的形状已经有很大差异,但图形A的某些性质却保持不变。譬如,原来曲线是闭合的,就仍旧闭合,原来曲线是相交的,就仍旧相交。

我们再做这样一个界定:如果图形A上的每一个点都变成了图形B上的每一个点,不会两点变成一点,也不会一个点变成两个点,我们把这种性质称为"一一对应"。如果图形A上的两个非常接近的点(a_1,a_2)变成图

形 B 上的两个点(b_1,b_2),且也非常接近;反之,图形 B 上的两个非常接近的点,原来在图形 A 上也非常接近,我们把这种性质称之为"双方连续"。

凡一一对应且双方连续的变换就叫做拓扑变换。拓扑学就是研究几何图形在一对一的连续可微变换下保持不变性质的一个几何学分支。

拓扑学上的主体图形是无穷尽的,只要扩大决定曲面的函数,就会做出各种各样的图形来,而且变幻奇特,妙趣横生。为了帮助读者更形象、直观认识拓扑图形及拓扑变换,让我们带大家做一个可以作为魔术表演的小游戏:请大家取一张纯白色的 A4 纸,沿虚线折一下再展平,然后用剪刀按照图 5-2 所示,沿 ab、cd、ef 三条实线剪开,旋转 A4 纸左右两边的任意一条边,就会出现图 5-3 的形状。这一形状就是拓扑形状,其变化就是拓扑变换。这种拓扑变换作为小魔术表演,简单又好玩。

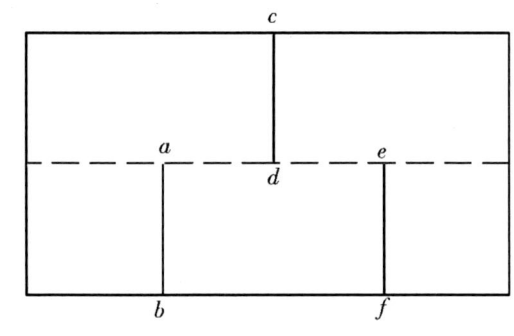

图 5-2 旋转前的形状

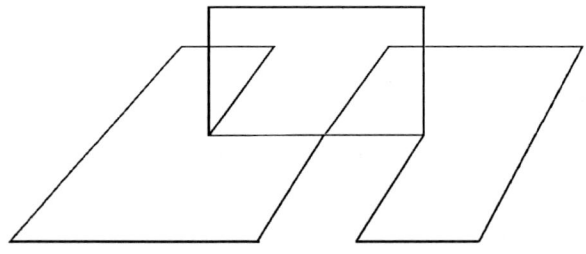

图 5-3 旋转后的形状

有关拓扑学研究的一些内容,早在 200 多年前就已经出现了,之后越来越多。譬如,18 世纪因哥尼斯堡七桥引出的奇点问题,19 世纪因绘制地图引出的四色问题等,都是拓扑学研究的问题。

七桥问题是 18 世纪著名古典数学问题之一,讲的是 18 世纪初普鲁士的哥尼斯堡有一条河穿过,河上有两个小岛,有七座桥把两个岛与两边的河岸联系起来(如图 5-4 所示)。有个人提出一个问题:一个步行者怎样才能不重复、不遗漏地一次走完七座桥,最后回到出发点。欧拉于 1736 年研究并解决了这个问题。

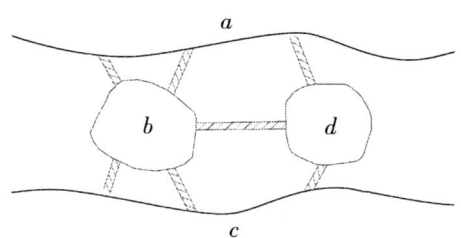

图 5-4　七桥问题

欧拉用图 5-5 的七条线代表七座桥,a、b、c、d 代表两岸通过桥与小岛连接的 4 个交点,b、d 处为两个小岛。欧拉从数学上把七桥问题归结为"一笔画"的几何问题。欧拉发现,只有当与这些点相交的圆弧成对时,才能完成一笔画,欧拉将这样的交点称为"偶数点"。如果在这些点相遇的圆弧不是成对的,就不能实现一笔画,欧拉将这样的点称为"奇点"。欧拉认为一笔画的图形必须有起点和终点,也就是有来路必有去路,这样一笔画出来的图形就闭合了。而七桥问题中有四个奇点,所以找不到一条每座桥只经过一次的路线。

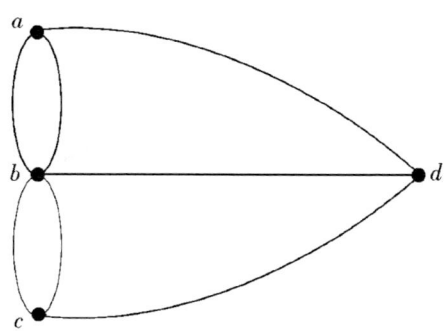

图 5-5　七桥问题的七条连线

欧拉从数学上证明想不重复、不遗漏地一次走完七座桥,最后回到出发点是不可能的。欧拉给出了可以一笔画的充要条件是：奇点的数目不是0个就是2个，即要想一笔画成，奇点要么没有，要么在两端。如果奇点数为4个，就要2笔画，而且在存在奇点的情况下，一定要从奇点出发。

奇点在数学上通常指的是那些未定义的点，可以是空间点，也可以是时间点。欧拉从七桥问题引出的奇点问题对拓扑学而言非常重要。如果从拓扑学的角度看突变论，突变论属于微分流形拓扑学的一个分支，它可以根据势函数把临界点分类，并且研究各种临界点附近的非连续现象的特征，所以突变现象也可以称为"不稳定奇点"。正因为如此，英国数学家桑德斯在《灾变理论入门》（突变论在20世纪80年代被中国学者翻译成"灾变论"。）一书中就明确认为："作为数学的一部分，灾变理论是关于奇点的理论。所以当应用于科学问题时，它直接处理不连续性而不联系任何特殊的内在机制。这就使它特别适用于内部作用尚属未知的系统的研究，并适用于仅有的可信观察具有不连续性的情况。"[①]

托姆自20世纪60年代起就致力于突变现象的研究。1968年就已提出了关于突变理论的初步设想，并撰写了《结构稳定性和形态发生学》。这部书稿虽然在当时就送交了出版社，但由于种种原因，直至1972年底才正式出版。在这本书中，托姆明确而系统地提出了突变理论，并指出了它可能有的一些应用。以这本书的出版为标志，就宣告了突变理论的诞生。在随后的十几年中，经过英国瓦维克大学数学研究所所长、著名数学家齐曼教授等人从理论到应用方面的持续完善，突变论逐渐成为一门成熟的理论。

如果从形态发生学的角度看突变论，突变论就是研究系统如何从一稳态跃迁到另一稳态的现象和规律。突变论用形象而精确的数学模型，描述和分析事物连续性中断的质变过程。突变论认为，系统所处的状态，可用一组参数描述，当系统处于稳定态时，标志该系统状态的某个函数就取唯一的值。当参数在某个范围内变化，该函数值有不止一个极值

[①] P. T. 桑德斯：《灾变理论入门》，凌复华译，上海科学技术文献出版社，1983，第1页。

时,系统必然处于不稳定状态。系统从一种稳定状态进入不稳定状态,随参数的变化,又使不稳定状态进入另一种稳定状态,那么,系统状态就会在这一刹那间发生突变。

突变(catastrophe)英文一词的原意为突然来临的灾祸,所以也有人把它译作灾变。现在统一翻译成突变,主要是想淡化乃至消除灾难一词带有的情感意味,更加强调客观世界变化过程的间断或突然转换。

突变论作为研究不连续现象的一个新兴数学分支,并不给出产生突变机制的假设,只是在描述客观世界中的不连续现象的同时,提供一个合理的数学模型,并对现实世界中产生的突变现象进行分类,使之系统化。突变论特别适用于研究内部作用尚属未知、但已观察到有不连续现象的系统。

突变论是一门着重应用的科学。突变论不仅从数学理论的角度研究系统演化的不连续过程和突发的质变,而且从应用的角度研究自然界和人类社会中连续渐变如何引起突变或飞跃。突变理论可以有效地应用于物理、化学、生物乃至社会各个领域。一些过去很难给予一个确定的数学模型来进行描述的行为,突变理论都可以给出一个大致的刻画。

突变理论的数学基础非常高深,一般人很难领悟其中的因果关系,但它的实际应用又让人感到非常"容易"和方便,这的确非常奇妙。突变论出现伊始,就立即引起世界范围的广泛注意。西方大量的专业性和通俗性报纸、杂志纷纷撰文,介绍和评价突变理论,很多国际著名的数学家、哲学家、生物学家、经济学家等都给予高度评价,他们认为突变理论的提出是 20 世纪一次伟大的智力革命,是科学领域的重大突破。

1975 年,托姆曾在伦敦发表过一次讲演。在这次讲演中,他认为突变理论不仅仅是一种数学理论,虽然它"与数学有关"。他声称,突变理论在某种意义上可以看作是一种哲学,是一种观察和描述世界的方法。这就进一步把突变理论上升为一种世界观和方法论。这种观点在 1997 年的《大英百科年鉴》上得到了更淋漓尽致的发挥。该年鉴不无夸张地认为:"突变理论使人类有了战胜愚昧无知的珍奇武器,获得了一种观察宇宙万物的深奥见解。"①

当然，对于突变理论未来应用价值的评价，托姆还是比较慎重的。因为他清楚地知道"初等突变论的模型建立在局部奇点基础上，因而在本质上也是局部的"②。托姆认为，人们希望用显式方程建立起连续现象模型的希望至少在目前还办不到，舆论界对突变论的某些溢美之词，非但无助于突变论的进一步发展，反而有可能败坏突变理论的声誉。因为突变理论在定量方面的局限性至今仍是无法回避的一个事实。

故而，托姆曾明确地表示过："在我看来，这个理论本身不允许作任何预言。它能模拟自然，但模型总是特定的，假如它们有作用是不足奇的，但是，除了在物理学和化学方面精确的模拟是可能的以外，突变理论在认识论上的地位还是有点含糊不清，其余方面则是定性的。"③所以，"要评价我们所说的突变论对科学发展的影响，无疑还为时过早"④。

尽管托姆本人对自己创造性的工作表现出十分的谦虚，我们仍然从突变论本身看到了其重要的价值。因为自牛顿以来的三百年间，传统分析数学就一直对解释不连续的和突变的现象束手无策，而突变理论的出现无疑开启了一扇人类过去从未触动过的通往解决不连续现象之谜的智慧之门。它带来了新奇的思考方式，并对人类现存的科学方法和技术实施了一次有效攻击。

自突变论问世之后，数学方法才开始真正地被引入了一些过去运用数学极为罕见的领域，如人文科学、生物学等学科。而在当今，一门学科能否成功地运用数学，仍被看作是能否真正成其为科学的重要评价标准之一。尤其值得注意的是，当前一些探索世界演化过程的重要理论如耗散结构理论等，正是以突变理论作为有力的数学工具来研究世界演化方式与方向的，这方面的研究现在已经取得了世人瞩目的成就。至于突变

---

① 张奠宙：《引起争论的"突变理论"》，《光明日报》1978 年 9 月 14 日。
② 托姆：《突变论：思想和应用》，周仲良译，上海译文出版社，1989，第 148 页。
③ 江秀乐、张明正、刘志科：《系统·演化·发展》，陕西师范大学出版社，1996，第 176 页。
④ 托姆：《突变论：思想和应用》，周仲良译，上海译文出版社，1989，第 136 页。

理论未来的潜在应用价值，更是值得关注。

二、客观世界中的突变现象

自从人类进入文明社会以来，自然界是连续、无间断的认识就自然而然地形成，原因在于连续的世界符合人类常识性的理解，非常易于接受。此外，人们因无法想象连续的中断意味着什么，会不自觉地自发启动感性的惯性思维模式，在惯性思维中直接否定中断的存在，将中断简单理解为人类认识能力的不足或者证据的暂时性缺失。

譬如，当达尔文发现由于化石采集量的不足，仅靠现有化石证据无法解释生物进化的连续性时，达尔文从未想到过连续性中断背后的原因，他唯一可以想到的是由于人类化石采集能力的限制，可以证明生物进化连续性的那部分化石尚未被发现，而发现是早晚的事，只不过这需要时间和运气。

这种认识在近代达到了登峰造极的地步，其中很大一部分原因就在于微积分的创立。牛顿和莱布尼兹所创立的微积分一般只考虑光滑的连续变化的过程，基本上不研究中断的问题。由于微积分所获得的巨大成功和人们对微积分科学性的笃信，大部分人爱屋及乌，相信自然界的连续性是不言而喻的客观存在。

然而，在自然界和人类社会活动中，除了渐变的和连续光滑的变化现象外，的确还存在着为数众多的突然变化和跃迁现象，如岩石的崩碎、桥梁的断裂、地震的发生、海啸的出现、轮船的倾覆、飞机的坠落、细胞的分裂、基因的变异、心脏的骤停、情绪的波动、战争的爆发、监狱的暴动、市场的变化、企业的倒闭等。其中大量是非线性的变化，没有常识层面上的因果关系。在突变论出现之前，包括微积分在内的几乎所有数学理论，都无法描述和分析这些间断现象，更不用说揭示这些间断现象发生的规律性。

突变论的出现改变了这一切的现状。

对于托姆所创立的突变理论，国外曾有人将之归因于一个具有高度创造性的科学家的"直觉的探讨"。但 20 世纪中叶以来所出现的一系列探究演化的理论,却使我们不能不思考这种个体创造的"偶然性"转化为"必然性"的背后的基础。其中固然有个体理性思维的不可或缺性,但托姆之所以可以创立反映系统演化方式的突变理论,其重要的实践基础就在于客观世界中存在着大量的突变现象。这正是突变论创立的最根本的前提条件。

我们首先从生物学中突变现象的研究入手,来证明我们的观点。

突变是生物界中存在的一个普遍的基本现象。例如,基因的突变、种群的演变,胚胎的发育等都包含有突变性质。托姆当年创立突变理论时,就是从观察胚胎发育中分化过程的突变现象入手的。生物界中突变现象的最早发现者,也许可以上溯到居维叶那里,但比较接近现代突变思想的重要发现是由荷兰植物学家、遗传学家德佛里斯提出的。他根据对月见草突然发生显著变异的现象的观察,提出了新物种是通过不连续的偶然的显著变异而出现的新进化论。现在我们已经知道了德佛里斯所发现的突变主要是染色体畸变。

生物界的突变除染色体畸变外,还有细胞质突变、基因突变等。其中,基因突变是一种更为普遍和更为基本的突变。虽然由于基因结构复杂,其突变机制目前尚不明确,但作为生物界客观存在的一种突变现象却是不容置疑的。

为了更直观地认识生物界的突变现象,让我们再举生物医学两个典型例子:一个是深度知觉的反转,另一个是视知觉的双稳态。

深度知觉的反转是心理学研究的课题之一,最早是由地质学家内克(Necker)在研究晶体时发现的。内克指出,当人们集中注视图 5-6 时,就会发现 A 点会交替地凸出与凹进。图 5-7 是双眼视觉深度反转的模糊图形。若同时注视 A 与 A′点,同样会产生 A 与 A′同时凸出和凹进的深度反转现象。深度知觉反转是一种典型的突变现象。

视知觉的双稳态的突变特性可以用图 5-8 来说明。这一模糊系列是费希尔(Fisher)于 1967 年首次提出的。当我们由左至右观察这一组由男人的脸部逐渐过渡到一个女人的全身的图时,以第一行为例,由于视

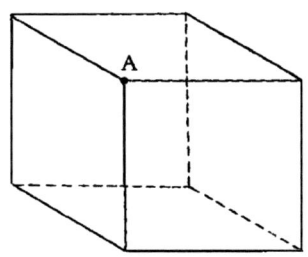

图 5-6 深度知觉的反转

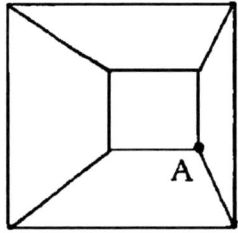 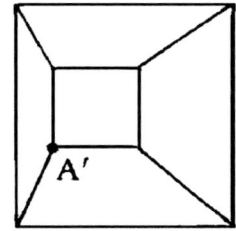

图 5-7 双眼视觉深度反转

知觉的双稳态的存在,人们在判断第一行左起第 4 与第 5 个图形时,男人的脸部与女人的全身可以交替出现,视知觉出现突跳特性。男人的脸部与女人的全身二者出现的概率是相同的,不过该图也具发散性,当从右边开始看过去像女人全身,而当从左边开始看过去则像男人脸部,这取决于开始时视知觉的感受。

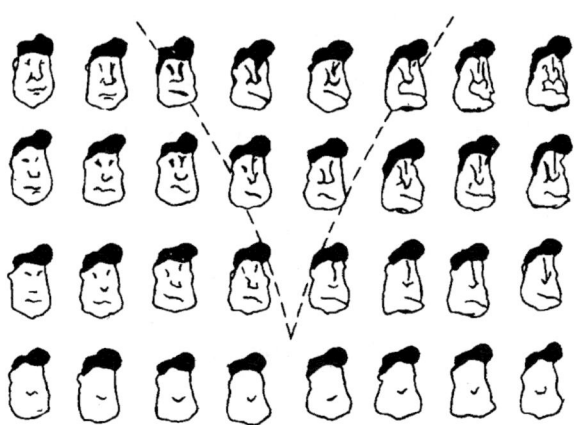

图 5-8 视知觉的双稳态

如果图形的特征细节减小到一定程度,如图 5-8 的最下面一行时,由男人脸部转变到一个女人全身就是连续变化的,不产生突变现象。如果我们用点线面画出分支集,可以清楚地看到,连续变化的序列图位于分支集的后部。上述情况可以用一个尖点突变的模型(如图5-9所示)来表示。

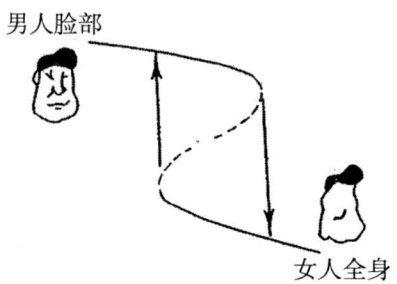

图5-9 尖点突变的模型

视知觉的双稳态在图5-10中体现得更加明显。黑色的两个对视的人脸和中间白色的酒杯,两个画面在心理的暗示下会交替出现。

图5-10 视知觉的双稳态

人的视觉除了双模态之外,还可以构成三模态,如图5-11就是一个很好的说明。视觉的三模态可以对应于突变理论中的蝴蝶突变。

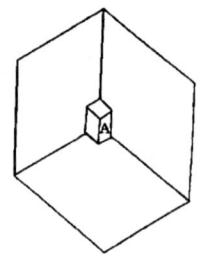

图5-11 视觉的三模态

在物理和化学领域同样存在大量的突变现象。以当今物理学、化学研究的前沿领域之一的相变理论为例。当我们对自然界大量存在的物质的相变进行研究时，就会发现无论是一类相变还是二类相变，都存在突变的现象。在通常的气相、液相和固相的一类相变中，物质的化学势虽然不变，但化学势的一级偏微商所代表的物性会发生突变。在超导、超流、铁流、铁磁、铁电等二类相变中，虽然没有热的释放，比容也不会改变，但物质的比热容会发生突变。如果用热力学的关系表示，即是化学势的二级偏微商所代表的性质发生突变。

社会领域中的突变现象同样举不胜举，在此不再赘述。

尽管突变现象如此广泛地存在于自然界和社会领域，但从牛顿创立微积分之后的近三百年间，人类所创立的分析数学的手段只能描述那种连续的、光滑变化的现象。对于这种突然发生的跃迁过程，人类始终缺乏有力的数学工具进行描述分析。托姆的突变理论正是在这种背景下应运而生了。

三、突变理论的基本内容

1. 结构稳定性

突变论是研究连续渐变如何引起突变或飞跃，并力求以统一的数学模型来描述这些突变或飞跃的一门学科。突变论把人们关于质变的经验总结成数学模型，表明质变既可通过飞跃的方式，也可通过渐变的方式来实现，并给出了两种质变方式的判别方法。突变论认为，在一定情况下，只要改变控制条件，一个飞跃过程可以转化为渐变，而一个渐变过程又可转化为飞跃。

突变论认为系统的结构稳定性是系统突变的基础，事物的不同质态从根本上说就是一些具有稳定性的状态，这就是为什么有的事物不变、有的渐变、有的则突变的内在原因。在严格控制条件的情况下，如果质变经历的中间过渡状态是不稳定的，它就是一个飞跃过程；如果中间状态是稳定的,它就是一个渐变过程。所以,结构稳定性就成为突变论一个重要的基础性概念。

结构稳定性的概念最早是由安德罗诺夫和庞特里亚金于1937年提出的。他们当时提出这一概念大致是基于两点考虑:其一是在力学系统中存在着严格相同条件下重复实验可以得到相同结果的现象。其二是在力学研究中,对力稳定性用微分方程求解时不能不涉及微分方程解的稳定性问题。在这两点考虑的基础上,安德罗诺夫和庞特里亚金首先就某类平面的常微分方程组,从数学上提出了常微分系统结构稳定性的概念。

这一概念最初提出时并未引起数学界的重视,直到20多年以后,M.佩克索托给出了二维闭曲面上的结构稳定系统不仅有较简单的相图结构,且任一常微系统都可以由结构稳定系统来任意靠近,才又重新激发起了人们的兴趣。人们很自然地提出:在流形维数大于2时,是否也有同样的结论?后来人们才知道,在高维情况下,结构稳定的相图一般是很复杂的。

应该指出,我们所讲的"结构稳定性"作为一个拓扑学的概念,与力学意义上的结构稳定性既有联系,又有区别。自然界中任何能持续存在的、有规律的现象都必须具有这种结构稳定性。

在数学上,我们通常是用有 m 个参数的函数族来表征某一系统的状态的。对于该函数族来说,如果参数连续变化,我们可以把它们看作是 m 维空间的坐标。于是每个函数都可以用这个空间中的一个点来表示。当我们要判定该函数族中的某一函数 F 是否具有"结构稳定性"时,只需考察函数 F 有一个充分小的变化时,所得函数 $G=F+\delta F$ 是否与 F 具有相同的拓扑形态。如果 $F+\delta F$ 与 F 具有相同的拓扑形态,我们就称 F 是该函数族中的一个结构稳定函数或生成函数。

结构稳定性也可以在物理学、化学以及任何一门具体科学中找到说明,这里,我们用各门科学中普遍采用的科学实验的方法来加以说明。在科学方法论的研究中,我们总是强调科学实验的优点之一是可重复性,但往往我们忽略了这样一个问题:完全精确地复制出具以进行某项实验的所有条件事实上是绝对不可能的。因而，我们实际所期望的，并不是在严格相同条件下重复实验以得到严格相同的结果，而是在近似相同的条件下重复实验以得到近似相同的结果，这种性质就称之为结构稳定性。

需要说明的是，突出强调结构稳定性，并不意味着广袤宇宙中的系统都是结构稳定的系统。无论是在数学中还是在动力学系统中，我们都可以找到带有非孤立不稳定性系统的例子。但突变理论原则上将不处理这种本质上不稳定的系统。而我们要预见一个系统未来的发展演化情形，只能考察它的稳定状态。只有稳定的系统才是可供分析的系统。

突变理论的这种处理方式在实际生活中也是司空见惯的。经济发展中有稳定性的一面，生物的生存需要有稳定的内环境，任何一种语言的词汇量总是稳定在一定的数量级上，一切科学规律都具有稳定性……我们要分析研究它们，只能从具有稳定性的一面入手。我们只有揭示出事物内在联系中具有稳定性的联系，才有可能把握住对事物的发展起支配作用的关键所在。从这种意义上讲，突变理论突出研究系统的稳定态以及系统从一种稳定态向另一种稳定态演化的机制，的确具有十分重要的意义。

2. 状态变量与控制变量

突变理论研究的基本方法就是从稳定性理论出发，去寻求状态变量与控制变量之间的关系，以描述系统不连续状态的变化情形。对于某一个特定的研究对象而言，状态变量多用来表示其质的规定性，控制变量则表示量的规定性。

为了弄清楚究竟什么是状态变量和控制变量，让我们先从两个假定入手。

当我们考虑一个性态通常是光滑的，但有时也呈现不连续性的系统时，可以假定它在任意时刻的状态是由 n 个参量所决定的，我们称之为状态变量（或内部变量）。状态变量的数目是有限的，但可以很大，可达百万乃至上亿的数量级。我们还可以进一步假定，这一系统同时还受 m

个变量的控制,我们称之为控制变量(或外部变量)。而且这些变量的值将控制和决定状态变量的值。

突变理论后来的研究告诉我们,对于一个有时出现不连续性的系统,其可能出现的性质不同的不连续构造的数目并不取决于状态变量的数目(尽管这可能很大),而取决于控制变量的数目(一般都比较小)。比如,当控制变量的数目 $m \leqslant 4$ 时,只有七种不同类型的突变,而且在其中我们还有可能这样地选择一组 n 状态变量,使得其中与不连续性有关的不会多于两个。

请大家注意,这是一个非常重要的研究结果。我们以往分析一个复杂系统时,通常是写出 n 个微分方程(而 n 可能是 10^8 甚至更大),提供初始条件,求解。但对于耦合的微分方程,我们无法个别地加以处理,这样就必须解出所有 n 个方程,然后去找出一个或两个恰当的解。而"突变理论有可能预测系统的许多定性性态,甚至不知道是一些什么微分方程也行,更不用说不知道如何解它们了"[①]。

如果控制变量的数目大于 4 时将会是一种什么情形呢?突变理论的研究表明,当控制变量个数 $m \leqslant 5$ 时,按照某种意义上的等价性分类,总共有 11 种突变类型。如果超过了 5 个,突变模型将有无限多种类型。高阶突变类型趋于无限,深刻地说明了自然界质变形式的丰富性。但因研究上的困难所致,目前人们讨论最多的仍是初等突变($m \leqslant 4$)时的突变类型。

3. 七种初等突变的基本类型

托姆通过大量的研究证明,当一个系统的状态变量不超过两个、控制变量不超过 4 个时,突变有 7 种基本类型,它们的标准形式是(见表5-1):

---

① P. T. 桑德斯:《灾变理论入门》,凌复华译,上海科学技术文献出版社,1983,第 3 页。

表 5-1　托姆突变类型分类

	突变类型	状态变量	控制变量	势函数 f
尖点类型突变	折叠型 Fold	1	1	$\frac{1}{3}x^3 - ax$
	尖顶型 Cusp	1	2	$\frac{1}{4}x^4 - ax - \frac{1}{2}bx^2$
	燕尾型 Swauowtail	1	3	$\frac{1}{5}x^5 - ax - \frac{1}{2}bx^2 - \frac{1}{3}cx^3$
	蝴蝶型 Utterfiv	1	4	$\frac{1}{6}x^6 - ax - \frac{1}{2}bx^2 - \frac{1}{3}cx^3 - \frac{1}{4}dx^4$
脐点类型突变	双曲脐型 Hyperbolic Umbilic	2	3	$x^3 + y^3 + ax + by + xy$
	椭圆脐型 Elliptle umbilic	2	3	$x^3 + xy^2 + ax + by + c(x^2 + y^2)$
	抛物脐型 Parabolic umbille	2	4	$x^2y + y^4 + ax + by + cx^2 + dy^2$

在上表中,我们首次遇到了一个新的概念——势函数,所谓势函数,指的是状态变量 n 与控制变量 m 的函数。在托姆的突变分类定理中,他用严格的数学方法证明了凡是由若干个控制变量($m \leqslant 4$)和若干个状态变量($n \leqslant 2$)所构成的模型,在某种意义上都等价于一个相应的多项式。比如,凡是由两个控制变量和一个状态变量的势函数所构成的模型,就等价于一个四次多项式。而只要适当选取参数,就能使势函数具有标准形式:

$$\frac{1}{4}x^4 - \frac{1}{2}bx^2 - ax$$

这样,我们只要把这种特殊类型的多项式研究清楚,一切含有两个变量和一个状态变量的势函数所描述的突变过程就都可以掌握了。

4. 七种初等突变的几何形状

对于生活在三维世界中的人类而言,只有三维欧几里得空间的几何图形才有直观性,才便于理解,对于四维乃至多维空间的几何图形,只能凭靠抽象思维与想象。托姆不仅从数量关系上描述了七种突变类型,而且给出了每一种初等突变的几何形状,包括不同突变对应的四维、五维、六维等多维空间的几何图形。托姆为了尽可能给出突变模型的直观几何图形,采用了降维处理、绘制分支集的图形等方法,还利用平面与突变模型相交的交线曲线,来帮助理解多维几何形状。托姆在这方面的工作做得非常出色。

把突变尤其是高阶突变的数学表达形式转化为直观的多维几何形状,这是一个非常有价值的贡献,也是突变理论的一个重要特色。因为当头脑仅与数打交道时,它是在一条轴线上线性地进行思维,如果复杂的问题可以形象直观地展示,"如果一个特定的问题可以被转化为一个图形,那么,思想就整体地把握了问题,并且能创造性地思索问题的解法"[①]。

托姆的确值得我们再一次为他点赞,因为"突变模型已经为我们提供了一些直观的概念,而普通语言却难以做到"[②]。限于本书篇幅,我们不可能全部详细地讨论所有七种初等突变的几何形状。这里,我们以用途最为广泛的尖顶型为重点,进行详尽的分析,其他突变类型的几何形状只做概括介绍。

为了研究尖顶型突变模型的几何形状,我们有必要从一般平衡面的绘制入手,并由此让大家领悟到一个对理解突变理论来说极其重要的问题:控制变量的连续变化可以导致势函数在临界点附近的突变,在其他地方,势函数则是光滑的,没有突变的。

假定有这样一个多项式:

$$P(X) = X_1^3 + X_1 X_2 + X_3$$

其平衡曲面可定义为:

$$X = \{x \in R^3 \mid P(X) = 0\} \ (R^3 \text{指的是三维空间})$$

当我们将 X_2 暂固定时,假如令 $X_2 = a$;根据平衡曲面的定义则有:

---

① 江秀乐、张明正、刘志科:《系统·演化·发展》,陕西师范大学出版社,1996,第182页。
② 托姆:《突变论:思想和应用》,周仲良译,上海译文出版社,1989,第154页。

$$x_1^3 + ax_1 + x_3 = 0$$

那么,在 $X_2 = a$ 的平面坐标中由 (X_1, X_3) 组成一个平面 (x_1, a, x_3),如图 5-12 所示。曲线的开头与 a 有关,特别与 a 的符号有关,在图 5-13 中,画出了 a 的三种典型情况:$a > 0, a = 0, a < 0$。

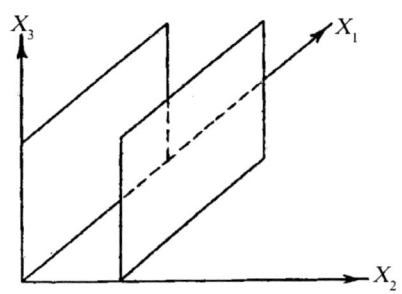

图 5-12 平面坐标中平衡曲面

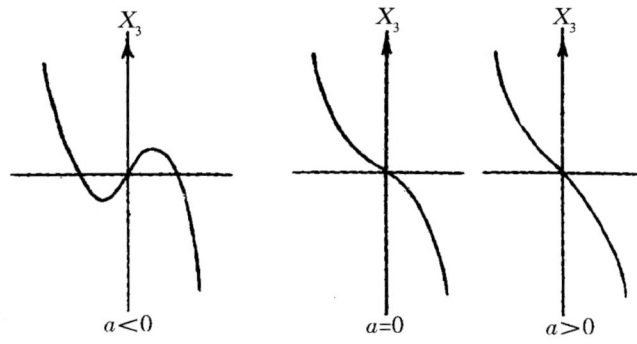

图 5-13 平衡曲面的三种典型情况

当 X_2 不再固定,而是连续变化时,$P(X)$ 就形成一个有趣的折叠曲面 M,如图 5-14 所示。该图形就是我们后面将要重点介绍的尖顶型突变的几何形状。

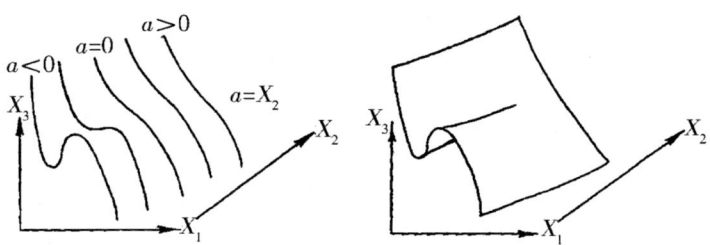

图 5-14 X_2 连续变化时的折叠曲面

我们由托姆的突变分类定理已知,尖顶型突变有两个控制变量和一个状态变量,它的势函数是:

$$\frac{1}{4}x^4 - ax - \frac{1}{2}bx^2$$

平衡曲面方程为:

$$x^3 - a - bx = 0$$

故平衡曲面 M 如图 5-15 所示。

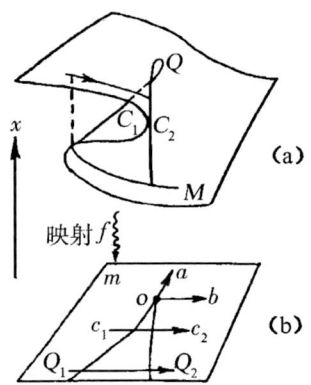

图 5-15　折叠曲面与投影簇

这个几何图形非常形象直观地向人们展示了尖顶型突变的一个非常有意思的特点,曲面上有一个奇特的折叠,折叠分为三层,愈向后愈窄,最后三层汇合于 Q 点,Q 点之后重新出现平滑区域。

平衡曲面 M 在控制平面 m 上的投影簇是一种拓扑变换或映射,可用图 5-15 表示。其中平衡曲面折叠部分在控制平面的投影部分我们称之为分支集。确定折叠边的线叫折叠曲线,它在控制平面上投影正分支集的边缘,称为分支曲线。当 a、b 处于该分支集内的时候,曲面有三层。也就是说,对于每一对 a、b 值而言,都对应三个值。从数学上可以证明,当求势函数 $\frac{1}{4}x^4 - ax - \frac{1}{2}bx^2$ 的极小值时,令其导数为零,解方程 $x^3 - a - bx = 0$,可得三个实根。由于三个实根中只有两个是势函数的极小值,因而折叠区的中叶是不稳定的。也就是说,在分支集内,具体研究对象行为状态是不稳定的,或者说行为状态出现了"分支"。

尖顶突变并不是七种初等突变中最简单的一种。最简单，也是最容易分析的是折叠型突变。它的控制变量和状态变量都各只有一个，其势函数是 $\frac{1}{3}x^3 - ax$。平衡曲面方程式是 $x^2 - a = 0$。它的几何形状是一条抛物线形。其如图 5-16 所示。

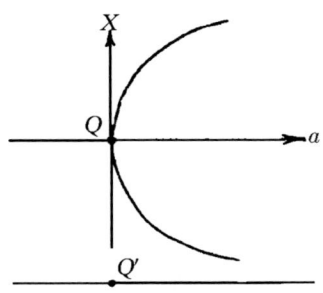

图 5-16　平衡曲面的抛物线形

图中的 Q 是折迭型突变的折迭点，它在控制轴上的投影也是一个点，即 Q'。折叠点上面的是结构稳定部分，下面是结构不稳定部分。燕尾型突变的状态变量只有一个，而控制变量却有三个。其势函数是 $\frac{1}{5}x^5 - ax - \frac{1}{2}bx^2 - \frac{1}{3}cx^3$，平衡曲面方程式是 $x^4 - a - bx - cx^2 = 0$。因为它的状态空间是四维的，我们无法在欧几里得空间直接画出其平衡曲面 M，只能画出它在三维空间中的投影簇。其如图 5-17 所示。由于该图的几何形状与燕尾相似，法国数学家贝纳德·毛林建议将其命名为燕尾型。

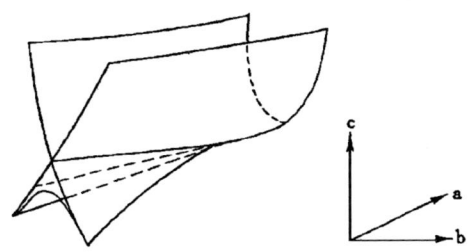

图 5-17　燕尾型突变的几何形状

蝴蝶型的状态变量是一个，控制变量为四个。其势函数为：

$$\frac{1}{5}x^5 - ax - \frac{1}{2}bx^2 - \frac{1}{3}cx^3 - \frac{1}{4}dx^4$$

平衡曲面方程式为：

$$x^5 - a - bx - cx^2 - dx^3 = 0。$$

蝴蝶型突变是一种五维突变,因而更无法直观地在三维空间画出其平衡曲面 M,只能还用投影的方法来解决,考虑到控制空间是四维的,我们不能直接画出分支集,必须进行降维处理。具体的办法是先把两个控制变量固定下来,仅考虑在另外两个控制变量影响下的情况,而这已足以说明蝴蝶突变的基本特征了。

经过上述处理,我们可以得到蝴蝶突变的几何形状(如图 5-18 所示)。这个图形乍看很像我们前面讲过的尖顶型突变的几何形状,其实在折叠区较之尖顶型突变多出来了一叶,故其投形酷似一只蝴蝶,蝴蝶型突变也因此而得名。

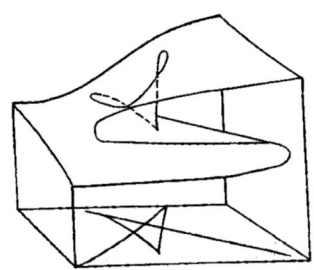

图 5-18　蝴蝶型突变的几何形状

五维突变的情形还有两种,一是双曲脐点型突变,二是椭圆型突变。前者的势函数为：

$$x^3 - y^3 + ax + by + cxy$$

平衡曲面方程式为：

$$3x^2 + c + cy = 0$$
$$3y^2 + b + cx = 0$$

后者的势函数为：

$$x^3 - xy^2 - ax + by + c(x^2 + y^2)$$

平衡曲面方程式为：

$$3x^2+a+2cy=0$$
$$-2xy+b+cx=0$$

虽然这两种突变的状态空间是五维的,但控制参量是三维的,故其投影簇还是比较容易画出的,具体图形如图 5-19 所示。

图 5-19 双曲脐点型突变与椭圆形突变的几何形状

最后一种初等突变模型是抛物脐点型突变,它有两个状态变量和四个控制变量,其状态空间是六维的,控制参数空间是四维的。它的势函数是:

$$x^2y+y^4+ax+by+cx^2+dy^2,$$

平衡曲面方程式是:

$$2xy+a+2cx=0$$
$$x^2+4y^3+b+2dy=0$$

我们用投影的方法可以画出它在三维空间中的形状,如图 5-20 所示。

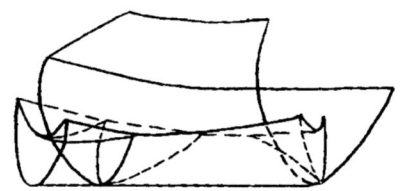

图 5-20 抛物脐点型突变的几何形状

5. 尖顶型突变模型的应用

在七种初等突变模型中,应用最广泛的当首推尖顶型突变。对突变理论的创立做出重要贡献的英国数学家齐曼曾用它来解释狗的进攻与退却行为。一般来说,狗的进攻行为是受发怒和恐惧这两个互相矛盾的因素或倾向所制约的。当只考虑其中的某个因素出现进攻时的情况时,狗的反应比较容易预测。比如,当狗只发怒而不恐惧时,发动攻击的概率将很高,反之,当狗受到惊吓而未发怒,逃跑的概率将很高。这种情形如果用一个连续变化的模型来预测,显然狗的行为处于一个光滑的斜面上。其如图 5-21 所示。

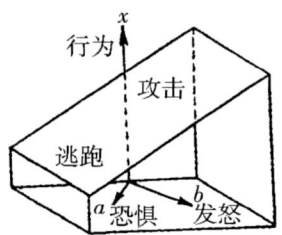

图 5-21　狗的行为模型

但客观上往往有这样的情况,当一条狗受到威胁刺激时,会同时又恐惧又发怒,如果用图 5-21 来解释这种现象时,结论只能是两种刺激效果互相抵消,狗处于中间状态,既不进攻又不逃跑。而实际情况并非如此,狗在外界威刺激下,出现两种极端行为的概率都很高,但独独不可能保持中间状态——在外界威胁刺激下无动于衷。显然,图 5-21 无法预测当 a、b 同时增大时 x 的真实状态。

有意思的是,尖顶突变模型能够预测在上述情况下狗可能选择的行为,并且预测结果能较好地符合实际情况。尖顶突变模型的具体描述可通过图 5-22 来说明。

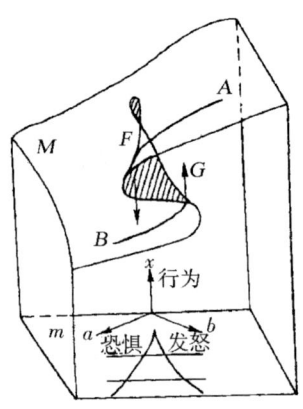

图 5-22　尖顶突变模型

在图 5-22 的行为曲面 M 上，顶叶和底叶上的所有点表示狗的最大可能行为，中间叶表示最小可能行为。在控制平面 m 上，x 轴表示狗的行为，a 轴表示怒惧程度，b 轴表示发怒程度。狗的情绪状态可以根据狗面部器官的表情变化来度量。一只狗的发怒和其张嘴、露齿、竖耳前倾的程度有关，恐惧程度可以从它的耳朵向后方倾斜的多少来反映。其如图 5-23 所示。

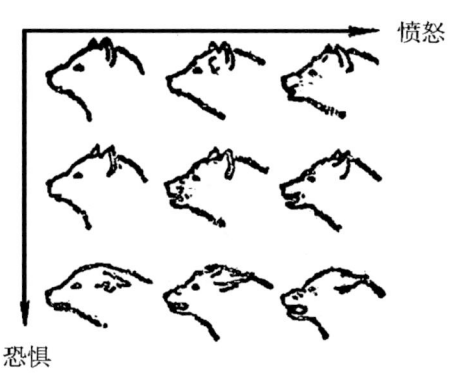

图 5-23　狗的发怒与恐惧

显然，根据狗的情绪状态，每一对 a、b 都对应一个行为值 x。如果在外界或胁刺激下，狗的恐惧因子较低，发怒程度较高，在行为曲面上可以标出一个光滑向上改变的行为方向 $F \to A$，狗呈攻击态势。当发怒达到极值，狗便会采取攻击行为。如果狗的恐惧程度增大，发怒程度有所降低时，表示行为的点将光滑地沿 $A \to F$ 方向移动。但因为行为曲面在这一区域是平滑的，因而行为变化很轻微，狗仍保持着进攻态势。

当恐惧因子不断增大，使之达到以上相当的程度时，最后的行为点必然达到折叠区的边缘 F 点。这时狗又恐惧又发怒，其行为处于既可能攻击也可以逃跑的双重状态，即不稳定态。如果再稍微增加一点点恐惧，行为状态将离开折叠曲面的顶叶，突然跌落到底叶，突变随之发生，狗会放弃攻击而迅速逃跑。从而达到了退缩的稳定态。人们常把这种突变称为逃跑突变，同样，随着狗发怒程度的增加，行为点将沿 $B \to G$ 方向运动，当发怒达到一定程度时，行为点将在底叶消失，然后突跳到顶叶，这时狗将不再畏惧而蹦跳咆哮着发动进攻，达到一个进攻的稳定态。

这种突变通常称为进攻突变。

用一个有折叠的平衡曲面既可以描述狗的行为,也可以描述自然界的许多变化过程。让我们再用尖顶型突变模型来分析一个水的相变过程的例子。

我们知道,水在一定的温度压力条件下,即可以经过沸腾突变到气态,也可以经过冷凝突变到液态。水的这一气液相变过程,可以用图5-24来描述。

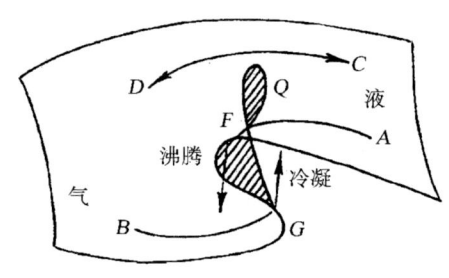

图5-24 气液相变过程

在常压(一个大气压)条件下,随着温度的升高,水将由高密度的液态逐渐向低密度的液态转化,在行为曲面上呈现出 $A \to F$ 的光滑的变化方向,在温度达到100℃之前,虽然水的密度有所降低,但还保持着液体状态。当温度无限地接近100℃时,行为点将运动到折叠的边缘,这时,只要再稍稍增加一点温度,行为点就会在顶叶突然消失,跌落到底叶。这时水的密度值一下子变化到气态区域,这就是水的沸腾和气化。同样,在温度降低的条件下,气体逐渐由低密度气态向高密度气态转化,在行为曲面上呈现出 $B \to G$ 的光滑变化方向。当温度无限接近0℃时,行为点将运动到折叠的边缘,这时,温度只要再稍稍降低一点,行为点就会在底叶消失,然后突跳到顶叶。这时气体将冷凝转化为液体。

利用尖顶型突变模型,不但可以描述自然界的演化行为,在社会领域中也有许多应用。近年来,国内外许多学者运用尖顶型突变模型分析经济行为、政治行为、军事行为等,都取得了可喜的成果。

其他几种突变模型在实际中也都有不同程度的应用。比如,近年来曾有人用折叠型突变和燕尾型突变来讨论几何光学中的一些问题,在解释彩虹的形状等一系列奇妙的光学现象上取得了很大的成功。再比如，对突变理论的创立曾做出重要贡献的英国数学家齐曼和心理医疗学家共同运用燕尾型突变和蝴蝶型突变分析，研究并治疗神经性厌食症，也取得了一定的成果。此外，利用蝴蝶型突变等突变模型说明自然界中三态之间互相转化的现象，也有其独特的优越性。

托姆认为，突变理论的应用可以按其应用对象的不同而划分为两类：第一类叫"硬"应用，主要指的是将突变理论应用于一些精密科学如物理学、力学等。这一类的应用"只要方法得当，在原则上就总能进行精确的定量计算，从而保证模型具有预测能力"[1]。第二类应用托姆称之为"软"应用，这一类应用主要限于对生物学、社会科学等领域做出一般的解释性预测。由于对象的特殊性所致，目前要对这一类不精密科学中的问题做出定量的预测困难还很多。

四、突变理论与方向管理的关系

如前所述，所谓的方向管理，就是基于系统内外环境条件的变化，通过对系统从一稳态向另一稳态跃迁的非线性发展趋势的分析，在临界点处确定系统未来发展的方向，从而对系统长期演化向更加有序方向的发展进行动态把控的一种管理方法。方向管理在关注系统长期行为非线性变化趋势的同时，尤其重视在微涨落放大为巨涨落的触发下，系统在临界点突变时的演化状态。方向管理正是通过对演化系统不断从一稳态向另一稳态跃迁的过程控制，支持演化系统长期朝着更加有序的方向发展。

而突变理论研究的正是系统从一稳态向另一稳态跃迁时，系统在临界点突变时的演化状态。突变理论基于结构稳定性的分析，牢牢抓住状态变量与控制变量对系统演化的影响作用，突破时空的限制，总结出了当一个系统的状态变量不超过两个，控制变量不超过 4 个时，突变的 7 种

---

[1] 托姆：《突变论：思想和应用》，周仲良译，上海译文出版社，1989，第 154 页。

基本类型。

　　托姆所做的这项工作非常重要。正如托姆所说:"科学的最终目标并不是单纯累积一些杂乱的无章的经验数据,而是要将这些数据整理成多少有点条理的结构,借此即可对科学分类和解释,为此,我们对事物生成的方法在事先应有所设想,也就是需要模型。"[①]托姆认为,具体的实验只能适用于某一个特定的专门范围,而"一般模型"则具有普遍的意义。托姆给出了突变7种基本类型的精确数学模型。

　　更让人啧啧称奇的是,托姆不仅把7种突变形式用一组多项式完成数学的表达,而且通过降维处理,绘制分支集的图形等方法,给出了每一种突变形式直观的几何图形。这是非常了不起的贡献。因为对于我们这些生活在三维世界中的人类,只有欧几里得空间的几何图形才有直观性,才便于理解,对于四维乃至多维空间的几何图形,我们很难建立一个直观的形象认识。而把一个特定的数学问题转化为一个图形,思想就更容易整体把握问题,并且能创造性地思索问题的解法。托姆超乎我们想象地做到了,而且做得如此完美。

　　托姆创立突变论所做的这些工作对方向管理的研究具有极其重要的意义。因为方向管理研究的核心内容就在于如何保证演化系统不断向着更加有序的方向发展。而演化系统在临界点处系统要素的协同和内外环境影响下的涨落以及演化系统在临界点处的状态控制等,就成为方向管理研究中判断、选择的基础。而突变理论恰好为我们提供了一整套与此相关的研究方法。

[①]　托姆:《突变论:思想和应用》,周仲良译,上海译文出版社,1989,第14页。

第六章 混沌理论与方向管理

一、混沌理论的创立

1. "混沌"的由来

混沌又称"浑沌",英文为 Chaos,意为混乱、无秩序的状态。混沌在中西方宇宙论中,指的都是宇宙未形成之前的原始虚无状态。人类早期对于宇宙起源的认识从某种意义上就是对混沌的认识,他们主张宇宙是由混沌开始,逐渐形成现今变化万端且有序运行的大千世界。

在中国上古时代的神话传说中,宇宙是从盘古开天地起始的。三国时期吴国太常卿徐整著的《三五历纪》述说:"天地浑沌如鸡子,盘古生其中。万八千岁,天地开辟,阳清为天,阴浊为地。"在中国古人的想象中,最早的世界天地不分,混沌一片,混沌中的运动处于无序状态。阴阳五行学说进一步认为混沌生阴阳,阴阳生五行,五行生万物。

《圣经》创世纪中的"起初,神创造天地。地是空虚混沌,渊面黑暗"也是关于宇宙早期存在状态的描述,但没有中国神话传说中描述得具体形象。恩格斯对宇宙早期处于混沌状态持相同的观点,他认为:"世界在本质上是某种从混沌中产生出来的东西,是某种发展起来的东西、某种逐渐生成的东西。"①

1977 年,世界著名的美国理论物理学家史蒂文·温伯格出版了《最

---

① 恩格斯:《自然辩证法》,人民出版社,1984,第 10 页。

初三分钟——关于宇宙起源的现代观点》。温伯格在书中向公众详细地描述了宇宙诞生初期,大爆炸后短时间内所发生的宇宙演化的过程。该书被公认为科普读物的里程碑,曾被评为"改变世界的 25 本科普书"之一。温伯格认为,宇宙早期大爆炸首先形成的是无边无际弥漫、混沌的星云,而后在冷却、聚集的过程中才形成了现在宇宙的模样。

1988 年,英国著名物理学家斯蒂芬·霍金出版了一本科普名著《时间简史:从大爆炸到黑洞》;2010 年 9 月,霍金与美国物理学家姆罗迪诺又合作出版了这本书的续集《伟大设计》。这两本书都明确提出"宇宙在混沌中产生"。霍金对宇宙起源的描述和温伯格的描述基本是一致的,他们都从科学上认同了宇宙来自混沌的假说。

我们这里只是讲述了历史上混沌概念的由来。而上述所有关于混沌的表述及其认识的层面,就系统演化的无序→有序→混沌而言,都只是停留在系统演化的第一个发展阶段,他们理解的"混沌"其实就等同于"无序"。而洛伦兹混沌理论中的"混沌"显然处于系统演化的第二个发展阶段,表征的是更高级的有序叠加,是对"混沌"认识的否定之否定,是相关认识水平上的一种进步。

2. 洛伦兹与混沌理论的创立

混沌理论是研究系统如何从无序到有序,再从有序到混沌(高级有序叠加)的一种系统演化理论,主要研究确定性系统中出现的内随机过程形成的途径和机制,描述的是演化系统存在的状态。

混沌理论的创立者是美国著名数学与气象学家洛伦兹。

洛伦兹 1917 年 5 月 23 日出生在美国康涅狄格州的哈特福德。1940 年毕业于哈佛大学,并获得数学专业学位。1943 年获麻省理工学院理科硕士学位。1948 年,进入麻省理工学院任教,从事气象学领域研究。1963 年提出"混沌理论",1975 年他成为美国国家科学院院士。

洛伦兹由于在科学上的重大贡献,1969 年获美国气象学会罗斯比研究奖章,1973 年获西蒙斯纪念金奖,1983 年获得瑞典皇家科学院颁发的克拉福德奖,这一奖项主要授予研究领域不在诺贝尔奖授奖范围内而确有突出成就的科学家。洛伦兹1987年退休,2008年4月16日因为癌症在马萨诸塞州的家中去世,享年90岁。

要想了解作为数学家和气象学家的洛伦兹为什么会关注混沌现象以及创立混沌理论的过程,需要首先从天气预报说起。

用21世纪的观点来看天气预报,所谓天气预报指的是用科学技术方法(气象学、物理学、化学、统计学、卫星观察等),对未来地球整体或某一区域、某一地点大气层的状况进行定性或定量预测的一门科学。

天气预报的早期,天文观测和天气预报是不分家的,古代先民通过对天象和天气的观测,总结出天象运行的规律性及其对天气的影响,做出未来天气变化的预报,从而安排相关的人类活动(如占卜祭祀、农业生产、军事战争、迁徙出行等)。早在3000多年前出现的中国甲骨文中,就有了关于天象与天气实况观测的记载,包括日月星辰、风云雷电、雨雪霜露、虹霞冕晕的观测等。春秋战国时期,古人就定出仲春、仲夏、仲秋和仲冬等四个节气,至秦汉年间,天象观测和天气预报就已经达到了很高的水平。

西方国家古代的天气预报水平同样非常了不起。特别需要指出的是,西方不仅有天气的观察和经验的描述,而且形成了系统的理论。比如,早在公元前300多年,亚里士多德就写下了世界上最早的气象学专著《气象通论》。亚里士多德把天空分成了上下两个部分:月球轨道以外的范围,他称为天域,月球轨道以内到地面的范围,他称为地域。前者是天文学的观测和研究范围,后者中发生的大气现象属于气象学的研究对象。

亚里士多德在书中不仅描述了冕、晕、虹、电等观察到的光象,还阐述了风、云、雨、雹的形成,以及气候变化的成因等。譬如他认为,干暖的发散物即构成风,湿冷的发散物构成水汽,空气是水汽和风的媒介物,云、雨、雪、霜、露都是由于空气温度的变化而形成的。亚里士多德的气象学观点影响西方气象学理论长达2000年之久。直到17世纪末以前,西方所有关于气象学的研究都没能脱离亚里士多德气象学研究的范围。

尽管天气预报对人类的活动有着非常重要的作用,但由于种种原

方向管理论

因,天气预报存在一定误差是不可避免的。所以从古至今,人们不仅希望有天气预报,而且希望把天气预报的误差降到最低。人们不仅希望有准确的天气预报,而且希望预报覆盖的时间尽可能长。

洛伦兹作为气象学家,当然知道人类对天气预报的期望,在实际的预报实践中,开始也的确把精度更高及时间更长作为天气预报追求的目标。但洛伦兹很快注意到,这种对预报精度的追求和对预报时间长度的追求是有限度的,当将天气预报的精度或预报时间的长度提高到某一阈值,长期且准确的天气预报将成为不可能实现的目标。

洛伦兹的这一认识首先来自他1960年为天气预报所做的一个仿真的天气模型,他通过计算发现了嵌入在天气预报模型中的随机性。

20世纪60年代的计算机水平和今天的计算机水平相比,不可同日而语。洛伦兹办公室的那台"皇家麦克比计算机由一大堆导线和真空管装配而成,不雅观地占据了办公室一角之地。计算机发出刺耳的、令人烦躁不安的声响,而且几乎每星期都要出毛病。如果用它来模拟真实的大气和海洋,可以说,既缺少速度,又缺少记忆"①。但让人不可思议的是,洛伦兹正是使用这一今天来看近乎古董的计算机,完成了天气预报大数据的处理。天气模型仿真计算的结果,坚实的拓扑学基础,加上天才的奇思妙想,让洛伦兹创造了令世人震惊的伟大成就。

很多伟大的成就都来自一个偶然的发现,洛伦兹也不例外。有这么一天,洛伦兹如往常一样,启动了计算机做天气预报的仿真计算。只不过为了加快进度,他这次选择了捷径。他首先为了节约时间,把前面的有些结果,直接作为下一步计算的初始条件输入。再然后他为了节约空间,改变四舍五入的小数点,原来存储的是六位小数点,洛伦兹只显示三位。一切就绪之后,为了暂时躲避一下计算机发出的噪声,他离开办公室去喝了一杯咖啡。

当洛伦兹回到办公室检查打印结果时,他大吃一惊,计算机里显示

---

① 詹姆斯·格莱克:《混沌学——一门新科学》,张彦等译,社会科学文献出版社,1991,第3页。

的结果完全出乎他的意料。洛伦兹离开办公室前,亲自复制了数字计算机的资料,前面的结果没有误差,程序也没有改变,按照常理,新的曲线应该和前一次的曲线精确重合。但当他注视打印的输出时,发现模型中天气变化的情况迅速偏离上次的曲线,一切外表上的类似都消失得干干净净。他起初认为是计算机又出现了毛病,但检查发现计算机没有问题。

乔尔·利维曾非常形象地把这件事描述为:"他两次运行同一个模拟程序,最初的参数都一样,他却得到了两个完全不同的结果。这就好像是计算两次 2+2 却得到了两个不同的答案。"①这一结果让洛伦兹陷入沉思。明明数字复制没有问题,为什么会出现如此的异常?他仔细回想了整个计算过程,唯一的改变就是"四舍五入后的数字,并假定这个万分之几的差别是无关紧要的"②。洛伦兹"决定更仔细地考察初始条件几乎完全相同的两个天气究竟是怎样分离的。他先用透明纸将一条输出曲线描下来,然后蒙在另一条输出曲线上,以考察两者的分歧。起先,两峰精确重合,然后,其中一条线开始拉后一点点。等两条路线都到达下一个峰值时,它们明显不同了。而到了第三、第四个峰值,一切类似性都丧失殆尽"③。

思索良久,洛伦兹灵感乍现,突然产生了一个奇特的想法,也就是我们后来所知道的微涨落导致巨涨落所引起的"蝴蝶效应"。进一步的研究让洛伦兹很快发现,类似的情况不仅出现在天气预报中,而且是自然界中的一个普遍现象。很多系统的运动状态在经过某种规律性的变化之后,由于内外随机因素的影响,随后的发展都会出现宏观上的失序,呈现出看似无序的混沌状态。

---

① 乔尔·利维:《奇妙数学史:从早期的数学概念到混沌理论》,崔涵、丁亚琼译,人民邮电出版社,2016,第 182 页。
② 詹姆斯·格莱克:《混沌学——一门新科学》,张彦等译,社会科学文献出版社,1991,第 8 页。
③ 詹姆斯·格莱克:《混沌学——一门新科学》,张彦等译,社会科学文献出版社,1991,第 8 页。

譬如，物理学中一个能够产生往复摆动的理想单摆（如图6-1所示），由一个小球和一个质量不计的细绳（或细杆）组成，绳的一头连接小球，另一头固定不动。我们令小球的质量为 m，重力加速度为 g，重力大小为 mg，绳长为 L，受绳的拉力大小为 T。

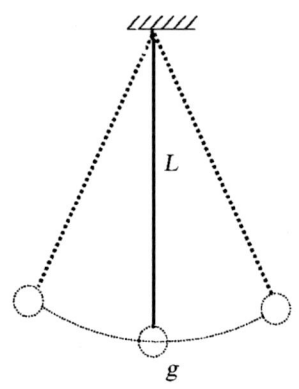

图6-1 理想单摆

从单摆的受力分析可知，单摆的回复力是重力沿圆弧切线方向并且指向平衡位置的分力，偏角越大，回复力越大，加速度越大，在相等时间内走过的弧长也越大。在非常小的振幅（角度）下，单摆周期与振幅和摆球质量无关，只与摆长 L 和重力加速度 g 有关。

研究可知，单摆运动的近似周期公式为：

$$T = 2\pi \sqrt{\frac{L}{g}}$$

但是，当我们将单摆运动输入计算机做仿真计算，在无阻尼条件下让单摆运动的持续时间和摆动次数提高到某一个阈值时，竟然发现单摆运动不再遵循类似于周期公式显示的运动规律性，单摆运动进入紊乱状态。

再譬如关于"三体问题"的研究。

所谓三体问题，指的是三个质量、初始位置和初始速度都是任意的可视为质点的天体，在相互之间万有引力的作用下的运动规律问题。三体问题最早是"N体问题"（N大于2），提出者是17世纪万有引力定律的发现者牛顿。可以想象，当牛顿仰望星空、思考太阳系内众多行星是如何相互作用时,他自然而然就会想到 N 体问题。但牛顿很快发现,一旦 N 超过 2,问题就会变得极其复杂,以至于牛顿曾悲观表示:"如果我没算错,同时考虑所有运动的起因,并根据精确的规律定义这些运动,是人类的智力所不能胜任的。"

从 1885 年到 1890 年,著名科学家庞加莱也曾尝试解决 N 体问题,他的思路是将一般问题特殊化,把 N 体问题首先简化为三体问题。庞加莱在研究三体问题的过程中,的确提出过一些有价值的想法,但并没有真正解决三体问题。1990 年召开的世界数学大会上,伟大的数学家希尔伯特在他著名的演讲中,曾提出了当时公认的 23 个困难的数学问题,希尔伯特特别举了其中两个最典型的例子,第一个是费马大定理,第二个就是三体问题。

庞加莱虽然没有真正解决三体问题,但他通过严格的方式证明,三体问题很可能是无解的。他认为无解的其中一个很重要的原因就在于,三体问题方程对初始值过于敏感,计算过程中,即便是初始值误差控制得再小,在一步一步地推算时,也会指数式放大这个误差。换言之,在 N 体问题中,至少到目前为止,人类无法用某个特定的公式表示出物体运动的精确轨迹,因为初始条件微小的差异,就会让推算出的结果迥然不同,从而得到的系统结构完全不同。后来的数学家和物理学家把这个现象称为混沌。

显然,无论是天气预报中出现的类似性丧失殆尽,还是单摆中出现的宏观紊乱状态,还是三体问题引出的混沌现象,都可以让问题聚焦到一点,即系统变化的非线性及涨落的放大效应在其中起到了关键性的作用。

但如果洛伦兹的思维仅仅停顿在了诸如"蝴蝶效应"之类的表观层面,那不过就是发现了可预测性让位于纯粹偶然性的一些现象,但结果不是这样。洛伦兹作为一个气象学家和拓扑学家,他不仅看到了嵌在他天气模型中的随机性,而且看到了现象背后精细的几何结构,看到了隐藏在随机性背后的秩序。天气预报模型带来的偶然发现,以及由此而将研究的视野从个别扩大到一般,成了洛伦兹创立混沌理论的契机。

二、混沌理论的基本内容

1. 蝴蝶效应——对初值的敏感依赖性

在这个世界上,很多人可能不知道什么是"对初值的敏感依赖性",也可能不知道什么是混沌理论,但几乎无人不知"蝴蝶效应"。尽管这一乍看很不可思议的比喻提出已经有半个多世纪,但如今走入世界各地街头巷尾的人群聚集处,仍有可能会听到人们在津津乐道:"南半球一只蝴蝶扇扇翅膀,就会在北半球引起一场暴风雪。"而很多人不知道的是,如此耐人寻味的蝴蝶效应正源自混沌理论中的"对初值的敏感依赖性"。

对初值的敏感依赖性及其蝴蝶效应的比喻,因其不可思议引起了一般老百姓的好奇,也因其思想深刻在理论界引起广泛重视。蝴蝶效应不仅陈述了一个客观的事实,而且颠覆了人类几千年固有的一种传统观念——决定论。

决定论认为,世间的一切事物都是有因果联系的,自然界和人类社会普遍存在不以人的意志为转移的客观规律,自然界和人类社会的运动和发展被这些客观规律所决定,人们只能遵守这些规律,利用这些规律,而不能违背这些规律。如果找不到这些规律,那一定是人类智力的限制或尚未发现,而不是并不存在,而发现这些规律是早晚的事,只是需要时间和机会。

在决定论者看来,客观规律不仅有,而且都应该清晰明了,他们无法想象更无法接受似是而非的规律,因为这会造成逻辑混乱,陷入认识的泥淖。在决定论者看来,一个确定性系统即动力学的系统,完全可以用常微分方程、偏微分方程、差分方程,甚至可以用简单代数迭代方程来描述。

非决定论总体上持相反的观点。

决定论与非决定论的争论由来已久,但在整个人类古代时期,无论中外,决定论都处于绝对的统治地位,决定论的思维方式对人类来说就是一种常识。古代人们仰观天象、俯察地理,根据星象变化、万物轮回的规律,来安排人类的生产、生活,解释人类的命运,而这一切都是基于决定论的信仰。

牛顿力学运动定律和万有引力定律的出现为决定论的信仰穿上了科学的外衣,将决定论推到了至高无上的地位。牛顿力学的巨大成功给了人们一种错觉:小至苹果从树上落下,大到日月星辰在太空运行,世界已经无一遗漏地清晰展现在人们的面前,这个世界已经没有什么是人类不能认识、不能掌握的,人们甚至已经开始用力学运动的规律,来解释世间出现的万事万物。从18世纪法国的启蒙思想家、哲学家狄德罗所说的人是遵从力学原理的机械,到近代人们口中常说的生产力、生命力、意志力、统治力等,无不受此影响。

在近代决定论几乎被神化的过程中,拉普拉斯(Laplace)功不可没。

拉普拉斯是法国著名的数学家和天文学家。他于1749年3月23日出生于法国西北部诺曼底的博蒙,从青年时期就显示出卓越的数学才华,受到达朗贝尔的青睐。以他的名字命名的拉普拉斯变换、拉普拉斯定理和拉普拉斯方程在科学技术的各个领域有着广泛的应用,影响深远。拉普拉斯在1773年根据拉普拉斯定理,用数学方法证明了行星平均运动的不变性,并开始了太阳系稳定性问题的研究。这一年拉普拉斯刚到24岁。

1796年,拉普拉斯出版了他一生中最重要的著作之一的《宇宙体系论》,书中提出了对后世有重大影响的关于太阳系起源的星云假说。其实,早在1755年,德国哲学家康德在他的《自然通史和天体理论》一书中,就根据万有引力定律提出了星云假说。拉普拉斯的星云假说与康德的星云假说有所不同,康德的星云说主要是从哲学角度提出的,而拉普拉斯则从数学、力学角度充实了星云说。因此,后人常常把他们两人的星云说并称为"康德-拉普拉斯星云说"。

1799-1825年,拉普拉斯出版了经典天体力学的代表作《天体力学》,书中首次提出天体力学的概念。这部书共包括5卷16册,从1799年出版第一卷,直到1825年最终完成。拉普拉斯因此而被公认为世界天体力学的奠基人,并被尊称为天体力学之父。拉普拉斯由于在数学、力学、天文学上的巨大贡献,1816年当选为法兰西学院院士,被誉为法国的牛顿。

拉普拉斯是牛顿"机械决定论"的坚定支持者。为了彰显决定论的正确性,1814年,拉普拉斯提出了一个著名的科学假想——"拉普拉斯妖"。拉普拉斯假设此"妖"对整个宇宙中的每个原子的位置和动量都了如指掌,能够用牛顿力学来描述宇宙的过去和未来。

法国曾经流传过拉普拉斯维护决定论的一个小故事,说的是1796年,拉普拉斯把刚刚写好的《宇宙体系论》初稿给当时法兰西的皇帝拿破仑看。拿破仑看后问拉普拉斯说:"为什么这本书里面一次都没有提到上帝呢?"拉普拉斯回答说:"陛下,因为宇宙的秩序不是上帝安排的。"

这个故事的真假如今已无法求证,但在18世纪欧洲神权依然至高无上的年代,拉普拉斯敢于蔑视上帝,认为宇宙秩序高度确定,宇宙的运动变化只遵循物理定律,是需要有巨大勇气的,而这一切源自他对决定论的信仰。拉普拉斯认为,宇宙间的万事万物的变化规律都是确定的,我们观察到的所谓偶然性或不确定性,都是我们无知所导致的,是不真实的。

由于拉普拉斯在科学界的崇高地位,由于拉普拉斯在世界范围内的巨大影响,由于拉普拉斯对决定论的无比笃信,以至于后人甚至把决定论就称为拉普拉斯决定论或拉普拉斯信条。在拉普拉斯以及决定论者看来,微积分和牛顿力学等一系列科学成果的出现让科学家已经能够洞察世界上的一切秘密。他们甚至不无得意地说,未来的孩子们,在科学上已经没有什么重要的事情可做,他们如果还想干点什么,充其量就是在小数点后增加几位有效数字而已。

但是,科学随后的发展沉重打击了决定论者的信心。

大约在19世纪末20世纪初,科学家发现越来越多非常奇怪的现象:明明对现象的归纳已经总结出了规律,明明已经推导出清晰明了的数学表达,但系统未来的行为却无法根据规律和计算加以预测,因为事物根本不按照所谓的"规律"运行,规律无法决定事物的变化。从归根结底的层面看，人们只能大致判断事物变化所可能出现的概率，而无法得出准确变化的结果。

这样的问题首先集中出现在量子力学中。

1900年的4月27日，著名科学家开尔文曾经有一次著名的演讲，题目为"在热和光动力理论上空的19世纪乌云"。开尔文在充分肯定19世纪科学所取得的伟大成就的同时，也指出了存在的一些问题，他告诉与会的人们："动力学理论断言，热和光都是运动的方式。但现在这一理论的优美性和明晰性却被两朵乌云遮蔽，显得黯然失色。"①这段话被后人用浪漫的文学表达方式，轻描淡写地形容为："在晴朗的物理学天空的远处，飘来两朵小小的乌云。"

这两朵小小的乌云，一朵是迈克尔逊—莫雷实验的零结果所证明的以太不存在，另一朵是维恩公式与瑞利—金斯公式对黑体辐射实验解释引发的"紫外灾难"。人们万万没有想到，正是这两朵小小的乌云，最终竟酝酿出了一场惊心动魄的暴风雨，摧毁了物理学家心中那座壮美无比的经典物理学大厦。

但是，恰如凤凰涅槃，在这场暴风雨的洗礼下，物理学浴火重生，诞生了两项对未来物理学发展产生革命性影响的伟大成果：第一朵乌云导致了相对论的产生，第二朵乌云导致了量子力学的出现。而相对论和量子力学的发展直接催生了混沌理论的诞生。

相对论、量子力学、混沌理论的出现彻底改变了人们对决定论的传统认识，正如格莱克书中所说："相对论粉碎了牛顿学说绝对空间和绝对时间的错觉，量子力学粉碎了牛顿学说测量过程可控的幻象，而混沌学粉碎了拉普拉斯决定论预测的梦想。"②而其中，量子力学关于不确定性的一系列离经叛道的观点给决定论带来了前所未有的冲击和震撼，对加速动摇决定论的基础起到了关键作用。

---

① 曹天元：《上帝掷骰子吗？：量子物理史话》，北京联合出版公司，2019，第39页。
② 詹姆斯·格莱克：《混沌学——一门新科学》，张彦等译，社会科学文献出版社，1991，序言Ⅵ。

量子力学发端于19世纪末。1895年伦琴X射线的发现和1896年贝克勒尔铀元素放射现象的发现拉开了物理学革命的大幕,紫外灾难则成了物理学革命爆发的导火索。而点燃这根导火索并直接导致量子力学诞生的是德国伟大的物理学家普朗克。

所谓"紫外灾难",说的是德国物理学家维恩在研究黑体辐射现象时,给出了一个辐射能量分布的公式。在短波段范围内,能量分布曲线和维恩公式很好地符合,但在长波段出现极大的偏差。维恩公式在长波段内的失效引起了英国物理学家瑞利与金斯的注意,他们两人修改完成了另一个公式,这个公式在长波段很好地符合了实验数据,世人称该公式为瑞利一金斯公式。

然而,人们很快发现,瑞利一金斯公式虽然在长波段适用,但在短波段却不仅失效,而且结论荒谬。因为按照瑞利一金斯公式的计算,黑体在短波段将释放出无穷大的能量,这显然是不可能的,黑体辐射的研究再次陷入困境。后来的奥地利物理学家艾伦费斯特给这一在短波段(紫外)出现能量无穷大的计算结果起了一个耸人听闻的名字——"紫外灾难"。

德国物理学家普朗克对紫外灾难非常关注。有一天,他突发奇想,在没有任何实验数据的支持下,采用了数学上的内插法,将维恩公式与瑞利一金斯公式拼凑在一起,生造了一个新的数学公式,让公式从计算上符合辐射能量所有波长的要求,然后把这个公式交给了德国实验物理学家鲁本斯。

鲁本斯当天晚上在对比普朗克公式和实际实验数据时惊奇发现,无论是长波段还是短波段,普朗克公式给出的数据都与实验结果完美符合。这个用内插法造出来的神奇公式就是著名的普朗克黑体公式。

第二天,鲁本斯把这个结果通知了普朗克。普朗克被惊呆了,他无法想象,一个随手拼凑出来的公式会展现出如此的结果。鲁本斯当时非常认真地告诉普朗克,这绝对不可能是一种巧合,这个数学公式的背后一定代表了某种我们目前还不知道的物理意义。

多年以后,普朗克在一封信中曾经回忆当时的情形,他说:"我知道,

第六章 混沌理论与方向管理

这个问题对于整个物理学至关重要,我也已经找到了确定能量分布的那个公式。所以,不论付出什么代价,我必须找到它在理论上的解释。而我非常清楚,经典物理学是无法解决这个问题的。"①

为什么经典物理学无法解决这个问题?因为在经典物理学中,一切事物都是连续的,能量也是连续的。而普朗克公式能够成立的非常重要的一个前提就是,必须假定能量在发射和吸收的时候,不是连续不断,而是分成一份一份的。普朗克把这每一份的能量称为"能量子",也就是如今所称的量子。

量子概念的出现是对经典物理学的革命性颠覆。

人类步入文明社会几千年以来,特别是牛顿力学出现之后的200多年以来,一切事物都是连续的,就是不言而喻的常识,这种连续性、平滑性的认识也是微积分的基础。而牛顿力学和微积分以及麦克斯韦电磁理论等都是近代最伟大的科学成果。包括普朗克在内的几乎所有物理学家,面对以决定论为基础的经典物理学大厦,他们曾经怀疑建筑结构是否有缺陷,但从未怀疑过大厦的基础有问题,更没有想到去颠覆整个大厦。但正是他们杰出的工作,宣告了经典物理学作为一个时代的结束。

从普朗克之后,阿尔伯特·爱因斯坦、尼尔斯·玻尔、埃尔文·薛定谔、马克斯·波恩、路易斯·德布罗意、恩斯特·泡利、卡尔·海森堡、恩里克·费米、保罗·狄拉克等人似乎一夜之间被魔法从地下唤出。在人类几千年文明发展的历史中,还从未有过这么短时间内集中涌现出这么多优秀科学家的现象,更从未有过这么多优秀科学家集中在同一个科学领域的现象。这批人就是科学天空中那些最耀眼的星。这不能不说是量子力学之幸,是人类命运之幸。

正是这样的一批人,为物理学重新建造了一座辉煌的大厦,为人类认识世界开启了一扇无比神奇的大门。他们用无可争辩的研究成果,证明了我们生活的这个世界是一个充满不确定性的世界。"测不准原理"

---

① 曹天元:《上帝掷骰子吗?:量子物理史话》,北京联合出版公司,2019,第54页。

讲的不是因测量的不准无法得出准确变化的结果，大自然不会给我们任何机会，让我们同时得到位置和动量的精确值，因为所谓的"准确结果"根本就不存在。对不确定性的概率解释，不是因为理论的不完备，而是恰恰相反。

量子力学的研究成果告诉我们，我们必须重新来认识决定论，因为在我们生活的这个世界上，所有的精确都是相对的，不精确是绝对的；所有的确定性都是相对的，不确定性是绝对的；所有决定论得出的结论，都只是事物"本来面目"的近似，在我们面对和生活的世界上，从来就没有所谓的本来面目。我们可以认识并掌握规律，但掌握规律不等于就能够预言未来。这一切的一切结论对决定论而言，不啻是晴天霹雳。但最终人类发现，决定论者眼中的世界不过是虚幻的世界，不确定性的世界才是客观、真实的世界。

有了对决定论这样的一些认识，我们再来讨论混沌理论中的"对初值的敏感依赖性"，再来分析"微涨落触发引起巨涨落"，再来理解"战略规划不是预测，也不是策划未来"，再来接受"长期行为不可预测"，就显然容易多了。

对初值的敏感依赖性是混沌理论中最重要的结论之一。在量子力学特别是混沌理论诞生之前，牛顿机械决定论的出现和拉普拉斯决定论的进一步加强，让决定论的思想统治了整个科学界，人们笃信这个世界上的因果联系与一一对应的线性关系。比如，一个人在某地投掷一个石子，当且仅当他从A向前移动一段距离到B，以不变的条件再一次投掷，在牛顿和拉普拉斯看来，石子落地的位置一定会从原来落在a点变到b点，而且石子落地位置的变化和投掷者位置移动的变化，必然存在一一对应的因果关系（如图6-2所示）。

洛伦兹发现情况并非如此。在某些特定的条件下，一个人投掷的位置哪怕发生极其微小的变化，都可能导致石子的落点出现巨大的变化，就如同蝴蝶效应一样。这种非线性变化让决定论者觉得不可思议。

洛伦兹为了让大家更形象记住蝴蝶效应的结论，他借用了西方早在14世纪就流传的一个小故事，这个故事曾经由本杰明·富兰克林发表在

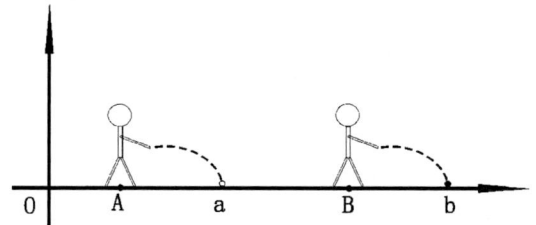

图 6-2　一一对应的位置变化

1758年的《穷理查年鉴》,洛伦兹把这个故事稍微做了一些改编。

这个故事讲的是某国家发生了战争,某人安排传令兵骑马传达作战命令,但不幸这匹马在奔跑中蹄铁上的一个钉跑掉了,结果蹄铁很快就掉了,影响到了马奔跑的稳定性,致使传令兵落马身亡,命令没有及时传达而延误了战机,导致战斗失利,这场局部战斗的失利影响巨大,不仅导致这场战争失败,最终竟导致国家灭亡。有人把这个故事用三字一句总结为这样一段顺口溜:蹄钉缺,蹄铁卸;蹄铁卸,战马蹶;战马蹶,骑士绝;骑士绝,战斗别;战斗别,国家灭。

与西方人这种稍显啰唆的丰富联想相比较,中国《汉书·司马迁传》中的"差以毫厘,谬以千里"更为精练。有人将"差以毫厘,谬以千里"说成是中国版的"蝴蝶效应",甚至从时间顺序上推出,"蝴蝶效应"研究的优先权应该归属中国人。

我个人认为,中国先贤的确非常了不起,"差以毫厘,谬以千里"与"蝴蝶效应"的比喻说明的就是同一个问题。但实事求是讲,中国古人当时并没有明确意识到起点与终点的关系,没有上升到对初值的敏感依赖性,更没有由此创立一个混沌理论,其科学价值与蝴蝶效应相比,还是有距离的。

一个系统对初值是否具有敏感性,取决于两个重要条件:

其一,系统演化必须在非线性条件下完成。狭义的非线性是指不按比例、不成直线的数量关系,而广义的非线性关系是自变量以特殊的形式变化而产生的不同于传统的映射关系。如果说线性关系描述的是系统互不相干的独立关系,那么非线性体现的是系统间相互作用的关系,正是这种相互作用,使得全部不再是简单的部分之和,系统不再是要素的简单相加。与线性关系相比,非线性关系才更接近客观事物性质本身。

其二,系统演化必须处于一稳态向另一稳态跃迁的临界点。只有当系统演化处于临界点时,在涨落的作用下,系统才有在折叠面发生尖顶型突变的可能,系统演化才能表现出对初值的敏感依赖性。

2. 内随机性

随机性(Randomness)是偶然性的一种形式,是指具有某一概率的事件集合中的各个事件所表现出来的不确定性。对于一个随机事件,我们可以通过探讨其可能出现的概率,反映该事件发生的可能性的大小,大量重复出现的随机事件则表现出统计的规律性。随机与随意不同,随机是客观的,变量遵循概率分布规律;随意是主观的,变量不遵循概率分布规律。

通常我们都把随机性产生归结为系统的外部原因,但混沌理论发现,即使没有外部原因,初始条件也是确定的,非线性系统自身也会产生随机性。这种确定性系统固有的特征被称为"内随机性"。哈肯把这种现象称为"确定性混沌"或"自发混沌",他认为混沌现象从根本上而言,是由确定性系统所产生的内随机性造成的。

洛伦兹动力学方程在描绘非线性系统的运动轨迹时发现,从几何形状上看,该轨迹具有一种奇特的形状:像一只展开了双翼的蝴蝶。在这个奇妙的蝴蝶上,确定性和随机性被有机地结合在一起:一方面,运动的轨迹必然落在"蝴蝶"上,绝不会远离它们而去,这是确定性的表现,表明系统未来的所有运动都被限制在一个明确的范围之内。另一方面,运动轨迹变化缠绕的规则却是随机性的,任何时候你都无法准确判定运动的轨迹将落在"蝴蝶"的哪一侧翅膀上的哪一点上。也就是说,这个系统运动大的范围是确定的、可预测的,但运动的细节是随机的、不可预测的,而具有这种奇怪特性的系统就是混沌系统。关于这部分的详细内容,我们将在下一小节"奇怪吸引子"中展开论述。

混沌理论发现,这种确定性系统内在的随机性与外随机性相比有根本的不同。对于外随机性来说,随着人类认识的深入,所能收集到的信息量增大时,它的随机性会不断降低。而对于内在的随机性,你就是搜集再多的信息,也不能使这种随机性降低或消失。内随机性是非线性系统的一种根本的、内在的固有性质。洛伦兹正是据此而将混沌定义为"确定性系统的内在随机性",他认为混沌的根本特性之一便是内在随机性。

学习和理解内随机性,对于我们正确认识我们所面对的客观世界、正确认识决定论与非决定论之争非常重要。爱因斯坦当初与玻尔争论30年之久的一个根本原因,就在于爱因斯坦笃信牛顿的机械决定论,不相信上帝会掷骰子。目前,战略管理学界有人不承认"长期行为不可预测"也是基于同样的原因。

殊不知,由于非线性系统内随机性地存在,系统长期行为在宏观上必然表现为不确定性。所以,方向管理理论才反复强调,对系统运动方向正确与否的把握,较之如何趋近目标的控制手段以及对目标实现程度的追求更为重要。方向管理关注的是系统发展方向的偏离与否、长期行为不确定性的表现形式、长期行为非线性变化的发展趋势以及系统在临界点突变时的演化状态。

3. 奇怪吸引子

吸引子(attractor)是一个数学概念,指的是极限的集合。所有的运动系统,不管是混沌的还是非混沌的,都以吸引子为基础,它因具有把一个系统或一个方程吸引到某一个终态或终态的某种模式而得名。

研究发现,系统在长期的演化过程中,一般会趋向于一个唯一的极限状态,如果存在多个极限点,极限状态就会变得非常复杂。比如,可以表现为维数很大(R^K)的一个流形,有很多自由度,呈现出很多的可能性,描述的方程要处理很多变量。但即便可能存在多个极限点,在耗散结构系统中,各种各样的运动模式也都会在演化中逐渐衰亡,最后只剩下少数自由度决定系统的长期行为,耗散结构系统的运动最终会趋向维数不太多的极限集合。我们把这些极限点的连通集就称为系统的吸引子。

如果 $t \to \infty$ 时系统趋向一个与时间无关的定常态,是一个不动点,我们将该不动点称为零维吸引子。例如,一个孤立的单摆运动将因不断损失能量,最后停止在一个点上,这个系统就受一个"不动点吸引子"的控制。

如果 $t \to \infty$ 时系统中只剩下一个周期振动,就可能出现极限环,我们就将该极限环称为一维吸引子。极限环通常是由不动点发展而来的,只有二维以上的相空间中,才可能出现极限环。

二维以上的吸引子表现为相空间中相应维数的环面,所以,我们又将表现为环面的吸引子称为二维吸引子。

在混沌理论中,我们把不动点称为的零维吸引子、极限环称为的一维吸引子、环面称为的二维吸引子等这样的一些吸引子,统统称为普通吸引子或平庸吸引子。平庸吸引子不动点、极限环和整数维的环面这三种模式分别对应于非混沌系统中的平衡、周期运动和概周期运动三种有序的稳定运动形态。

非线性系统在一定条件下可能具有各种维数的平庸吸引子,但高维吸引子最可能表现出来的是准周期运动,而不是周期运动。人们现在越来越清楚地认识到,准周期轨道成为平庸吸引子的可能性不大。准周期轨道运动的系统更可能出现的是与平庸吸引子行为迥异的、呈现新的几何现象的吸引子,我们称之为奇怪吸引子或奇异吸引子。

比利时物理学家大卫·罗尔(David Ruelle)曾经在巴黎的法国科学院工作。1971年,他与来访的荷兰数学家塔肯斯(Takens)共同撰写了《论湍流的本质》一文,文中首次提出了"奇怪吸引子"的概念。在罗尔看来,奇怪吸引子对应的就是混沌系统中非周期的、貌似无规律的运动形态。通过对奇怪吸引子的探索,可以搞清楚在一个混沌系统中,什么样的状态可以存在,什么样的状态不能存在。

较之平庸吸引子,奇怪吸引子很难直观理解,因为奇怪吸引子的出现与系统运动轨道的不稳定性密切相关。我们之所以说这种吸引子奇怪,是因为系统在吸引子外向吸引子靠拢时,表现为稳定状态,而一旦到达吸引子时就会出现轨道相互排斥的不稳定状态，系统在混沌区既跳不出去，又无确定轨道，系统整体稳定，局部失稳。

混沌理论所做的就是将这两种现象统一起来：一种是耗散运动最终要收缩到相空间的有限区域，一种是运动轨道局部不稳定，要沿某些方向指数分离。怎样才能在有限区域内实现指数分离呢？办法就是将相空间无穷次折叠："就像一位糕点师傅擀面片，把它叠起来，再擀，再叠，最后产生了由许多薄层组成的千层糕结构。"①这种通过相空间折叠制造出的新几何现象就是奇怪吸引子。

用糕点师制作千层糕的手法来描述相空间的折叠，不过是现象层面的形象比喻。导致相空间无穷次折叠的内在原因来自奇怪吸引子最重要的特征之一，就是我们前面讲到的对初值的敏感依赖性。由于混沌对初值极为敏感，奇怪吸引子表现为局部不稳定，才造成了轨道无穷多次地折叠往返。由于轨道无穷次地折叠，在初始时刻从这个奇怪吸引子上任何两个非常接近的点出发的两条运动轨道，最终必会以指数的形式互相分离，混沌就出现了。

奇怪吸引子具有某种膨胀起来的"双曲性"。双曲点有一个稳定方向和一个不稳定方向，如图 6-3 所示。也就是说："奇怪吸引子有内外两种方向：一切在吸引子之外的运动都向它靠拢，这是'稳定'方向，而一切到达吸引子内的轨道都互相排斥，对应不稳定的方向。"②正是这种整体趋向稳定而局部又极为不稳定的矛盾，导致出现了奇怪吸引子的另一个重要特征，即它具有非常奇特的拓扑结构和几何形式，这就是无限嵌套的自相似结构，几何维数表现为非整数的集合体。这部分内容我们将在下一小节"分形与无限嵌套的自相似结构"中详细论述。

奇怪吸引子的一个著名例子是洛伦兹吸引子，它是在研究天气预报中大气对流问题的洛伦兹模型中得到的。洛伦兹吸引子由左右两簇构

---

① 詹姆斯·格莱克：《混沌学——一门新科学》，张彦等译，社会科学文献出版社，1991，第 143 页。

② 魏宏森、宋永华等：《开创复杂性研究的新学科——系统科学纵览》，四川教育出版社，1991，第 506 页。

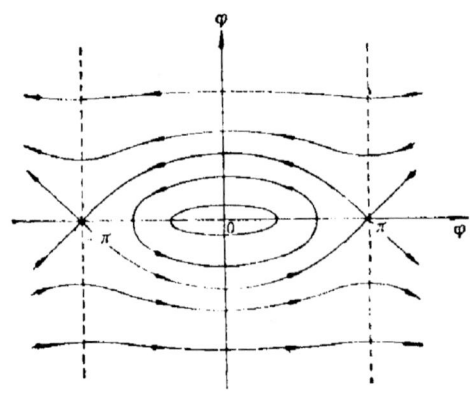

图 6-3　奇怪吸引子的双曲点

成,各自围绕一个不动点。这一双螺旋线就像美丽蝴蝶的一对翅膀,如图 6-4 所示。当运动轨道在一个簇中由外向内绕到中心附近后,就随机地跳到另一个簇的外缘继续向内绕,然后在达到中心附近后再突然跳回到原来的那一个簇的外缘,如此构成随机性地来回盘旋。"蝴蝶效应"比喻的灵感就是受到这只美丽蝴蝶的启发。

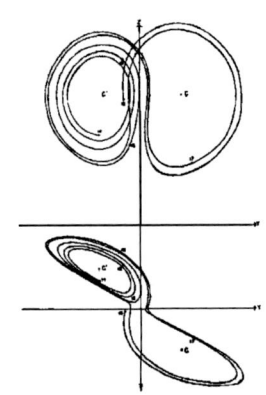

图 6-4　洛伦兹吸引子的双螺旋线

　　一个系统可能没有吸引子,也可能同时存在多个吸引子。不同吸引子可能属于同一类型,也可能属于不同类型,而且几类吸引子的各种组合都可能出现。例如,同时存在几个节点,或者同时存在不动点和极限环,或者同时存在不动点、极限环、奇怪吸引子,或者同时有几个奇怪吸引子,等等。通常系统越复杂,吸引子(如果存在的话)结构就越复杂。

　　吸引子理论是混沌学的重要组成部分,研究的是演化过程的终极状态。吸引子与混沌现象密不可分,深入了解吸引子集合的性质,对揭示出现混沌的规律与结构是很必要的。在混沌理论出现之前,我们从来不知道确定性与随机性、偶然性与必然性之间的对立统一,会以如此不确定的跳跃、盘旋形式出现。混沌理论的出现,不仅开创了自然科学研究的一个新的领域,为哲学的研究也开拓了一个新的空间。

4. 分形与无限嵌套的自相似结构

分形(fractal)这一概念在中国20世纪80年代前后有很多译名,如"分数维""分维体""断片""裂殖"等,现在大多数人都译为分形。我很赞成英国牛津大学数学教授伦纳德·史密斯曾经说过的一句话:"如果没有涉及分形,有关混沌的介绍就不能算是完整的。"[①]事实的确如此。但分形理论由于远离人们日常生活的经验,一般人非常难以理解。为了便于大多数普通读者认识分形理论,我打算首先从大家熟悉的经典几何学讲起。

早在两千多年前,古希腊人欧几里得创立了欧氏几何,也就是后人所说的经典几何学。每一个进入过中学学习的人都学习过经典几何学。

经典几何学所描绘的都是由直线或曲线、平面或曲面、平直体或曲体所构成的各种几何形状。经典几何学完成了对现实世界物体形状的高度抽象,而且是如此的完美贴合。所以,自经典几何学诞生之日起,它作为不言而喻的常识,一直是人们认识自然物体形状的有力工具。近代物理学的奠基者伽利略就坚信,大自然的语言是数学,但它的标志一定是三角形、圆和其他几何图形。

随着科学的不断发展,人们逐渐发现了经典几何学的局限性。譬如,它所描述的只是那些具有光滑性、可微性,或者至少是分段分片光滑、可微的规则形体。但实际上这类形体在自然界里只占极少数。自然界里普遍存在的几何形体大多数是不规则的、不光滑的、不可微的,甚至是不连续的,如蜿蜒起伏的山脉、曲折凸凹的海岸线、坑坑洼洼的地面

[①] 伦纳德·史密斯:《混沌理论》,徐巍译,外语教学与研究出版社,2021,第108页。

等。对于了解自然界的复杂性来讲,经典几何学是一种不充分的抽象。

"分形几何理论"的创立者、美籍法国数学家曼德尔布罗特很早就注意到了这个问题,他认为既然"云朵不是球,山峦不是锥,海岸线不是圆,树皮不光滑,闪电也不走直线",那么现实世界中这些真实的几何形象就应该有相应的新几何学来做对应的研究。

这是什么样的几何学?这种新几何学又应该叫什么?曼德尔布罗特曾经百思不得其解。有一天他在随手翻阅辞典时,注意到了拉丁文形容词 fractus,这个形容词对应的动词 frangere 有破裂、碎片之意,而英文中的 fractional 也有碎片的含义。他突然来了灵感,取拉丁文之头和英文之尾,创造了 fractal(分形)这个概念,并在 1973 年法兰西学院的一次演讲中开始使用,从此成为他创立的分形几何理论中的基本概念。曼德尔布罗特通过对不规则形体的表现和内在规律的研究,把数学研究扩展到了经典几何学无法涉足的非规则形体领域。

曼德尔布罗特之所以能够创立分形理论,和一个叫理查森的科学家有着密不可分的直接关系,甚至可以说是理查森启发了他的灵感。

理查森 1881 年 10 月 11 日出生于英格兰,22 岁从剑桥大学毕业,开始在英国国家物理实验室当气象员,后来在苏格兰气象局属下的天文台任职台长。约 40 岁时起,开始从事物理学的教学工作。47 岁时从伦敦大学取得数学心理学博士学位,从事计量心理学的研究工作。

理查森一生科学贡献卓著,研究涉及数学、气象学、物理学以及社会学、计量心理学等领域。理查森是一个典型的"独行侠"式的科学家,极少与其他人合作,从来不要助理,绝大部分文章是自己一个人完成和发表。这种单打独斗的科学研究方式一直持续到他 1953 年 9 月 30 日去世。

20 世纪 40 年代前后,理查森在研究战争的起因时发现,相当一部分国家间的战争都源于相邻国家因对国境线或海岸线认识的不同而引起的纠纷。他不仅认为两国之间的战争倾向是双方共同国境边界线长度的函数,还试图去寻找两国开战的概率与该两国共同边界线长度的关系。

当他对不同国家的国境线、海岸线的长度进行分析时，竟然诧异地发现，不同国家甚至同一国家，在不同时间和不同场合公开发表的同一国境线、海岸线的数据存在相当大的差别。例如，他看到西班牙和葡萄牙之间的国境线长度有 987 km 的，也有 1214 km 的记录；荷兰和比利时之间的国境线长度有 380 km 的，也有 449 km 的记录。美国国会研究所的数据显示，美国的海岸线为 46810 km，而美国中央情报局（CIA）的数据为 32057 km。

更让理查森感到诧异的是，他发现同一国境线或海岸线所公布数据之间的差别，竟然不是因为人为的测量误差造成的。换言之，即便我们假定所有国家都在进行最严谨的测量，公布的测量数据都是绝对客观真实的，不同测量方法得出的数据依然会有差别，甚至是极大的差别，这简直太不可思议了。

理查森想找到如此奇怪现象背后的原因，为此，他进行了深入的研究。就在 1951 年，他研究得出了一个令所有人意外的结果：之所以出现如此大的差异，是大家所用尺子的长短不一样造成的。

以英格兰海岸线长度的量度为例，如果我们用单位为 200 km 的尺子去量度，我们会得到海岸线的总长度为 2400 km；用单位为 100 km 的尺子去量度，会得到总长度为 2800 km；用单位为 50 km 的尺子去量度，会得到总长度为 3400 km……也就是说，不同单位长度的尺子量出来的结果是不同的，而且尺子越短海岸线越长。

更加离奇的是，按照理查森的发现推算下去，随着尺子的长度趋于零，海岸线的总长度会趋于无穷大。也就是说，明明一个国家的海岸线长度是确定的、有限的，如果用越来越小刻度的尺子测量这个国家的海岸线，这个国家的海岸线竟然是无限长！这实在是令人感到无法相信的一个结果。后人将此称为"海岸线悖论"，把这个不可思议的数学极限现象称为"理查森效应"。

理查森生前曾经多次试图解释这种现象，而且他已经发现，有一个介于 1 和 2 之间的分数值，它可以用来描述海岸线随着测量变精细所表现出的复杂度的增加，但非常可惜，他始终没有取得理论上的关键性突破。其实他所发现的这个分数值就是我们今天所说的"分形维数",理查森离提出分形理论只有一步之遥,但他最终还是和分形理论失之交臂,上帝选择了曼德尔布罗特。

1967年,曼德尔布罗特在美国《科学》杂志上发表了一篇著名的论文,题目是"英国的海岸线有多长?统计自相似和分数维"。

论文的第一部分,他讨论了理查森效应并提出了自己的看法。曼德尔布罗特认为,导致理查森效应的根本原因,在于海岸线本身是不规则的。当用不同大小的度量标准来测量海岸线时,每次都会得出完全不同的结果。比如以100 km的尺度为单位测量海岸线时,短于100 km的迂回曲折线就无法被测量,而以1 km为单位测量时,则能测出这些被忽略掉的迂回曲折,长度将变大。以此类推,测量单位越小,测得的长度将越大,这些越来越大的长度并不是趋近于一个确定值,而是会无限增大。曼德尔布罗特把理查森效应准确聚焦在分数维,将这一现象赋予了分形的解释,从而在理论上取得了突破。

在论文的第二部分,他描述了不同的科赫曲线,证明它们都是标准的自相似图形。所谓科赫曲线,指的是瑞典数学家科赫在1904年提出的一种不规则的几何图形,科赫曲线代表着数学对不规则形态在几何上的直接探讨。因为科赫曲线的外形像雪花,也有人将科赫曲线称为科赫雪花曲线(如图6-5所示)。

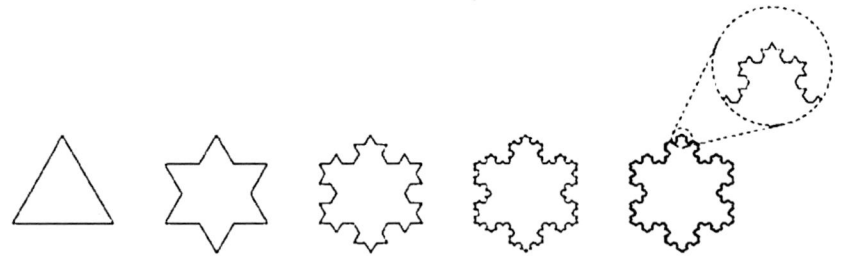

图6-5　科赫雪花曲线

科赫曲线的生成方法是把一条直线等分成三段,将中间的一段用夹角为60度的两条等长折线来替代,形成一个生成元,然后再把每个直线段都用生成元来进行替换,如此经过无穷多次迭代后就呈现出了一条有无穷多弯曲的科赫曲线。如图 6-6 所示，最上面的是第一次迭代（生成元），然后依次向下为第二次迭代、第三次迭代直至第 N 次迭代。可以看到多次迭代后的科赫曲线由无数的曲线组成。科赫曲线的局部与整体相似，也就是说，局部是整体的缩影。

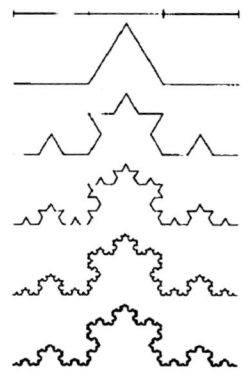

图 6-6　科赫曲线的迭代

曼德尔布罗特注意到类似科赫雪花样的曲线在别的领域也能见到，如人们非常熟悉的海岸线。海岸线虽然不会像科赫曲线那样具有严格的自相似结构，但确实是足够规则的。可以肯定的是，使用越小的尺子，量得的海岸线长度就越长。曼德尔布罗特引入了分形几何和分数维度的概念，认为一类具有自相似结构的几何体，其维度是一个非整数，比如科赫雪花的维度就大约是 1.26。我们可以在计算机上生成科赫曲线来模拟海岸线。

在曼德尔布罗特看来，一个几何图形如果它的组成部分与整体之间具有某种相似性，就可以称为"分形"，分形就是自相似。比如雪花或树枝状晶体的生长，当我们观察自然界实际形成的雪花时，发现世界上没有两片完全相同的雪花，但雪花整体却表现出惊人的相似性。冰晶在空气中将对称性和机遇巧妙结合在一起，冰晶的六重不定性美丽动人，雪花这种美妙的形状就是分形。

科学研究认为，很可能是表面张力的作用，成了雪花这类形态形成的重要因素。科学家曾经用介电击穿（闪电）模型得到了模拟真雪花的雪花模型，模拟过程中发现，当改变介电击穿模型的某些参数时，模拟得到的模型开始呈现雪花的特征。如图 6-7 所示,上边的 a、b 为雪花模型,下边的 A、B 为自然界真实的雪花。雪花或树枝状晶体在宏观层面展现的自相似结构,实际上揭示的是混沌所具有的自组织性和复杂性。

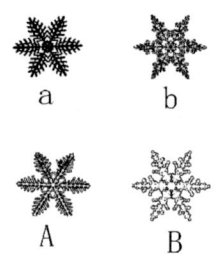

图 6-7　用介电击穿模型得到的雪花结构

　　曼德尔布罗特所研究的分形理论,一般人很难从直观上理解。

　　在我们的日常生活中,空间和时间是人们认识世界的基本标度,一般人意识中的空间几何图形都应该是整数维的。比如,点是零维,线是一维,面是二维,体是三维等。自然界的现象通常都应该发生在某种特征标度上,如长度、宽度、时间等,人们关于事物特征的描述,也都是依赖于标度的刻画,如多长、多宽、多久等。度量观察对象是认识事物最起码的条件之一。

　　但是,曼德尔布罗特却告诉我们,自然界的大部分现象不具备不变的特征标度,事物大小和久暂的区分的绝对标度性并不存在,对于大自然中的大多数现象,去寻求特征标度是毫无意义的。整数维的几何学只能描述规则、光滑的几何图形,现实世界中的大多数事物是不规则的、不光滑的,我们所熟悉的经典几何学在不规则的研究对象面前是失效的。

　　这的确是一种颠覆性的观念。由于两千多年来欧氏空间的教育,整数维已经成为常识。人们无法想象奇怪吸引子的分数维图形,无法理解科赫曲线的分形维数 1.26 维、中国某段海岸线的分形维数 1.87 维等是什么意思,他们没有分数维的空间概念,无法接受整数维是个别、分数维才是一般的事实。

　　事实上不仅是一般人,就是当时的很多数学家也无法接受这种观点。因为自牛顿之后,微积分与几何学有了很好的结合,数学家们用微积分可以表现更为复杂的形状。而分形理论完全抛弃了微积分,它研究的复杂图形是不平滑的、不可微分的。所以很多数学家无法接受分形的观念,他们甚至认为这些曲线或形状是"病态曲线",是"几何学怪物",大自然不应如此。

但是,分形理论是新时代的宠儿。它虽然把解析学最大的武器微积分放弃了,却赶上了计算机的时代,正所谓"沉舟侧畔千帆过,病树前头万木春",分形理论帮助几何学迎来了划时代的伟大革命,计算机的模拟功能培育了分形理论。曼德尔布罗特正是通过计算机的模拟,从这些一层比一层精细的相似结构中,窥视到了宇宙的奥秘。分形几何学作为非线性科学研究的重要分支,将几何学的研究对象深入到了不规则、不光滑的几何体。有了分形几何学这样一个工具,就可以刻画以往因为是混沌而无法刻画的图形。

霍夫斯塔特曾说:"在表观的有序背后隐蔽着一种奇异的混沌,而在混沌的深处又隐蔽着一种更奇异的秩序。"[①]有了分形几何学,混沌深处隐藏的秩序都可以使用分形的方法来建立模型,这就为我们认识复杂世界提供了一个全新的尺度,让我们更加清楚地认识到,混沌是一种表观无序掩盖下的更高级的有序叠加。

为了更好地说明这个问题,在本书中我们把客观世界从空间尺度上依次划分为五个世界,即宇观世界、宏观世界、中观世界、微观世界与渺观世界。我们界定,宇观世界是人类未知的、涉及宇宙无限深处的大极限世界;宏观世界是人类已知的浩瀚宇宙层面的大尺度世界;微观世界是人类已知的分子、原子、基本粒子层面的小尺度世界;渺观世界是人类未知的、比基本粒子更小的小极限世界;中观世界是介于宏观世界与微观世界之间的、我们日常生活所熟悉的世界。我们如此界定的目的,仅在于可以更好阐述、更便于理解分形理论的意义,绝无打算改变一般人对宏观世界、微观世界约定俗成的认识。

---

① 魏宏森、宋永华等:《开创复杂性研究的新学科——系统科学纵览》,四川教育出版社,1991,第550页。

研究分形理论很重要的一个意义就在于,我们的科学家们在相当长的一个时期内,过多地关注了宏观世界和微观世界中的问题,以相对论和大爆炸宇宙学以及量子力学为代表的现代科学理论,在取得巨大成就的同时,却有选择忽略了身边中观世界发生的现象。个中原因不是中观世界的研究太简单,不屑于研究,而是恰恰相反。因为中观世界大量存在的是不具有特征标度的混沌现象。在混沌理论与分形理论出现之前,所有现代科学理论,都对混沌现象的研究无能为力。

我的这一观点,其实是受到魏宏森先生主编的《开创复杂性研究的新学科》这本书中两段话的启发。不敢掠美,兹摘抄如下:

第一段话:"物理学迄今为止之所以在解析大极限宇宙和小极限基本粒子上投入了过多的热情和精力,而对我们日常生活中所熟悉的中等大小的现象却很难说有较深的研究,原因绝不是因为中等现象没有意义,而是因为宇宙和基本粒子都可能存在特征尺度比较容易研究的缘故。中等大小的现象本质上是多体问题,它们之间有复杂的相互作用……分形概念填补了宏观与微观之间的空白,架起了从微观通向宏观的一道桥梁。"[1]

第二段话:"从分析事物的视角方面来看,分形论和系统论分别体现了从两个极端出发的思路。它们之间的互补恰恰完整地构成了辩证的思维方法。系统论由整体出发来确立各部分的系统性质,它是沿着宏观到微观的方向考察整体与部分之间的相关性。而分形论则相反,它是从部分出发来确立整体的性质,沿着微观到宏观的方向展开的。系统论强调了部分依赖于整体的性质,而分形论则强调整体对部分的依赖性质。于是,二者构成了'互补'。"[2]

---

[1] 魏宏森、宋永华等:《开创复杂性研究的新学科——系统科学纵览》,四川教育出版社,1991,第634-635页。

[2] 魏宏森、宋永华等:《开创复杂性研究的新学科——系统科学纵览》,四川教育出版社,1991,第637-638页。

三、通往混沌的道路

1. 条条大路通罗马

混沌作为演化系统的基本存在状态,它从何处来,又向何处去?从哲学的层面看,一切事物发展都遵循否定之否定的发展道路。具体到混沌的演化而言,也应该是从无序到有序,再从有序到混沌的道路。而我们现在需要讨论的是,系统是如何从有序到混沌的,混沌之后又向何处去。

混沌理论研究早就发现,系统从有序通向混沌的道路非常多,以至于说"条条大路通罗马"都不为过。但目前科学家们研究比较多的是集中在三条道路上,这就是通过倍周期分岔进入混沌,通过茹勒—泰肯道路进入混沌,通过阵发混沌进入完全混沌等三条道路。

倍周期分岔并不是一个高不可攀、晦涩难懂的深奥概念,倍周期分岔的现象其实就每天发生在我们的身边。正如我在本书绪论开篇讲到的,每个人在人生的发展历程中,都会不断遇到各种各样的选择,每一个选择的当口,其实就是一个"分岔",不同的选择之后又会遇到新的分岔,新的选择之后又会有更新的分岔和更新的选择,如此层层递进,直至人生大幕关闭。这种情况如图6-8所示,该图就是典型的倍周期分岔示意图。

倍周期分叉过程是一条通向混沌的典型道路。在倍周期分岔理论看来,由于对初值的敏感依赖性,人生最终的结果会和第一次选择之初的设想"差之毫厘,谬以千里",进入当初完全料想不到的混沌人生。譬如,很多具有丰富人生经历的人,他或她的第一次结婚、第一次出国等的选择,以及由此引发的悲欢离合、跌宕起伏的戏剧人生,就是倍周期分岔进入混沌的生动体现。

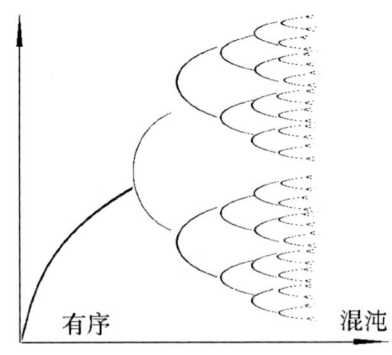

图 6-8　倍周期分岔示意

2. 费根鲍姆常数

与很多人误解的混沌是上帝对自然界及人生的随意安排不同,美国数学家费根鲍姆通过对倍周期分岔的研究后发现,系统在不断的倍周期分岔时,遵循着某种我们现在还没有完全掌握的规律性,这种规律性的内在本质特征反映在宏观层面,就是相邻的两次分岔所对应的参数之差的比值,取极限时趋于一个常数,其数值为:

$$\delta = 4.6692016091029909\cdots$$

式中,δ 是倍周期分岔的间距之比,就表明了前一个分岔的间距是后一个间距的 4.6692……倍。费根鲍姆据此进一步计算了分岔宽度的比值为:

$$\alpha = 2.5029078\cdots$$

$\delta = 4.6692016$ 与 $\alpha = 2.5029078$ 这两个常数与大家熟知的圆周率 $\pi = 3.1415926$ 等普适常数一样,是一个与函数形式无关的普适常数,这两个常数就是著名的费根鲍姆常数。

费根鲍姆常数与迭代函数的细节无关,它们反映的物理本质应该是只与混沌现象,或者说是只与有序到混沌过渡的某种物理规律有关。而根据近代科学研究的大量成果证明,一个新常数的出现往往能诞生新的概念和新的理论,如牛顿力学中的万有引力常数 G,量子力学中的普朗克常数 h 等。费根鲍姆研究涉及的实际上是一个混沌理论是否具有普适性的问题，他完成了科学上的一次壮举，其科学价值将随着混沌理论研究的深入而体现出来。

阵发混沌是指系统从有序向混沌转化时，在非平衡、非线性条件下，某些参数的变化达到一定阈值时，系统会出现时而有序、时而混沌的随机振荡，此刻，整个系统由阵发混沌进入完全混沌。此外，早在17世纪80年代，庞加莱在研究三体问题时就发现，三体相互作用会进入混沌。茹勒—泰肯的研究也证明，当系统内有不同频率的振荡互相耦合时，系统就会出现新的耦合频率的运动，混沌态可以看成是无穷多个频率耦合的振动现象。而这无穷多频率耦合振动现象的出现并不需要一个数量的累积叠加。只要三个互不相干的频率耦合时，系统就必然形成无穷多频率的耦合。

倍周期分岔、阵发混沌、三频率耦合等均可以通向混沌。当系统到达混沌状态后，下一步系统向何处去？否定之否定的运动发展规律告诉我们，随着科学研究工作的深入和我们认识水平的提高，人类将有能力发现，混沌之后系统将在宏观层面呈现新的有序状态，这种新的有序状态，将不是混沌之前有序状态的简单重复，而是一种更高级的有序叠加，我们坚信系统将沿着这一方向演化发展。而新的高级有序叠加现象的出现又会推动科学向更高的层次发展。

3. 混沌思维方式

混沌理论提出的重要价值之一就在于它从根本上改变了人类的思维方式。在混沌理论出现之前，人类对未知事物认识水平的评价标准大多建立在确定甚至精确的基础之上，人类希望通过研究客观事物的运动发展，找到决定论意义之上各类不同的确定性规律，并用这样的一些规律，来指导我们认识世界和改造世界。混沌理论的出现让我们对上述的想法有了新的认识。

我们在本书"蝴蝶效应——对初值的敏感依赖性"中，曾经深入讨论过决定论与非决定论。我们指出，在整个人类发展相当长的一个时期，决定论的思维方式对人类来说就是一种常识。从古代人们根据万物轮回的规律,来安排人类的生产、生活,解释人类的命运,到近代伟大的科学家牛顿、爱因斯坦笃信因果律,用决定论的思维方式看待物理学,这一切都是基于决定论的信仰。

相对于决定论的思维方式,混沌理论带给我们的是一种迥然不同的思维方式,我们称之为混沌思维方式。而混沌思维方式的思想精髓体现在三个关系中:其一是确定性与非确定性的关系,其二是线性与非线性的关系,其三是精确与模糊的关系。在本书的第一部分和第二部分中,我们已经深入研究了确定性与非确定性、线性与非线性的关系,我们已经清楚地知道,对于一个演化系统的长期行为而言,确定性是相对的,不确定性是绝对的;线性是相对的,非线性是绝对的;精确是相对的,模糊是绝对的。

混沌思维似乎离我们很远。因为传统数学的基本特征之一就是精确性,精确性的认识理念构成全部自然科学乃至社会科学的基础,大部分人很难接受似是而非的想法和模棱两可的行为,人类天生抗拒思维的混沌。

但是,其实混沌思维就在我们身边。在中国的老庄哲学中,"道"就很好体现了不确定性中的混沌思维。老子认为:"有物混成,先天地生。寂兮寥兮,独立而不改,周行而不殆,可以为天地母。吾不知其名,字之曰'道'。"[1]显然,这里的"道"来自于"混成"。而正是这种先天地而生的混成,让我们的思维变得"恍惚"了。

何谓恍惚?老子说:"视之不见名曰夷,听之不闻名曰希,搏之不得名曰微。此三者,不可致诘,故混而为一。其上不皦,其下不昧。绳绳不可名,复归于无物,是谓无状之状,无物之象,是谓恍惚。"[2]老子的这段话就是混沌思维的形象表述。

老子认为:"道生一,一生二,二生三,三生万物。"[3]而正是这个有物

---

[1] 任继愈:《老子今译》,古籍出版社,1956,第 19 页。
[2] 任继愈:《老子今译》,古籍出版社,1956,第 10 页。
[3] 任继愈:《老子今译》,古籍出版社,1956,第 32 页。

混成的"道"和"一",看不见,听不到,摸不着(视之不见,听之不闻,搏之不得),上面不亮,下面不暗(其上不皦,其下不昧),迎着看不见头,追着看不见尾(迎之不见其首,随之不见其后),没有状态,没有形象(无状之状,无物之象),如此等等,不一而足。面对如此之对象,认识怎能不"恍惚",思维难免不"混沌"。

这种混沌思维方式在中国经典文学作品中有大量体现,很多脍炙人口的诗句、浪漫主义的名篇都来自于混沌思维。正是文人笔下那朦朦胧胧的意境,才可以勾起我们无穷的遐想。

混沌思维方式在我们的工作与生活中也比比皆是。

由于学科之间边界的模糊,出现了大量的交叉学科、横断学科;由于物种杂交、基因转移等现代生物技术的出现,出现了大量的新物种;由于行业之间的相互融合,公司不再是简单的生产、销售基地,而是成为包容性和扩展性很强的交流平台,成为掌握跨行业数据资源的组织。由于经济的全球化发展,市场竞争已经由公司与公司、产品与产品之间的单点竞争演化为链条竞争。由于新的人才交流机制的建立,人不再满足于特定岗位,开始互相越界。如今最优秀的人才往往就是能够在不同思维路径上找到集合点的跨界人。

总之,混沌思维颠覆了传统的决定论,不确定的模糊就是我们认识的常态,"非对即错""非黑即白""非善即恶""非友即敌"的二元论思维将被多元化的混沌思维所取代。我们面对的将是一个确定性与不确定性、线性与非线性、精确与模糊对立统一的混沌世界,我们把握的将是混沌背后的秩序。

四、混沌理论与方向管理的关系

在本书第二部分所阐述的四个自组织理论中,混沌理论是最靠近方向管理理论、对方向管理理论影响最大的一个理论。

我们在本书绪论开篇就讲到方向管理的研究之所以重要,是因为我们人类未来的前进之路极其漫长,我们生活于其中的世界及其变化充满不确定性。在现实生活中,从一个人不确定的人生之旅,到一个国家不确定的发展历程,期间都会面临无以计数的各类选择。方向管理是一个帮助我们对系统演化方向做出判断、选择和控制的管理理论。方向管理在关注系统长期行为非线性变化趋势的同时,尤其重视在微涨落放大为巨涨落的触发下,系统在临界点突变时的演化状态。方向管理可以通过对演化系统不断从一稳态向另一稳态跃迁的过程控制,让演化系统长期朝着更加有序的方向发展。

从混沌理论的视角看,所谓临界点就是到了分岔点。所谓系统长期行为的非线性变化趋势就是奇怪吸引子表现出来的内外两种趋向:一切吸引子之外的运动都向它靠拢,这是稳定的趋势,而一切到达吸引子内的轨道又相互排斥,对应的是不稳定的变化。也正因为如此,系统演化长期行为的预测将变得极为困难以至于不可能,方向的管理就变得尤其重要。

这种不稳定产生的根本原因,来自于系统对初值的敏感依赖性。这种整体趋向稳定而局部又极为不稳定的现象反映的正是系统演化趋向混沌的存在状态。混沌的核心是演化轨迹和相空间结构,正是轨迹在两簇间的盘旋和相空间结构的不断迭代,才能够形成分形结构。而在分形理论看来,这种混沌的存在状态又具有无限嵌套的自相似结构,系统演化在趋向混沌的过程中具有某种可以用费根鲍姆常数体现出来的普适性。

所以,根据混沌理论的研究成果,从系统演化的趋势看,我们坚信,在自组织系统要素的协同作用下,一个开放的耗散系统一定会趋向更高级的有序叠加,方向管理可以通过对演化系统不断从一稳态向另一稳态跃迁的过程控制,让演化系统长期朝着更加有序的方向发展。

第三部分

方向管理理论的应用

第七章　方向正确与否的判定

一、跃迁的螺旋式上升道路

正如我们在本书绪论开篇所讲到的,方向管理研究的基础来自于系统演化一般规律与人类长期发展的需求,其中方向选择的正确与否及其相关内容本质上是人的价值判断。所以,方向管理中方向的判断与选择就是将系统演化的一般规律运用于人类社会长期行为不确定条件下的发展,以人的价值取向为尺度,将能否满足人类发展的需求作为判断方向选择正确与否的标准。

之所以把人的价值取向作为判断方向选择正确与否的尺度,是因为自然界中的各种现象本无所谓正确与错误。我们在此所讲的方向正确与否,其实是基于人类发展和社会管理需要所做的一种人的价值判断。当我们开始讨论方向的正确与否之际,实际上已经将方向管理的研究从一般系统的演化规律研究,转而置于人类社会管理的背景之下,所有研究的内容都将是一般系统演化的普遍规律与人类社会发展需求的结合。

在方向管理理论看来,一般系统的演化就是系统从一稳态向另一稳态的不断跃迁。从发展的观点看,这种稳态间的跃迁不是系统行为出发点的简单重复再现,而应该是一种上升与前进。判断系统演化方向正确与否很重要的原则之一,就是看系统演化是否沿着一条螺旋式上升的道路前进。这不仅是对系统演化事后评价的经验总结,更是事前管控系统演化方向必须遵循的准则。

1. 后一稳态比前一稳态更稳定

我们判定系统演化是否沿着一条螺旋式上升道路前进，很重要的一个判定标准，就是比较跃迁前后两个稳态间的稳定程度。任何一个演化系统在演化的进程中，都会遇到环境因素的影响，在一定的环境因素影响下，系统的稳定将会不同程度发生改变。研究发现，系统稳定的改变在三种不同的条件下会产生三种不同的行为，我们用一个示意图7-1来说明。

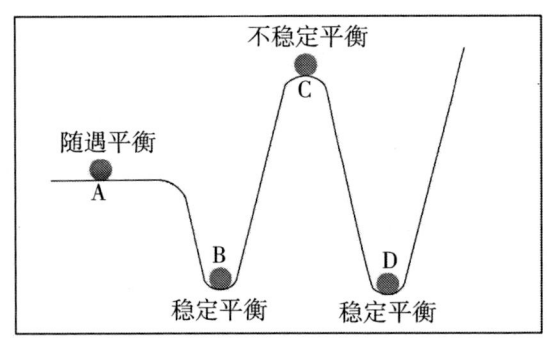

图7-1　平衡状态示意

如示意图7-1A点所示，在随遇平衡条件下，由于内外环境因素的改变，对应的系统演化过程会发生量的改变，但系统不会出现只有尖顶型折叠面处才能发生的突变，因此系统不会发生一稳态向另一稳态的跃迁。

如示意图7-1B点、D点所示，在稳定平衡条件下，虽然由于环境因素的影响，系统演化过程中会发生较大的变化，但系统机制本身具有强大的自恢复功能，可以帮助系统从较大变化中重新恢复到出发点的稳定。控制论中，我们把这种具有恢复机制的系统结构称之为超稳定结构。在这种超稳定的存在状态下，系统同样不会发生一稳态向另一稳态的跃迁。

在环境因素的影响下，如示意图7-1C点所示，系统演化进入不稳定平衡状态，即跃迁前的临界状态。此刻如果系统环境条件的改变达到某一阈值,微涨落引发巨涨落,就可能会导致前一个稳态失稳而进入下一个稳态。如果后一稳态比前一稳态更稳定,系统就进入到一个新的、更高级的稳定演化阶段。当系统不断从一个稳态跃迁到另一个更稳定的稳态,形成波浪式的前进态势,方向管理理论就认为,这样的发展方向就是系统演化的正确方向。

2. 后一稳态比前一稳态更复杂

抽象的系统演化和具象的宇宙演化具有相似性。宇宙在大爆炸的诞生之初,它的结构和成分都非常简单。随着宇宙的演化发展,宇宙变得越来越复杂。我们把具有这种演化趋势的宇宙称为进化的宇宙。系统演化过程中后一稳态是否比前一稳态更加复杂,反映的实际上是系统的进化与否。

进化世界与退化世界之争,在人类的文明发展史中,至少已经争论了几千年,而达尔文与克劳修斯之争把进化与退化的争论推到了一个更高的顶点。达尔文凭借《物种起源》一书,高擎起进化论的大旗,成为进化论的领军人物。克劳修斯因热力学第二定律以及热寂说的提出成为退化论的标志性人物。进化与退化的不同观点经过最近100多年的争论,是非曲直已经逐渐明了。现在大部分科学家都认为,我们所生活在其中的世界是一个进化的世界。而进化的世界就是一个不断从简单到复杂的世界。

关于复杂性的认识与研究,在20世纪末至21世纪初,已经发展到了一个更高的阶段,以至于在科学与哲学层面的"复杂性"已经成了一个有别于日常生活层面"复杂性"的专有名词,在某种程度上,"探索复杂性"已经成了自组织理论研究的代名词。

1986年,普利高津与尼科里斯合作写过一本很重要的专著《探索复杂性》,在这本书中,普利高津就认为耗散结构理论本身就是一门探索复杂性的科学。普利高津明确指出:"复杂过程的本质特征之一是能够实现不同动态之间的转变。换一种说法就是,复杂性同这样一类系统有关,在这些系统里,进化,因此还有历史在观察到的过程中发挥(或已经发挥了)重要的作用。"①

钱学森先生同样敏锐洞悉到研究复杂性的重要意义,他在20世纪90年代倡导研究"开放的复杂巨系统及其方法论",极有远见卓识,曾经引起国内理论界的巨大反响和热烈讨论。很多人认为,关于复杂巨系统的研究,今后很可能会成为一个新的科学技术研究领域。

探索复杂性,不仅让我们在物质实体层面对复杂性有了更深入的了解,在物质观上有了新的提升,而且在哲学层面对整个世界有了新的认识。我们认识到,一个发展的演化系统就是一个进化的系统,一个进化的系统就是一个不断从简单到复杂的演化系统。系统演化过程中,后一稳态比前一稳态更加复杂,体现的是系统的前进与发展。从简单到复杂指引的是系统进化的方向。方向管理理论认为,不断复杂的发展趋势表征的就是系统演化的正确方向。

与"复杂性"相对应的概念是"简单性"。借着研究复杂性问题这样一个平台,我们顺便讲一个相关问题,澄清一下思想,这就是什么是简单性、简单与复杂的关系以及人类认识世界所应遵循的简单性原则。

简单与复杂是表征客观世界结构、组成状况特征的一对范畴。简单性指事物结构、组成状况的单一性、稳定性、确定性及事物运动变化规律的绝对必然性。复杂性指事物结构、组成状况的多层次性、多因素性、多变性及事物运动变化的非线性、不确定性。简单性与复杂性是对立统一的关系。

早在14世纪,英格兰有一个很有名的逻辑学家、修士,由于历史原因导致他的履历不详,因他生于英格兰南部萨里郡的奥卡姆镇,后人只好把他称为奥卡姆的威廉。据说奥卡姆的威廉是中世纪思想界的主要人物之一,在逻辑学、物理学和神学领域都有重要著作,曾被当时人称为无敌博士。

奥卡姆的威廉非常厌恶当时一些人无休无止地讨论空洞问题,针对

---

① 尼科里斯、普利高津:《探索复杂性》,罗久里、陈奎宁译,四川教育出版社,1986,第166页。

性提出了著名的"简单有效原理",有人又称之为"思维经济原则"。奥卡姆的威廉只承认真实存在的世界,认为那些虚妄、空洞无物的想法都是无用的累赘、多余的废物,应当被无情的剃刀彻底"剃除"。后人为了纪念他,就把他的"简单有效原理"形象称之为"奥卡姆剃刀"。

"简单有效原理"是哲学中非常重要的一个原理,简单性是科学研究以及建立科学理论体系的基本原则之一。一个理论的前提越简单,它的外延就越大,应用范围就越广,科学研究成果就具有更大的统一性和应用的普遍性。简单性不仅是科学研究前进的动力和目标,还是评价科学成果价值的标准之一。

人类在认识世界过程中所涉及的简单性与复杂性和自然界系统演化的简单性与复杂性,前者是认识论的问题,后者是本体论的问题。前者讨论的是逻辑的简单与复杂,后者讨论的是系统结构、功能的简单与复杂。二者虽然有联系,但万不可混为一谈,更不可由此及彼地推论,认为系统演化方向正确与否的判断可以在简单与复杂之间跳跃,那样就大错特错了。我们再次强调:从简单到复杂,标示的是系统演化的进化方向,是判断方向正确与否的基本判据之一。

3. 后一稳态比前一稳态更有序

有序与无序的问题是一个贯穿本书始终的问题。我们把系统演化的过程描述为一个不断从无序到有序、从有序到高级有序叠加(混沌)的过程。我们基于此讨论系统发展方向的正确与否,以及把后一稳态比前一稳态更加有序作为系统演化方向正确与否的判据,首先应该建立在对有序的正确认识上。

关于什么是有序的认识,我国理论界经历了一个曲折的认识过程。在 20 世纪的 80 年代至 90 年代,我国科学哲学领域的主流观点认为:"所谓有序,是指事物内部的要素或事物之间有规则的联系与转化;所谓无序,是指事物内部诸要素或事物之间混乱而无规则的组合。"[1]有人更直

---

[1] 沈小峰:《自然辩证法范畴论》,北京师范大学出版社,1986,第 152 页。

截了当认为,事物内部的要素或事物之间有规则的物质世界的有序性指的就是系统在结构与运动中的确定性,"无序意味着结构和运动状态的不确定和无规则。所有单元按照一定规律或以向量取值全部确定为最有序,反之,取值极不确定为最无序"①。

把有规则性、确定性理解为有序,把无规则性、不确定性理解为无序,在日常生活中是没有问题的,对于短期行为也是没有问题的。但放在科学与哲学的层面,对于一个演化系统的长期行为而言,就不能这样认识了。方向管理理论甚至认为,如果站在发展的立场上看,结论应该恰恰相反。

正如我在本书"绪论"中所比喻的,一旦我们将系统演化放进一个更宏大的空间、更久远的时间中考察,"整整齐齐的士兵行进是无序,自由散漫的百姓信步才是有序"。远离平衡态的变化万端,才能够促进系统的跃迁,混沌才是系统演化的归宿。关于这方面问题的讨论,我们在本书第二部分"自组织理论与方向管理"中已经讲得很充分了,在此不再赘述。

其实,有序性从来都不是孤立存在的,它和我们前面讲到的更加稳定、更加复杂密不可分。比如:对于一个封闭的热力学系统而言,系统自发趋向熵增的过程实际上是一个从复杂到简单的过程,我们就认为该系统走在退化的道路上,是一个趋向无序的过程。所以,判断一个演化系统的发展方向是否正确,应该把更加稳定、更加复杂、更加有序作为一个整体的判据,缺一不可,三者共同指引着一个演化系统螺旋式上升的前进道路。

---

① 舒炜光主编《自然辩证法原理》,吉林人民出版社,1985,第355-356页。

二、临界点处的方向判断与选择

1. 临界点处的突变及其演化趋势

正如我们在本书第二部分所详细阐述的,系统的演化从形式看,就是一个稳态向另一稳态的跃迁。这种跃迁可能在临界点处,即在折叠区顶叶与底叶边缘以突变方式完成,也可能沿平衡曲面以连续的平滑方式,通过量变引起质变完成。为了帮助大家更深刻理解临界点处的方向判断与选择,我们首先需要研究折叠区顶叶与底叶边缘突变对系统演化趋势的影响。

根据托姆的突变分类定理,尖顶型突变有两个控制变量和一个状态变量,它的平衡曲面方程为:$x^3-a-bx=0$,平衡曲面 M 如图7-2所示。

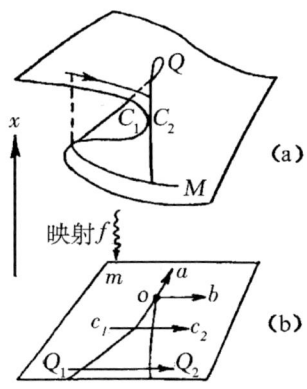

图 7-2 尖顶型突变的几何图形

这个几何图形非常形象直观地向人们展示了尖顶型突变的一个非常有意思的特点,曲面上有一个奇特的折叠,折叠分为三层,愈向后愈窄,最后三层汇合于 Q 点,Q 点之后重新出现平滑区域。当 a、b 处于该分支集内的时候,对于每一对 a、b 值而言,都对应三个值。由于三个实根中只有两个是势函数的极小值,因而折叠区的中叶是不稳定的。也就是说,在分支集内,具体研究对象行为状态是不稳定的,或者说行为状态出现了"分支"。在这一折叠区顶叶与底叶边缘,系统演化极有可能以突变的方式完成。

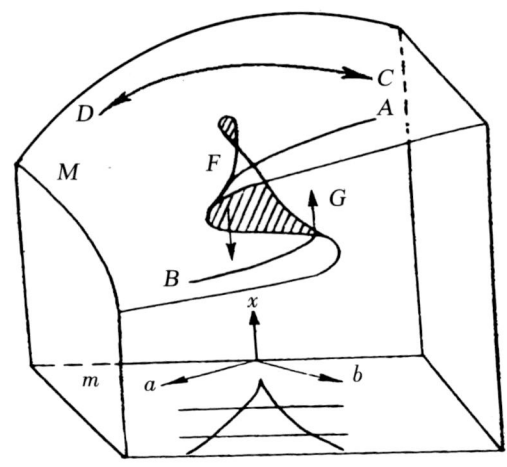

图 7-3 尖顶型突变的折叠曲面

图 7-3 是一个标准的尖顶型突变的折叠曲面,系统沿 M 曲面演化,在折叠区顶叶与底叶边缘,可能出现两种不同的变化情况:

一种是在折叠区顶叶与底叶边缘处量变突然中断引起的突变,这种突变又可能出现两种变化趋势:

其一是沿行为曲面 $A \rightarrow F$ 的光滑变化方向,当行为点运动到折叠的边缘点 F 时,只要沿运动方向稍稍有一点变化,行为状态就离开折叠曲面的顶叶,突然跌落到底叶,系统演化出现向下的变化趋势。

其二是沿行为曲面 $B \rightarrow G$ 的光滑变化方向,当行为点运动到折叠的边缘点 G 时,只要沿运动方向稍稍有一点变化,行为状态就离开折叠曲面在底叶消失,然后突跳到顶叶,系统演化出现向上的变化趋势。

另一种是系统演化沿平衡曲面 $D \rightarrow C$ 或 $C \rightarrow D$ 平滑的量变,通过连续不中断的量变完成质变。显然,不中断量变引起的质变展现的是完全不同于突变的演化形式及演化趋势,且向前与向后的平滑量变反映的是两种不同的演化趋势。而不同的系统演化形式及演化趋势将直接影响系统演化的方向。

尖顶型突变模型不但可以描述自然界的演化行为,而且在社会领域中也有许多应用。近年来,国内外许多学者运用尖顶型突变模型分析经济行为、政治行为、军事行为等,都取得了可喜的成果。更重要的是,尖顶型突变模型中包含了重要的哲学思维,可以为人类认识世界和改造世界提供一种新的观点和方法。

2. 沿平衡曲面平滑量变引起质变的哲学思考

限于本书的篇幅,我们不准备深入讨论尖顶型突变模型涉及的所有哲学问题,只讨论系统演化在折叠区顶叶与底叶边缘出现的两种情况,以及这两种情况与质量互变规律相关的问题。

如前所述,当演化系统从一稳态向另一稳态跃迁时,尖顶型突变模型除了研究在折叠区顶叶与底叶边缘的非连续突变之外,还研究沿平衡曲面通过平滑的量变完成质变的现象。而托姆关于这一现象的研究极大丰富和发展了黑格尔关于质量互变规律的哲学思想,为辩证唯物主义关于爆发式飞跃与非爆发式飞跃的研究提供了新的思路,对研究方向管理具有重要的方法论指导意义。

黑格尔在《小逻辑》中是这样讲的:"问一粒麦是否可以形成一堆麦,又如问从马尾上拔去一根毛,是否可以形成一秃的马尾?当我们最初想到量的性质,以量为存在的外在的不相干的规定性时,我们自会倾向于对这两个问题予以否定的答复。但是我们也须承认,这种看来好像不相干的量的增减也有其限度,只要最后一达到这极点,则继续再加一粒麦就可形成一堆麦,继续再拔一根毛,就可产生一秃的马尾。"[①]

接下来,黑格尔又举了个他自认为是与上述两个例子"相同"的例子:"有一农夫,当他看见他的驴子拖着东西愉快地行走时,他继续一两一两地不断增加它的负担,直到后来,这驴子担负不起这重量而倒下了。"[②]黑格尔在这里把两种并不"相同"的质变方式混为一谈了。

就第一个例子而言,从一粒麦到一堆麦,从一根有毛的马尾到一根秃马尾,这中间并不存在明显的界限,我们很难设想,当增加到那一粒麦

[①] 黑格尔:《小逻辑》,贺麟译,商务印书馆,1980,第237页。
[②] 黑格尔:《小逻辑》,贺麟译,商务印书馆,1980,第237页。

子时可以认定为形成一堆麦,当拔去了马尾巴上的那一根毛时可以认定为产生一条秃马尾。中国目前绝大部分宣讲辩证唯物主义的教科书都将这种质变形式解释为苏联理论界曾经讨论过的非爆发式飞跃。

而第二个例子虽然存在这样的一个临界点,但又显然不是最后加到临界点时的某一两重量孤立产生的作用,因为单独一两的作用不足以压垮一头健壮的毛驴。最后一两重量的作用如何评价?毛驴负重量的不断积累与压垮毛驴的最后一两重量二者之间到底是什么关系?中国几乎所有宣讲辩证唯物主义的教科书都回避了这些问题,只笼统地将这种质变形式称为爆发式飞跃。

对于黑格尔来说,这的确是一个无解的难题。因为在黑格尔生活的那个时代,突变论没有出现,哲学家们既不知道临界点处微涨落导致巨涨落产生的放大效应,也不知道沿平衡曲面的平滑量变如何引起质变。黑格尔勉为其难想用思辨的方法解释清楚,实在是难为他了。由于时代的局限,他虽然把两种并不相同的质变形式混为一谈,我们也不应过分地苛责。但如果今天依然用爆发式飞跃与非爆发式飞跃的观点来解释这两种质变形式,显然不够充分。

爆发式飞跃与非爆发式飞跃解释存在的最大问题,就在于把质变仅仅理解为量变过程的中断。殊不知,飞跃只是质变的一种形式,并不等同于质变,质变可以有多种形式。比如在图 7-3 中,系统演化在行为曲面上可以呈现出 $A \to F$ 的变化方向,也可以呈现出 $B \to G$ 的变化方向。在这样的两种状态下,系统演化有可能在折叠处出现量变过程的中断。但当系统在行为曲面上沿 $D \to C$ 或 $C \to D$ 的变化方向光滑演化,系统演化的全过程没有出现量变过程的中断,同样完成了两种不同质态的转变。

尖顶型突变模型对质量互变规律研究的贡献就在于它不仅对哲学上定性讨论临界点处量变与质变的相互转化有启发,而且从数学上进行了分析,给出了显现质、量互变的几何模型。按照突变理论的解释,凡是通过折叠区域的系统的演化,在由旧质向新质转变的过程中,必然会出现一个量的中断。凡是绕过折叠区域的系统的演化,在由旧质向新质转变的过程中,将不出现量的中断。

我们结合系统演化在折叠区顶叶与底叶边缘出现的两种情况,重新来讨论黑格尔关于从麦粒到麦堆、从站着的毛驴到趴下的毛驴的变化:一粒、一粒麦子的集合形成麦堆,走的是 CD 或 DC 的路径;给毛驴一点、一点增加负担最终压垮毛驴,走的是 AF 或 BG 路径。前者绕过折叠区域,完全可以在不中断量变的情况下完成质变;后者通过折叠区域,必然会出现一个量的中断。

与上述研究有密不可分关系的另一个问题是关于临界点问题。按照黑格尔的说法,任何事物在质态转变中总存在一个由量变到质变的"极点",即关节点。而尖顶型突变模型的研究则证明在由一种质态向另一种质态的转变过程中有两种不同情况:一种是经过平衡折叠区域的质态转变,在这种质态变化中,随着条件的改变,折叠区内任一点都可能成为飞跃的关节点,因此,黑格尔讲的关节点是处在一个变化范围之中。另一种是不经过平衡曲面折叠区的情况。这时,两种质态之间的过渡以渐变方式完成,整个渐变过程找不到一个发生飞跃的关节点。对于一个具体的质变过程究竟是以飞跃的方式抑或渐变的方式来实现,必须视研究对象的具体情况而定。

一个演化系统什么时候通过突变完成质变,什么时候通过渐变完成质变,很大程度上取决于系统稳定程度的变化。如果系统在演化中,旧质始终存在并基本保持稳定,而酝酿新质的因素又不断增多,则通过突变完成质变的可能性就比较大。所以,社会要想不断稳步前进,就必须不断地除旧立新,持续改革。如果因循守旧,故步自封,积聚矛盾,导致激变而出现社会革命的可能性就非常大。同样道理,如果事物在质变过程中两质态之间的中介状态不断平滑改变且系统总体始终保持稳定状态,则质变通过渐变方式完成的可能性就大大增加。一个优秀的管理者必须懂得因势利导,而不必拘泥于突变或渐变的形式,实际的改革更多需要把握的是突变与渐变的统一。

3. 演化形式与演化方向的判断与选择

正如我们在本书绪论开篇所讲到的,方向管理研究的基础来自于系统演化一般规律与人类长期发展的需求，其中方向选择的正确与否及其相关内容本质上是人的价值判断。所以，方向管理中方向的判断与选择就是将系统演化的一般规律运用于人类社会长期行为不确定条件下的发展，以人的价值取向为尺度，将能否满足人类发展的需求作为判断方向选择正确与否的标准。

系统的演化从形式看，就是一个稳态向另一稳态的跃迁。这种稳态间的跃迁可能在折叠区边缘以间断的突变方式完成，也可能沿平衡曲面以连续的平滑方式，通过量变引起质变完成。系统演化一般规律中的尖顶型突变模型向我们展示了系统在临界点处可能出现的这两种状态。根据系统发展的两种不同演化状态，对应人类社会的发展，在转折关头会有三种不同的选择，这就是激进式变革、渐进式变革和混合式变革。

三种不同的变革方式可能会导引社会系统殊途同归，走向同一个方向，也可能会影响社会系统就此分道扬镳，走向不同的方向。人类社会可能会因此而进步，也可能会因此而倒退，甚至可能因此而"崩溃"。所以，从某种意义上讲，不同演化方式的选择几乎等价于三种不同的方向选择。临界点处不同演化方式的选择自然就成为方向管理中最重要的选择之一。

有了关于尖顶型突变模型基本内容的回顾和哲学层面的讨论，再来分析尖顶型突变模型展示系统在临界点处可能出现的两种状态以及根据系统发展的两种不同演化状态，对应人类社会发展在转折关头的三种不同的选择，就容易理解了。激进式变革在模型中就对应折叠面的突变，渐进式变革在模型中就对应光滑曲面的平稳改变，混合式变革就是变非黑即白的二元思维为多元思维。

激进式变革在较短时间内打破社会系统原有的框架，由不平衡变成一个新的平衡，从一个稳态跃迁到另一个稳态。在人类社会中，激进式变革通常是由于社会矛盾的长期积聚形成危机，最终矛盾爆发引起迅速而又剧烈的变革。激进式变革是战略变革的极端情况，带有突然性，通常很难做事先的规划，也不依赖于详细的计划与方案，而是靠对相关复杂事项的理解和直觉，伴生大量的不确定性，方向的判断和把控非常困难。

激进式变革往往是"破"字当头、先破后立,风险极大。

以苏联解体为例,尽管1991年3月27日的全民公投中78%的苏联公民赞同保留联盟,但这丝毫无法改变苏联走向解体的大趋势。1991年8月19日,苏共多名强硬派高层领导发动政变,软禁了当时正在黑海畔度假的苏联总统戈尔巴乔夫。1991年12月25日,随着戈尔巴乔夫辞去总统职务,由15个加盟共和国和20个自治共和国等组成的苏维埃社会主义共和国联盟一夜之间竟然分崩离析,迅速解体分裂成为15个国家,其国体与结构改革之激进、后果之严重,令人瞠目结舌,难以置信。

我们今天不去讨论苏联解体的原因,我们只关注一个事实:苏联解体后出现的15个国家中,相当一部分快速走向了衰落,而俄罗斯的衰落尤其严重。而俄罗斯快速衰落很重要的一个原因,就在于它采取了叠加的双重激进式变革。由于俄罗斯轻信了西方某些经济学家的建议,贸然采用"休克疗法",对原苏联国有企业实行完全私有化,彻底破坏计划经济体系和国有制度,但又没有成熟的新体制建设替代,让国家陷入空前的灾难。

从今天来看,当时俄罗斯的私有化过程实际上就是对国家财富前所未有的大抢劫。私有化之后,俄罗斯国家拥有不到10%的资产,社会经济结构发生重大改变,国家经济状况急剧恶化。如今的俄罗斯虽然接收了苏联最多的资产,拥有世界最广大的领土,具有强大的军事实力,最终却沦为一个典型的资源出口型国家,这样的国家今后复兴的难度极大。

而渐进式变革坚持的是"立"字当头、先立后破。渐进式变革强调利用已有的组织资源推进改革,在基本不触动既得利益格局的前提下实行增量改革。渐进变革有助于减少改革带来的社会成本,使人们逐渐承担改革的社会代价。这有益于增加对改革的社会支持,从而扩大改革的社会收益。

"破"与"立"的关系,不仅是一个重大的理论问题,更是涉及国家改革的重大实践问题,在很大程度上影响到一个国家发展方向的选择。我在20世纪80年代中期,曾经对"破"与"立"的辩证关系进行过系统的研究,分析了对包括超稳定结构在内的人类社会结构如何实施变革的问题。我相关的观点在这篇文章中表述得更为全面,在此不再赘述。①

混合式变革告诉我们,变革方式并不是非此即彼,渐进式变革与激进式变革也并不是截然分开的,二者都是为了适应环境与生存而实施的变革,只是在不同发展阶段、不同的环境与压力情况下侧重点不同。在实际的变革实践中,大部分的战略变革都是混合型的。

就人类社会的发展而言,激进式变革、渐进式变革与混合式变革不过是社会变革的形式而已,无所谓优劣,更无所谓对错,完全应该根据社会环境的变化与变革条件做出判断与选择。判断与选择的标准就是我们反复强调的,后一稳态比前一稳态更稳定、更复杂、更有序。这种标准不仅是事后的评价,而且因来自于对历史的总结、理性的分析,具有前瞻性的指导意义。而这种前瞻性最重要的就是体现在对系统演化方向的判断与管控。

三、概率判断原则

所谓"概率判断",指的是建立在概率基础上的一种判断方法。德鲁克在他的目标管理中,非常重视概率判断方法的运用。他在《管理:任务、责任和实践》一书中,从目标与战略、目标管理与战略规划的关系入手,首先明确指出了战略规划的长期性以及实施过程中面临的诸多不确定性。在德鲁克看来,即便是再周详的战略规划,也不可能做到精确量化。

据此,德鲁克认为,"在制定战略规划的过程中,可能确实要用到许多技术,但是这里没有一个是必需的"②,因为战略规划"不可能做到量化并编出程序来供计算机计算的。建立模型或者进行模拟可能确实会大

---

① 张明正:《略论人类社会中的破与立》,《中州学刊》1985 年第 6 期。
② 德鲁克:《管理:任务、责任和实践》(第一部),余向华、陈雪娟、张正平译,华夏出版社,2008,第 143 页。

有帮助,但它们本身并不是战略规划,而只是一些用于特定目的的工具"①。"战略规划也不是预测,并不是要策划未来。实际上,任何想要这样做的企图都是极不明智的,因为未来是不可预测的。"②

德鲁克在研究目标与战略的关系时,非常重视愿景的作用。德鲁克认为,战略规划中的目标预设实际上是对长期行为愿景的描述。愿景对于战略规划的制定非常重要,在实施过程中也会有很大的作用。但愿景毕竟不是对未来的具体策划,没有时间约束和任务约束。他举例说,就好像8岁孩子的人生目标是18岁做一名消防队员,预测他以后能否做到,德鲁克认为等同于闲极无聊的消遣。但设定人生目标对孩子的成长至关重要,即便对10年之后的预测只能算是"猜测",即便"基于系统知识的猜测"得到的只是可能性,这样的目标预设也是有意义的,只不过"概率是预测得以进行的基础"③。

德鲁克的上述认识对方向管理的研究非常重要。尽管我们在方向管理理论中认为,战略管理的首要任务是规划系统演化的方向,而不是预设愿景层面的目标,长期行为目标的实现与否并不是方向管理成功与否的基本判据,但这不等于说战略管理不应该涉及目标管理的内容。从严格意义上讲,战略管理是方向管理与目标管理的统一。德鲁克基于目标管理提出概率是预测得以进行的基础,其基本道理完全适用于方向管理。

关于这一点,德鲁克曾经以风险管理为例加以说明。他说:"战略规划不是一种旨在消除风险的努力,它甚至也没有想着努力去使风险最小化。如果真要去展开这种努力的话,非但不能消除或减小风险,反而只会导致风险变得更加非理性和失去限制,甚至引发不可避免的灾难。"④"战略规划并不处理未来的决策。它处理的是当前决策的未来状态。"⑤

---

① 德鲁克:《管理:任务、责任和实践》,余向华、陈雪娟、张正平译,华夏出版社,2008,第143页。
② 同上,第144页。
③ 同上,第145页。
④ 同上,第144页。
⑤ 同上,第145页。

方向管理理论

方向管理理论在研究概率判断的过程中,不仅受到了德鲁克预测与概率关系研究的启发,而且受到了量子力学发展的影响。尽管如我们在本书绪论中所讲到的,量子力学所研究的不确定性与方向管理所研究的不确定性有很大区别,量子力学的基本方程是线性的,只局限于物理层面的不确定性,方向管理研究非线性系统的长期行为是数学层面的不确定性,但量子力学中关于微观粒子运动概率特征的研究,对概率判断研究的影响是毋庸置疑的。

在20世纪20年代前后,以玻尔为首的哥本哈根学派,在研究微观粒子运动的不确定性时,提出了微观粒子运动的概率特征。波尔明确认为,电子的 Ψ 就是它运动轨迹的"概率分布"。即便我们知道了影响一个电子运动的所有条件,我们也不能确定它在某一个时刻到达的位置,而只能知道它可能到达某一个位置的概率,而且这一现象反映的就是微观粒子本身固有的属性。

这一观点让坚持决定论的爱因斯坦始终无法接受,他认为一个不遵守因果律的物理世界是不可想象的,他怀疑量子力学的完备性,并发出了"难道亲爱的上帝真的掷骰子"的世纪之问。量子力学关于不确定性和微观粒子概率特征的研究不仅推动了自然科学的发展,而且对社会科学包括管理学的发展也产生了极其深远的影响。我最早对不确定性产生兴趣并研究方向管理,很大程度就是受到量子力学关于微观粒子运动的不确定性和概率特征研究的影响。

我们通常讲的概率是随机事件出现可能性的大小。所谓的随机现象,是指那些可能发生,也可能不发生的、不可预知的现象。随机性分为两类,一类是外随机性,一类是内随机性。外随机性完全来自于系统的外部环境因素,而内随机性则内生于系统本身。

方向管理理论认为,不确定性不仅来自于外随机性的干扰,更源于系统本身所具有的内随机性,在内、外随机性的干扰下,演化系统的长期发展呈现出典型的概率特征。从理论上讲,外随机性不仅可以研究,而且有 N 多解决外随机性对目标干扰的方法。内随机性则完全不同,它与演化系统与生俱来、生死相依,它才是系统长期行为表现出概率特征的根本原因。我们在本书第二部分已经深入讨论了什么是内随机性，在此就不赘述了。

洛伦兹在混沌理论中对初值的敏感依赖性（即"蝴蝶效应"）的研究，严格讲也是一种概率的判断。只是因为蝴蝶效应与大家已经习以为常的线性思维方式相悖，长期不为人们所理解，以至于人们对长期行为所表现出的非线性的概率特征，在觉得匪夷所思的同时，竟然走向了麻木不仁和大惊小怪两个极端。

其实，这种起点微小差异可能导致终点巨大差异的非线性变化及其概率特征，在中国古代《汉书·司马迁传》的"差以毫厘，谬以千里"中，在中国当代妈妈们的"孩子不能输在起跑线上"中，早已心领神会，只不过没有和初值的敏感依赖性联系到一起罢了。混沌是现象，蝴蝶效应是比喻，产生混沌、蝴蝶效应的原因归根结底在于内随机性。这种内随机性导致的不确定性及其非线性变化造成的概率特征反映的正是演化系统本身固有的属性。

在没有内随机性且外随机性可知、可控的前提下，系统"本来"的状态能够确定吗？对于这样的问题，我们只能非常遗憾地回答：客观世界从来就没有确定的本来。就如"白马非马"逻辑问题的提出一样，你一定要问白马的本来颜色是什么，岂非子虚乌有地莫名其妙？客观世界从来就没有确定的本来状态，所谓的确定性都是相对的，不确定性才是绝对的。

如果一定要说有，变化的事物及其不确定性就是本来，这个世界上唯一的不变就是变。当然，这里的不确定性与"彼岸世界"的不可知性不是一回事。洛伦兹的混沌理论、波恩对薛定谔波函数的概率解释以及玻尔的互补原理已经清楚地向我们阐明了其中的道理。

概率判断原则告诉我们，在内外随机性的影响之下，对于一个演化系统而言，其长期目标的实现具有不确定性，我们必须清醒地认识到长期目标实现的概率特征，树立"清晰是相对的，混沌是绝对的""确定性是相对的，不确定性是绝对的""长期行为的可预测是相对的，不可预测是绝对的"等一系列与概率判断相关的认识，基于概率判断来看待长期行为。我们在本书第一部分曾经反复强调,长期目标的实现与否并不是方向管理成功与否的判据,方向的偏离与否才是方向管理关注的重中之重,道理就在这里。

这里需要指出的是,在承认长期目标实现的概率特征的同时,还要看到系统演化方向与愿景、理想层面长期目标具有内在的一致性,即长期目标中包含系统演化的方向,演化方向又存在于长期目标之中。肯定长期目标实现的不确定性与系统演化方向确定性的辩证统一,做出在二者偏离甚至背离情况下的概率判断及选择,正是方向管理的独特之处和精华所在。

四、实践价值判断原则

所谓实践价值判断,就是以实践为基础的价值判断。对于一个充满不确定性的长期演化系统,由于内外随机因素的影响,管理者对系统长期行为的趋势及未来演化方向的判断,即便是遵循了本章前述的所有判断原则,也未必能够正确把握。对于系统的长期行为而言,建立在既往经验和已有理论基础上的判断,即便是"基于系统知识"的概率判断,充其量也只是"好一点"的推测。

造成无法准确判断的原因来自于演化系统长期行为的不确定性。这种不确定性最突出的表现,就表现在系统在一稳态向另一稳态跃迁的过程中,涨落对临界点突变的影响。以社会领域变革的突变为例,如文化革命、科学革命、工业革命、社会革命等的到来对社会发展的影响,由于这些革命行为更多地体现为"破旧立新",往往没有成熟的经验可供借鉴,没有或基本没有有效信息支持,加之系统内外随机性的双重作用,对长期行为发展趋势的预测和前进方向的准确判断,将极其困难甚至根本不可能。

方向管理对系统演化长期行为的推测,通常表现出两个显著的特点:首先,它是建立在既往经验和已有理论的基础之上,与毫无根据的猜测、臆想、主观妄断不同。其次,它虽然带有推测的性质,但它是有待实践检验的推测,它本身是科学性与推测性的统一,是确定性与不确定性的统一。

正因为建立在实践价值判断基础上的推测是一种确定性与不确定性的统一,所以方向管理不要求战略规划之初预设的目标未来必然地与系统演化的方向保持一致,系统演化方向与预设目标的不一致甚至背离,也不意味着演化系统的必然崩溃与管理的失败。在方向管理理论看来,对系统运动方向正确与否的把握,较之如何趋近目标的控制手段以及对目标实现程度的追求更为重要。方向管理关注的是系统发展方向的偏离与否、长期行为不确定性的表现形式、长期行为非线性变化的发展趋势以及系统在临界点突变时的演化状态。

早在20世纪30年代,中国最优秀的思想家与政治家毛泽东就已经在中国革命的实践中领悟到了确定性与不确定性关系的精髓。他在《中国革命战争的战略问题》中就指出:"当执行某一计划时,从开始执行起,到战局终结止,这是又一个认识情况的过程,即实行的过程。此时,第一个过程中的东西是否符合于实况,需要重新加以检查。如果计划和情况不符合,或者不完全符合,就必须依照新的认识,构成新的判断,定下新的决心,把已定计划加以改变,使之适合于新的情况。"①

他在《实践论》中也讲道:"……一般地来说,不论在变革自然或变革社会的实践中,人们原定的思想、理论、计划、方案,毫无改变地实现出来的事,是很少的,这是因为从事变革现实的人们,常常受着许多的限制,不但常常受着科学条件和技术条件的限制,而且也受着客观过程的发展及其表现程度的限制(客观过程的方面及本质尚未充分暴露)。在这种情形之下,由于实践中发现前所未料的情况,因而部分地改变思想、理论、计划、方案的事是常有的,全部地改变的事也是有的。"②

从毛泽东写作《实践论》到如今,已经过去整整85年,当我们重温毛

---

① 毛泽东:《中国革命战争的战略问题》,载《毛泽东选集》,人民出版社,1969,第164页。

② 毛泽东:《实践论》,载《毛泽东选集》,人民出版社,1969,第270页。

泽东的论述时,依然被他倡导实事求是的睿智所折服,感叹这样一位世所罕见的伟人。实事求是不仅是中国共产党的思想路线,还是中国共产党时刻遵循的世界观和方法论。改革开放30多年来,我们国家正是因为坚持了实事求是,才能够不迷信任何教条,才能够解放思想,才能够有今天的成就。而当我们检讨工作中的失误时,大多都是因为违背了实事求是的原则。坚持实事求是,坚持实践是检验真理的唯一标准,是事业成功的不二选择。

实践价值判断包含互为补充的两个方面:

其一,实践在方向正确与否判断中的作用。

从归根结底的意义上讲,实践是判断的基础,没有实践为基础,所有的判断都是无本之木、无源之水。此外,实践价值判断标准体现的也是"实践是检验真理的唯一标准",人类正是在实践→认识→再实践→再认识的循环往复中不断地进步。而实践检验中暴露的不足本来就是一种必然的无奈和前进的代价。原因非常简单,因为人类当下能够掌握的科学理论永远是不完备的,所有的判断都是在特定历史阶段、特定文化背景下,由具有有限阅历、有限知识、有限能力的特定的人完成的。因而,方向管理所追求的并不是管理中每一步骤的准确无误,而是尽量保证管理在战略方向上的最小失误,仅此而已。

其二,价值在方向正确与否判断中的作用。

在人类思想发展史上,曾经有人把价值与功利相混淆,与实用主义画等号。其实,价值判断固然是人的需求的判断,但这种需求不仅仅是经济学意义上的物质需求和个体人欲望的满足,不是纯粹的有用无用。作为哲学范畴的"价值",它反映的是主客体关系中客体与主体需求相适应的关系,这种需求映射在人类社会中,是作为类的人的整体性需求,是与人对幸福生活和真善美的追求联系在一起,与整个人类的发展与进步联系在一起。在方向管理看来,只有以这样的价值判断为标准,才能判断出方向选择得正确与否。

第八章　方向管理在人类社会管理中的应用

一、人类社会的自组织与超组织管理

1. 系统、要素与协同

所谓系统,就是由相互联系、协同作用的要素组成的、与功能相关联的有机整体。我们生活于其中的世界,就是一个以系统方式存在的世界。我们可以从不同的视角出发,把系统分为不同的类型。比如,根据系统与环境的关系分为开放系统、封闭系统和孤立系统。根据系统规模分为宏观系统、中观系统和微观系统。根据人的认知程度分为白色系统、灰色系统和黑色系统等。

在本书第三部分的研究之前,方向管理更多讨论的是一般系统的演化。"一般系统"一词在系统科学中是一个专有名词,通常定义为"关于任意系统研究的一般理论和方法",其主要任务是以元理论意义上的系统为研究对象,从整体出发研究系统状态的共性以及系统与要素之间的相互关系。

一般系统论的提出者是奥地利理论生物学家贝塔朗菲。但最早全面提出系统思维理念的是英国数理逻辑学家和哲学家怀特海。早在1925年前后,怀特海就发表了一系列相关的文章,他认为只有把生命体看成一个有机整体,才能解释复杂的生命现象,他主张用机体论代替机械决定论。

贝塔朗菲深受怀特海的影响。1945年,贝塔朗菲发表了《关于一般系统论》的文章,但由于战争原因,当时没有引起人们的注意。真正引起人们关注并产生重大影响的,是他1968年出版的专著《一般系统论——基础、发展和应用》和1972年发表的文章《一般系统论的历史和现状》。贝塔朗菲一般系统论把研究对象主要集中于机体系统、开放系统和动态系统,通过对不同系统的研究,不仅总结了一般系统论的概念、方法和应用,还重新定义了一般系统论,明确提出一般系统论必须突破技术的局限,上升到哲学方法论的层面。

系统的思维之所以重要,就在于我们面对的世界是一个普遍联系的世界,各个要素彼此之间都不是孤立的存在。普遍联系的思想,概括了事物和现象之间、系统内要素之间相互依赖、相互作用、相互转化的共性,反映的是一切事物、现象所具有的客观普遍性。一般系统论在承认普遍联系的基础上,具体揭示了客观世界的系统存在,充实和丰富了普遍联系的哲学思想。

贝塔朗菲在一般系统论中讨论了要素与系统的共性关系,但没有进一步深入研究要素在系统内的作用机制。是哈肯在协同学的研究中,进一步揭示了物质世界不同类型系统之间的统一性,发现了子系统之间的协同作用和相干效应,提出了自组织的概念。

2. 人类社会中的自组织

在哈肯的协同学中,自组织是相对于组织而言的。从语义学的角度讲,汉语中的组织、自组织,既可以作为名词使用,也可以作为动词使用。作为名词的组织、自组织更多可以理解为是一种结构,作为动词的组织、自组织更多可以理解为是一种行为。

有人把作为行为的组织明确定义为"他组织"。他组织的特点就在于,影响系统行为的组织指令来自于系统外部。哈肯认为,外部环境充其量只是提供了系统从无序向有序转变的条件,一个演化系统有序结构的形成归根结底一定是系统内部要素之间协同作用的结果。

哈肯的《协同学引论》中有一个对理解自组织有帮助的形象比喻:他

把工头向工人发出的指令看作外部指令,依靠外部指令按完全确定的方式工作的过程,他称之为有组织的行为或者干脆叫组织。如果没有外部命令,工人们靠相互之间的某种默契自觉地协同工作,他把这种行为过程称为自组织。

哈肯进一步解释说,从系统结构的形成过程看,自组织是系统在没有外部力量强行驱使的情况下,系统内部各要素间通过相互协同作用自发形成的、可存续的有序结构。从系统的行为方式看,自组织是要素以"自己管理自己"的方式,通过协同合作帮助系统达到和谐与有序。

哈肯的这一比喻和解释如今已经成为理论界表述、定义自组织的最经典比喻和解释,出现在全世界几乎所有研究自组织的论文、书籍中。但我们这里需要指出的是,哈肯的这一比喻和解释虽然形象但并不完全准确;尤其对人类社会中的自组织行为而言,并没有反映出人类社会自组织的特点。

首先,作为管理者的"工头",本身就是管理系统的有机组成部分,工头的指令,不能简单理解为来自管理系统外部的指令。其次,即便是人类社会已经进入理想的大同社会,人的自觉性已经达到了相当的高度,也不可能仅靠个体人之间的默契维持社会的运行。因为作为系统要素的人具有主观能动性,在不同阅历、不同能力的人所组成的人类社会中,由于个体人之间的差异,人与人之间不可能达到完全的默契和自觉的协同,社会层面的组织与协调是必不可少的。

普利高津在《探索复杂性》一书中,用相当篇幅研究了人类社会的自组织,他认为:"日常经验教给了我们行为的适应能力和可塑性。可在远离平衡条件下进行转变的非线性动力系统的两种基本特征,正属于人类社会的最显著特征之列。因此,可以很自然地推想,用于演变的动力学模型也应该是最适于人类社会系统的模式。"[①]

但他同时又认为:"人类系统发现了它自己独一无二的特性。与作

---

① 尼科里斯、普利高津:《探索复杂性》,罗久里、陈奎宁译,四川教育出版社,2010,第268页。

为物理—化学体系的'角色'的分子相反,甚至也与蚂蚁或其他动物社会的成员不同的是,人类确实产生了个人的计划和要求"。①

普利高津在告诉我们,来自于激光、贝纳德花纹研究得出的、对自组织行为的认识,不能简单外推到人类社会系统的整体行为,这是毫无疑问的。但不等于说自组织的研究成果不适用于人类社会,这是不同层面的两个问题。将人类社会中个体人之间相互默契的自觉协同,以及人类社会自组织行为的研究,与传统的组织管理相结合,在二者相互借鉴与融合的碰撞中,很有可能为管理学研究开辟一个新的研究领域。

3. 层级管理、自组织管理与超组织管理

人类社会管理的历史几乎与整个人类文明发展的历史一样久远。但真正规范的社会管理始于上古时期的农耕时代。自此而延续了几千年的基本管理模式主要以层级管理(又称等级管理)为代表,社会秩序建立在严格的社会等级划分中,君君臣臣、父父子子成为人类社会最基本的文化和传统。人们心中所接受的组织结构最基本的就是层级结构,这种层级社会结构几乎成了组织的代名词。与之对应的层级管理几乎成了组织管理的代名词。

层级管理的方法很多,如建立在集权制度下的金字塔管理模式、建立在分权制度下的行星管理模式,以及集权、分权制度相结合的复合管理模式等。层级管理的最显著特点是层级分明,不管是属地层级管理还是职能层级管理,各层级都分工明确,各层级的管理者在分工协作的基础上各司其职。组织的所有指令都来自于各个不同的层级,不同层级发出的指令决定了组织的行为方式。

随着人类社会的发展,特别是进入万物互联的时代以来,人类关于系统的观念大大加强,建立在系统长期演化基础上的社会管理理念逐渐发生了改变,人类逐步认识到自组织观念的重要价值,与之相对应,一种

---

① 尼科里斯、普利高津:《探索复杂性》,罗久里、陈奎宁译,四川教育出版社,2010,第269页。

适用于时代变化的全新的管理模式——自组织管理横空出世。

自组织管理既是一个系统自我适应、自我学习、自我服务、自我成长的过程,也是一个系统通过内部要素间的协同而达到有序化程度的过程。自组织管理变集权式管理为分权式管理、垂直式管理为水平式管理、中心化管理为去中心化管理、节点式管理为分布式管理、被动执行式管理为主动参与式管理、确定性的明晰化管理为不确定性的灰度管理。自组织管理是一类管理方法的统称,它的出现实现了管理方法和观念上的重大飞跃。

自组织管理的出现的确是管理领域出现的一场革命。新事物的出现引发的激情以及随之而来的积极评价也在情理之中。但曾几何时,有些人在认识上却走向了极端,过度贬低组织管理的作用以及存在价值,他们认为组织管理等级森严的分层必然导致管理信息的衰减甚至失真,来自于层级的外部指令必然将被管理者异化为"机械人""工具人"。随着人类社会的发展,组织管理的模式将会被自组织管理的模式所取代,自组织管理将从根本上实现由"事"到"人"的中心转移,完成机械管理到有机治理的转变。

我们认为,层级结构下的组织管理能够存续几千年,使人类社会在短短的几千年中获得难以想象的巨大进步,有其存续的深刻道理。我们断言,在可以预见的未来相当长一个时期内,组织管理依然会是人类社会最基本、最重要的管理方式之一,自组织管理绝无可能取代组织管理而成为人类社会的基本管理模式。即便是到了大同世界,最高组织形式的国家不复存在,人类社会的层级管理也不会缺失,组织管理依然有着不可替代的作用。

对于人类社会的管理而言,自组织管理和组织管理没有先进与落后之分,更没有好坏之分。它们之间不是非此即彼、相互排斥的,这两种方法完全可以取长补短,融合为一种新的管理方法。在没有更准确的相应概念出现之前,我们姑且先将这种融合形成的新管理方法称之为"超组织管理"。

超组织管理提出的重要意义就在于,它在肯定层级管理合理性的同时,超越了自组织管理与组织管理的界限,将集权式管理与分权式管理相统一,垂直式管理与水平式管理相结合。超组织管理就类似一个奇怪吸引子,可以同时表现出中心化管理与去中心化管理、被动执行式管理与主动参与式管理两种趋向,根据系统环境条件的变化,在二者之间仿佛随机地盘旋跳跃。

关于超组织管理模式对人类社会未来的影响和作用,我们现在固然不能轻率下结论,但自组织管理与组织管理犹如车之两轮、鸟之两翼,因互补而缺一不可则是肯定的。如果未来人类社会选择超组织管理的社会管理模式,能够让人的能力在自组织管理与组织管理的融合中获得更大的提升,能够更好地调动人的积极性,发挥每一个个体人的主观能动性,能够让人与人之间更好地和谐相处,默契协同合作,我们就认为在这种管理模式下的社会发展方向是正确的。

二、人类社会的发展与世界中心转移规律

1. 稳态是人类社会发展的前提条件

在方向管理理论看来,所谓人类社会的发展,就是演化系统从一稳态向另一稳态的不断跃迁。从哲学的视域看,稳定状态在运动形式上表现为相对静止。事物在相对静止状态下,虽然有量的改变甚至有微小的质变,但事物的总体性质保持不变,在结构功能上能够保持一致性,能够成为一事物有别于他事物的区分。人类社会如果没有阶段性的稳态存在,人类的发展就无从谈起,我们对人类社会的认识也无从谈起。稳态是人类社会发展的前提条件。

随着人类社会的发展,当今世界已经进入到了第四次工业革命时代。随着第四次工业革命的到来,由于很多影响人类发展的关键领域中的关键技术、关键设备等日益集中掌握在个别大国的手中,大国的话语权和影响世界事务的能力将会出现非线性的增长。当今世界的确出现了这样的态势:个别具有先发优势的大国,凭借其在科学技术、政治、经

济、军事等领域长期领先的优势,任意对世界其他国家颐指气使、欺凌盘剥,霸道地统治着世界。

抛开社会的合理性暂且不谈,单单从社会结构的稳定性出发,方向管理研究认为,单极世界因社会结构过于简单,是典型的不稳定结构,系统本身不具备长久稳定存续的条件。人类只有主动构建具有自我修复机制的、超稳定结构的多极世界,才能保持社会的稳定,促进人类社会长期地健康发展。

在方向管理理论看来,一国独霸的单极世界,从根本上讲,不符合人类社会发展的方向。随着人类社会的发展,在未来相当长的时期内,我们生活于其中的世界会逐步形成若干大国和若干国家集团共同组成的多极世界,多极世界中的国家在相互制约、相互支撑中存在与发展,共同承担起维护世界和平、促进共同发展的责任,保证人类社会的不断进步。

2. 良性竞争与"新人性假设"

竞争是社会生活的常态,是推动人类社会进步的力量之一。竞争能够在临界点不断打破旧有的社会稳定状态,使之跃迁到新的稳定状态,促进系统的发展。人类社会的竞争从竞争性质上可区分为恶性竞争与良性竞争。凡零和博弈的竞争都带有"恶"的性质。基于人类的共同利益,遵守人类公认或约定俗成的规则,相互尊重、合作共赢的竞争属于良性的竞争。

社会达尔文主义者用自然选择、优胜劣汰、适者生存的观点,来解释社会发展的规律和人与人之间的关系,在他们的眼中,人类社会就是强者通吃,生存竞争是社会进化的推动力,社会资源的分配只能在生存竞争中完成。这种将生物进化论运用于人类社会的认识很容易导致人类社会的恶性竞争。

社会达尔文主义的确看到了人类社会客观存在的生存竞争,达尔文提出的以自然选择为基础的进化论当然也包含人类的环境适应性竞争,但达尔文在《物种起源》中所讲的优胜劣汰更多讲的是生物间的异类竞争,当生存的资源有限时,异类的竞争关系就是你死我活,因为生物进化中的自然选择是感性的、被动的、盲目的。而人的思维是感性与理性的统一，人的选择总体是理性的、主动的、清醒的。达尔文在晚年也认识到了这一点，他在《人类的由来》一书中就反复强调道德在人类社会进化中所起的重要作用，认为：对于生存而言，生命的相互合作和创造力比它们之间的相互斗争重要得多。

2015年9月25日至27日，在联合国成立七十周年之际，各国的国家元首、政府首脑和高级别代表会聚在纽约的联合国总部，制定了全球《2030年可持续发展议程》。议程认为，消除贫困是全世界各国人民追求幸福生活的基本权利，议程明确提出："我们决心消除一切形式和表现的贫困与饥饿，让所有人平等和有尊严地在一个健康的环境中充分发挥自己的潜能。"

《2030年可持续发展议程》的制定表明了人类对社会环境具有主动的建构能力，能够对人类的竞争规则进行优选，通过制度安排保证弱势群体的生存权，保证人类的均衡发展。大家共同认识到，只有良性的竞争才能促进人类社会的稳定，只有共同的发展才是人类前进的方向。

应该说，中国在贯彻落实联合国《2030年可持续发展议程》方面，走在了世界前列，中国举全社会之力，深入推进脱贫攻坚，取得了重大决定性成就。2021年2月25日，中国国家主席习近平在全国脱贫攻坚总结表彰大会上向全世界宣布，中国脱贫攻坚战取得了全面胜利，现行标准下9899万农村贫困人口全部脱贫，区域性整体贫困得到解决，中国提前10年实现联合国2030年可持续发展议程的减贫目标，为人类社会的稳定和发展做出了贡献。

值得警惕的是，最近若干年来，世界范围内出现了一股反人类的单边主义逆流。特别是2016年以来，美国政府在"美国优先"口号的鼓动下，把利己主义、霸凌主义、零和博弈思维推行到极致，把人类社会的竞争完全恶性化，严重影响到了人类社会的稳定，成了全球公共治理的威胁。

"美国优先"口号的提出由来已久。早在1891年，美国共和党就把"美国优先，世界第二"作为了党的选举理念，美国优先一直就深植于美国的政治基因之中。有人把美国优先的行为归结为西方"性本恶"文化教化出的人性中的贪婪与自私,我并不完全赞同。我之所以不赞同把美国优先的行为简单归结为人性中的贪婪与自私,是因为我根本就不同意"性本恶"的人性假设。我认为这种基于人性善恶的认识没有真正找到问题的症结所在。

美国整体的文明程度,高于世界上的绝大部分国家,美国人民总体是善良的,对此大多数人没有异议。但美国人的文明与善良丝毫没有影响到美国优先的国家行为,没有影响到美国人对美国优先政策的支持,没有能够阻止美国对全世界的掠夺。最近若干年来,美国在伊拉克、叙利亚、利比亚、阿富汗等国制造的人间悲剧并没有引起大多数善良美国人的同情和反对,我们看到的情形甚至相反,这不能不引起我们对人性善恶之外的深入思考。

"人性假设",是指对人的本质特征中"人性"部分所做的理论假设,常见的就有"性本善""性本恶""亦善亦恶""非善非恶""善恶两重性"等多种假设。麦格雷戈在《企业中的人性面》一书中就曾明确指出,我们必须"去了解他人关于人性行为的假设,无论你所面对的是一个人,还是一个特别的组织",因为"管理决策与实践都是依存于某种行为假设而存在的"。① 不同的人性假设会衍生出差异巨大的管理理念和管理方法。

中国古代的先贤讨论人性假设至少已经有两千多年。总体来讲,中国先贤论述的人性假设大致有五种观点:其一是以孟子为代表的"性善说"。大家耳熟能详的《三字经》开篇所讲的"人之初,性本善。性相近,习相远"宣扬的就是性善说。其二是以荀子为代表的"性恶说"。荀子特别强调用礼和制度来约束规范人的行为。其三为董仲舒提出的"性三品说"。董仲舒认为人有上中下之分,人性也有上中下三品之分。其四是杨雄提出的"善恶混杂说"。其五是告子提出的"性无善恶说"。

自宋明理学兴起以来,以儒家文化为代表的中国传统文化大多认同

---

① 道格拉斯·麦格雷戈:《企业中的人性面》,韩卉译,中国人民大学出版社,2008,第4页。

"性本善",性善说成为中国文化中人性假设的主流,影响至今。建立在性本善基础之上的东方管理理念是伦理层面的"天下一家亲",是不分厚薄亲疏无歧视的"兼爱"。其所对应的管理方法是"教育式管理""启发式管理""引导式管理",在企业管理中表现为"家文化",在治国理政上是平等的"民主协商"等。

西方先贤对人性假设的研究至少也有两千多年。早期认同"有善有恶"的思想家有柏拉图、亚里士多德等。柏拉图就认为,人有欲望、意志和理性,当理性能够驾驭欲望和意志时,人性中就能获得善,反之人性中就充满邪恶。亚里士多德也认为人有理性和情欲,人性的善就体现在用理性把情欲控制在一个合理的状态,在人性与兽性之间取得平衡。

康德认为人有"实我"和"真我"两个"我","实我"是情感主导的我,"真我"是理性主导的我。"真我"因为善的约束而高于欲望主导的"实我",所有人性中的主导取向是善压倒恶的取向。

英国经济学家亚当·斯密在《道德情操论》中基于人性本善的假设,把源于人的同情的利他主义情操视为人类道德行为的普遍基础和行为动机。但在《国富论》中,他又把人性本恶作为经济学的前提假设,把个人利己主义的利益追求当作人类经济行为的基本动机。他认为,经济活动中,自利是人的本性的逻辑前提,互利是人必须遵循的最基本法则。

大卫·休谟是苏格兰的哲学家、经济学家和历史学家,他26岁那年完成了自己人生中最主要的哲学著作《人性论》,但此书刚出版时并没有获得多少重视。后来,他精简了《人性论》的内容,重新以《人类理智研究》为名出版此书,结果取得了比《人性论》好得多的影响力。

休谟接受了西方基督教文化中的"性本恶",但又受亚当·斯密"人性两重性"的影响,从两种逻辑出发,分析了人性的善恶。他认为,商业、贸易的逻辑是互惠双赢,战争的逻辑是你死我活,绝对不能将战争的逻辑运用到商业贸易的活动中。倘若将战争逻辑运用于商贸活动,商贸活动就成了零和博弈,零和博弈的思维方式将严重破坏正常的商业秩序,最终害人害己。休谟对人性的剖析非常深刻,至今仍然具有重要的现实意义。

西方关于人性假设的观点众说纷纭,但总体而言,以欧洲文化(基督教文化)为代表的西方传统文化大多认同"性本恶"。基督教文化中的"原罪说"认为人来到这个世界上就负有深重的"原罪",这是典型的"性本恶"。建立在性本恶基础之上的西方管理理念及其所对应的管理方法是"契约式管理""制度化管理""服从式管理",西方管理中特别强调法治观念,也和"性本恶"的人性假设有很大关系。

性本恶的人性假设催生了企业管理领域"狼文化"的出现。狼族在人类繁盛之前,曾是世界上散布最广的野生动物之一。由于狼对人类驯养的动物危害较大,长期以来被世界各国公认为害兽,甚至成了贪婪、狡诈、残暴的化身。但进入21世纪以来,中西方大批著名企业的企业家极力推崇狼的品格,他们夸赞狼是一种集竞争性、合作性、服从性、忠诚性为一体的智慧动物,狼在确定的组织和规则下,能够表现出高度的团体协作精神。他们把这种对狼的认识上升为一种称之为狼文化的企业文化。

在中国以及许多东方国家,也有一些企业家受中国儒家文化的影响,在企业管理中提倡"家文化",让员工以企业为家,让企业像呵护家人一样呵护员工。他们认为家文化的意义就在于可以打破单纯的雇佣关系,唤醒员工内心深处的真善美,让员工之间可以相互信赖、相互依靠,对企业有归属感。

其实,狼文化与家文化二者是可以相互融合的。我在为研究生讲授《企业文化与企业形象设计》的20多年里,在狼文化与家文化争论的基础之上,提出了"狼居文化"的概念。狼居文化简单说就是狼群中的家文化。它既批判了狼文化中无情的一面,又保留了其提倡的团结协作、坚忍不拔、勇于竞争的一面;既批判了家文化中无原则宽容的一面,又保留了其具有归属感的一面。用哲学的话术来评价,狼居文化是对狼文化和家文化的扬弃,是既批判,又保留。

我们重新回到对人性假设的讨论。

我个人认为,基于个体人的自然属性和后天行为,又试图从"本"的层面去讨论作为"类"的人的初始本性的善恶,其实就是一个伪命题,这也是几千年来人性假设始终无法思想统一的原因。

我认为，与其去讨论人类本性的善恶及其对人行为的影响，莫如从人性的价值取向入手，将"性本善""性本恶"的讨论转化为"性向善""性向恶"的讨论，从发展的角度看待人性的演化方向。

这种一改过去从"本"的层面讨论的人性假设，表面看似乎融入了人的主观选择，但究其本质，依然反映的是人性的客观属性，我们姑且将其称为"新人性假设"。新人性假设研究视域的转换可以为我们开辟一个新的研究空间。相较于"性本善""性本恶"的研究，"性向善""性向恶"的研究在管理领域中的应用前景将更加广阔。

统计学是应用数学的一个分支，主要通过利用概率论建立数学模型，收集所观察系统的数据，进行量化分析、总结，做出推断和预测，为相关决策提供依据和参考。随着信息时代的到来，数字化的进程不断加快，人们越来越多地希望能够从大数据、云计算中总结出一些经验规律，从而为后面的决策提供一些依据。"性向善"与"性向恶"的研究就可以借助统计学的方法，从后天人的行为分析中，利用大数据找出大多数人关于善恶的价值取向，做出概率判断。大多数人"性向善"与"性向恶"的价值取向的统计结果，对于管理决策具有非常重要的参考价值和应用价值。

尽管现在还没有权威的大数据支持，但我倾向于认为，社会层面人的价值取向总体是向善的。因为人与人之间的互帮互助体现的是人区别于其他动物的基本特质，有助于人作为"类"的整体发展。助人为乐、乐善好施，铲强扶弱、扶困济贫等行为，在世界各地都是作为人类优良美德的体现予以提倡、褒奖的，其代表的是整个人类社会的正能量，是价值取向的主流。

但是，毕竟人是从动物分化而来，趋利避害是人的天性，在每个人的身体内或多或少都残存有"兽性"。人类社会几千年的发展过程中，自私、贪婪甚至丑恶、残暴的行为屡见不鲜，所以社会层面的抑恶扬善才特别重要。

西方有一个很重要的理论叫破窗理论，也称"破窗谬论"或"破窗效应"。这一理论源自黑兹利特在一本小册子中的一个比喻,他认为房间的一扇窗户被打破,如果不及时修复,将可能导致更多的窗户被打破。就好像地上有垃圾不及时清扫,将可能导致更多人因仿效而随意抛撒垃圾,污秽的环境会诱导人不自觉地做出随地吐痰、随地大小便之类的不文明行为。

美国政治学家威尔逊和犯罪学家凯琳把黑兹利特的比喻总结为:环境可以对一个人的行为产生强烈的暗示性和诱导性。若干年前在广州火车站,曾有两位女行为艺术家,高举着"我可以骚,你不可以扰"的牌子,企图影响社会的价值取向,她们如果了解一点破窗理论,也许就不会如此天真和幼稚了。

我曾经在破窗理论的基础上提出了一个新鞋理论。

我的新鞋理论来自于明代著名文学家、哲学家王廷相讲的一个故事。有一天的雨后,王廷相坐轿出去办事,路上他觉得轿子总是不停地突然摇摆,于是就挑起轿帘想看个究竟,这一看他明白了:抬轿的其中一个轿夫穿了一双新鞋,他唯恐路上的积水弄脏了新鞋。起初,他还想挑干净地方落脚,在路上总是跳来跳去避开积水,后来不小心一脚踏进了水坑,干净的新鞋被弄脏了,此后他就再也无所顾忌,积水对他已经无所谓了。

我由此总结出了新鞋理论:被脏水污染过的新鞋,接受重复污染的概率将会非线性增加。慎独的失守,将可能导致"性向善"初心的丧失。

我之所以从王廷相的这个故事中总结出来了新鞋理论,是因为虽然从伦理层面所有人都是性向善的,但由于社会环境的影响和个人成长中的不确定因素,总有那么一些人会自觉或不自觉地失守慎独。而其中的某些人一旦有了第一次失守的经历,道德防线被突破,反复失守也就无所谓了,甚至发展到肆意妄行,毫无廉耻。很多腐败的官员第一次受贿总是非常紧张甚至害怕,但久而久之就麻木不仁甚至贪得无厌了。这些人正应了王廷相所描述的"芳树不自惜,与藤相萦系,岁久藤枝繁,见藤不见树",完全失去了性向善的初心。

人心向善的提倡和接受相对而言是容易的,真正难的是人心向善的坚持。由于私有制的存在,由于社会的复杂和人性的多变,很多人目睹的社会现实多是凶狠、狡黠、无耻、贪婪的人占便宜,善良、质朴、忠厚、谦让的人吃亏。如果不能建立一套惩恶扬善的社会机制,消弭"破窗"产生的暗示性和诱导性,久而久之,就会动摇人们对人心向善的坚持。

人性向善的新人性假设与破窗理论、新鞋理论告诉我们,为了创建一个人类社会良性竞争的环境,谋求全人类的共同幸福,首先,人类必须从根本上消灭私有制,铲除一切有助于邪恶滋生的土壤。其次,在私有制存在的当下,人类需要共同营造一个优良的道德环境,激发人的向善之心,将"向善"作为人类共同的价值取向和道德标准。我们相信,一个充满"善"的世界,一个人与人之间和谐相处、默契协作的社会,一定代表的是人类社会发展的正确方向。

3. 非线性增长的大国影响力与大国责任

随着人类社会的发展,全世界范围内互联互通的智能化、信息化时代和绿色能源时代汹涌而至。这不仅代表着人类社会一个新时代的到来,还将迎来人类社会百年未有之大变局,导引的将是整个人类社会的发展方向。

以大数据、云计算、互联网等技术为标志的信息社会的发展,在很大程度上依赖于航空航天、半导体工业、量子技术等为标志的高科技领域的发展。以风力发电、太阳能发电、新能源汽车、深海开采、人工光合等技术为标志的绿色社会的发展,很大程度上依赖于材料科学、生物技术、先进制造业等高科技领域的发展。而所有这一切的发展,都必须有深厚的人才资源及充足的财力做支撑,必须建立在强大的国力基础之上,非大国而莫能为之。

以全球卫星导航定位技术为例:目前全世界能够达到应用程度的系统只有四个,这就是美国的 GPS 系统、中国的北斗系统(BDS)、俄罗斯的格洛纳斯系统(GLONASS)和欧盟的伽利略系统(GALILEO)。没有全球卫星导航定位技术的支持,所谓的全球信息化时代就是一句空话。而世界范围内占绝大多数的中小国家,无能力单独构建这样的卫星导航定位系统,因为它不仅与航空航天等高科技领域相关联,更必须有强大的财力支撑和广阔的市场支持,三者缺一不可。如前所述,非大国而莫能为之。

如今,科学技术的进步已经彻底改变了人类的生活方式乃至生存方式,传统的政治经济学理论和旧有的几乎所有市场经济运行规则都将被重新认识。由于高科技发展所带来的新型垄断性,随着时间的推移,在今后相当长的一个时期内,大国对全世界的影响力将会呈现非线性增长的态势。作为社会系统中状态变量的中小国家,话语权会越来越小,其作用随时有可能被"绝热消去"。大国将成为社会系统演化的控制变量,影响世界演化的方向,未来世界不可避免将进入大国竞争的新时代。

其实,这种竞争态势,在第二次世界大战之后就已初见端倪,而后愈演愈烈。以苏联解体为代表的很多社会突变,尽管有其历史必然性,但其结果依然令人瞠目结舌,无法想象。我们可以预见,在未来相当长的一个时期内,这种态势将会延续下去,某些大国的分裂和新的国家集团的崛起将成为人类演化的新常态,制度竞争将决定未来人类社会的发展方向。让我们拭目以待。

今天,我们不去从伦理学的视角评价大国影响力非线性增长的合理性,这个世界必须面对大国竞争的事实和无法回避的严峻性。当今世界,倘若对全球发展具有重大影响力的大国之间出现恶性竞争,某一方不遵守公平竞争规则,追求零和博弈,对人类社会而言,将无异于一场噩梦,会极大地影响世界的安定,造成人类社会的不稳定,不仅无法完成人类社会正常情况下从一稳态向另一稳态的跃迁,甚至会阻碍人类社会发展的进程,造成人类社会的倒退。

因此,面对新时代的到来和出现的新问题,大国切实履行自己的国际义务,承担一个大国应该承担的责任,就显得尤其重要。所谓大国责任,就当前而言,就是坚定维护以联合国为核心的国际体系,兼顾全世界所有国家的共同利益,积极参与引领全球治理体系改革和建设,推动全球治理体系朝着更加公正合理的方向发展。这才是一个负责任大国的担当,这才是一个大国的样子。

4. 文明决定人类未来的发展方向

文明是相对于野蛮而言的，涉及的是人类的生活方式和生存方式。即便是具有鲜明特色的地域文明，也并不完全局限于某一个特定的空间地域，但的确和某一个特定地域的文化特征密切相关。就文化与文明的关系而言，法国杰出的历史学家布罗代尔认为："（文化）即尚未达到成熟、尚未达到最佳状态、尚无法确保其成长发展的文明。"[1]但如果这种"文化特征在可预见的未来将一直延续下去的时候，我就可以把它称为文明"[2]。在布罗代尔看来，文明的定义是和对文化的定义相关的，对文化的不同理解直接影响对文明的理解。

"文化"作为一个概念，在中国出现得很晚，是19世纪末从日文转译过来的。但关于文化内容的表述最早可以追溯到《易·贲卦》的《象传》，即"观乎天文，以察时变，观乎人文，以化成天下"。古人所说的"文化"包括文治、教化和礼乐典章制度等含义，基本属于社会上层建筑。Culture从英语的词源学看，与中国古代人对文化的理解相近，也带有教化的含义。

我们今天所说的文化与《象传》中的"文化"不尽相同。我们把文化分为"广义文化"和"狭义文化"两个层次：广义文化指的是人类所创造的一切物质财富和精神财富，狭义文化特指人类精神成果的总和。现代人理解的文明显然是建立在广义文化的基础之上。

亨廷顿认为："人类的历史是文明的历史。不可能用其他任何思路来思考人类的发展。这一历史穿越了历代文明，从古代苏美尔文明和埃及文明到古典文明和中美洲文明再到基督教文明和伊斯兰文明，还穿越了中国文明和印度文明的连续表现形式。在整个历史上，文明为人们提供了最广泛的认同。"[3]

---

[1] 文扬:《文明的逻辑》,商务印书馆,2021,第14页。
[2] 文扬:《文明的逻辑》,商务印书馆,2021,第11页。
[3] 塞缪尔·亨廷顿:《文明的冲突与世界秩序的重建》,周琪、刘绯、张立平、王圆译,新华出版社,2010,第19页。

但是,我认为亨廷顿讲得并不准确。因为直到近代之前,虽然人类不同区域的文明之间有一定的交往,譬如中国文明与印度文明的交流、基督教文明与伊斯兰文明的交流等,但总体上看,不同区域古代文明之间的接触并没有对古代世界文明的融合产生根本性的深刻影响。15—16世纪之前世界不同区域的文明,实际上是在各自不同的轨道上前行,基本上处于各自的相对孤立状态,所谓"最广泛的认同"实际上是基本不存在的,至少认同度是很低的。

真正强制的"广泛认同"肇始于16世纪开始的欧洲人的海外扩张。从哥伦布、麦哲伦等人的航海探索开始,西方文明的触角逐步开始伸向世界各地。西方人用坚船利炮几乎殖民了整个非洲和美洲,甚至一度将印度和中国都变成了殖民地和半殖民地。整个"世界在某种意义上是一分为二的,主要的区分存在于迄今占统治地位的西方文明和其他文明之间"[1]。

亨廷顿所谓的"西方文明"并不是一个严格意义上的地域概念。早期也许可以认为是以英国、法国、希腊、葡萄牙、荷兰、意大利等为代表的西欧、中欧文明,现在则约定俗成理解为是以美国为首的,包括欧洲部分国家及加拿大、日本、澳大利亚等为代表的发达国家的文明。这些国家以"普世价值"作为他们价值观的共同基础,认为"普世文明"才是代表进步的现代文明。

用人为划定不同文明的方法对地球上的不同国家进行分类,不过是最近200年左右的事情。而用"文明冲突"对国际关系进行解释,用"文明差异"将不同国家划分为三、六、九等,根据不同的"文明"实行结盟,甚至组成一个集团去限制、打压、欺负其他文明国家,出现在最近几十年。

中国人对以普世价值观为代表的所谓西方文明有自己的不同认识,中国人并不认同西方文明的唯一性。《文明与野蛮》一书的翻译者吕叔湘先生曾经在"译者序"中风趣地说:"文明是一件东拼西凑的百衲衣,谁

---

[1] 塞缪尔·亨廷顿:《文明的冲突与世界秩序的重建》,周琪、刘绯、张立平、王圆译,新华出版社.2010.第15页。

也不能夸口是他'独家制造','转借'实为文化史中的重要因子。"①正是世界各国文明的交流互鉴、彼此融合,才能够成就人类伟大的共同文明。

我始终认为,尽管对什么是人类文明不同的人会有不同的理解,我们不可能也没有必要强行统一,但为了人类社会的稳定和长期发展,我们还是应该为人类的行为设定一些最基本的规范,共同约定人类文明最基本的判定标准。我认为作为人类行为的最基本规范及其判定标准,至少应该有三条:其一,以真善美作为最基本的出发点;其二,坚守大多数人认同的道德底线和行为准则;其三,有利于人类社会的整体发展。背离了这三条,就不是文明行为而是野蛮行为,整个人类社会就不算真正进入文明的阶段。

中国是世界文明最重要的发源地之一,中国文明在五千年的人类发展史中,始终是处于引领地位的文明,虽然近代的300年左右出现了一些波折,但中国人从未对自己的文明自信产生动摇。正如亨廷顿所说:"中国的文明是世界上最古老的文明,中国人对其文明的独特性和成就亦有非常清楚的意识。中国学者因此十分自然地从文明的角度思考问题,并且把世界看作是一个具有各种不同文明的,而且有时是互相竞争的文明的世界。"②

2023年2月7日,习近平总书记在中央党校省部级干部研讨班的开班式上,全面分析了中国现代化和人类文明的关系。他认为:"中国式现代化,深深植根于中华优秀传统文化,体现科学社会主义的先进本质,借鉴吸收一切人类优秀文明成果,代表人类文明进步的发展方向,展现了不同于西方现代化模式的新图景,是一种全新的人类文明形态。"他还认为:"文明只有姹紫嫣红之别,但绝无高低优劣之分。""认为自己的人种和文明高人一等,执意改造甚至取代其他文明,在认识上是愚蠢的,在做

---

① 罗伯特·路威:《文明与野蛮》,吕叔湘译,生活·读书·新知三联书店,2021,第4页。

② 塞缪尔·亨廷顿:《文明的冲突与世界秩序的重建》,周琪、刘绯、张立平、王圆译,新华出版社,2010,第1页。

法上是灾难性的。"

2023年3月15日,在中国北京召开了"中国共产党与世界政党高层对话会",探讨"现代化道路:政党的责任"这一重要命题。在这次会议上,习近平发表了题为《携手同行现代化之路》的主旨讲话,发出了"全球文明倡议"。他认为:"在各国前途命运紧密相连的今天,不同文明包容共存、交流互鉴,在推动人类社会现代化进程、繁荣世界文明百花园中具有不可替代的作用。我们要共同倡导尊重世界文明多样性,坚持文明平等、互鉴、对话、包容,以文明交流超越文明隔阂、文明互鉴超越文明冲突、文明包容超越文明优越。""全球文明倡议"体现的是中国共产党人宽阔的胸怀、放眼未来的战略眼光和把握人类社会前进方向的控制能力。

"全球发展倡议""全球安全倡议""全球文明倡议"这三大倡议相互联系、互为补充,共同弘扬了人类追求进步、和平、修养的永恒主题,是中国人为全球治理贡献的智慧。三大倡议不仅是人类具有建设性的可持续性事业,也是当前解决时代挑战的可行性方案。正如习近平在《携手同行现代化之路》的主旨讲话中所指出的:"人类是一个一荣俱荣、一损俱损的命运共同体。任何国家追求现代化,都应该秉持团结合作、共同发展的理念,走共建共享共赢之路。"

我们认为,一个国家的文明程度反映的就是一个国家的竞争力,未来世界的竞争最终一定是不同文明之间的竞争,文明决定未来。而一个国家的文明程度通常是由这个国家的文化作为标识的。正如习近平总书记所说,中国的文明深深植根于中华优秀传统文化,中国文明的核心内容体现在中国的传统文化中。中国传统文化是世界文化宝库中最瑰丽耀眼的文化之一,中国传统文化有三个方面,对中国数千年来社会发展的影响巨大。

其一,提倡仁、善、信、义,重视礼义教育。这有助于建立中国人崇尚道德的价值观,有助于建立稳定的社会秩序和人际交往的良好行为规范,保证了社会总体的有序和稳定。

其二,提倡奋发学习,鼓励关心政治,建立优秀人才的遴选机制。中国古代整个文化的基本氛围就是认为读书入仕才是人生正途,"仕而优则学,学而优则仕"为历代读书人所接受,并成为学子们奋发学习的动力。这种价值观和自隋唐开始逐步形成的科举制度相结合,有助于统治阶级在全社会范围内遴选最优秀的人才,让管理国家的权力尽可能掌控在杰出的政治家手中。

其三,提倡源自上古文化、道家思想的独立、自强意识。这有助于培养坚韧不拔的中华民族精神,让中国人永不屈服地自立于世界民族之林。

首先,我们来谈一下中国以"仁"为核心的价值观的建立。

中国传统文化中的主流是儒家文化,儒家历来主张"仁政"治国,"仁"是中国儒家文化最核心的理念。"仁"的概念在孔子之前已经被使用,春秋晚期的侯马盟书中就出现过"仁"。但作为哲学范畴的系统论述是从孔子开始的。

从《论语》中关于"仁"的诸多表述来看,孔子一方面非常想超越个人道德观念,在哲学层面的一般意义上来阐述"仁",因为只有这样,才能够摆脱具象的干扰和羁绊,才能够让"仁"的表达更深刻。但另一方面孔子又发现,离开了具象的刻画,"仁"实在是很难说清楚。孔子反复思考的结果,是不得不退回到个人的道德层面,通过讲一个人如何在道德上规范自己才能做到"仁",进而说明什么是仁。用研究的严谨性来衡量,这实际上是远远不够的。但限于古代人的抽象思维能力,这也许就是孔子退而求其次的无奈。

在孔子看来,"刚毅木讷近于仁"。就是说,一个人只要具备刚强、果断、朴实、谨慎四种品德,就非常接近"仁"了。但要真正做到仁,必须具备五种优良的品行,也就是孔子讲的"能行五者于天下,为仁"。孔子所说的五者指的是恭、宽、信、敏、惠。他认为一个真正的"仁人"必须具备恭敬、宽厚、诚信、勤思、慈爱这五种品德。

在老子看来:"失道而后德,失德而后仁,失仁而后义,失义而后礼。"[①]孔子面对春秋晚期礼崩乐坏的"失仁"局面痛心疾首,对屡屡犯上

---

① 任继愈:《老子今译》,古籍出版社,1956,第29页。

作乱的"失道"行为"是可忍孰不可忍",他希望通过游说和办学影响统治阶级和老百姓,通过宣传"克己复礼",对失道、失德、失仁的行为予以纠正。

孔子说的"克己"指的是约束自己,让个人的行为举止符合"礼"的要求。"复礼"指的是恢复周礼,让国家的政治秩序符合"礼"的规范。在这里,"复礼"是通过停留在个人道德层面的"克己"实现的。在孔子的思想观念中,之所以只有"克己"理念,没有"克群"的想法,是因为整个中国古代社会,"天子"与"天下"的界限本就是模糊不清的,在这样的基础上来讨论"仁",孔子是很难讲得清楚的,这也难怪孔子不得不"子罕言利与命与仁"了。

孟子进一步将孔子的仁学思想运用于政治治理,提出了著名的"仁政"学说。孟子提出仁政的政治主张,主要是对当时法家推行"严刑峻法"的不满,反对管子、晏子的霸道。他认为这种激进的政治措施起不到预想的作用,还会导致社会矛盾的激化,因为"以力服人者,非心服也,力不赡(足)也。以德服人者,中心悦而诚服也"①。

孟子在主张仁义说教感化政策的同时,提出了"民为贵,社稷次之,君为轻"的民本思想。孟子唯物主义的民本思想是中国政治伦理中的核心观念,对后来的政治家影响巨大。"民惟邦本,本固邦宁","言人君当固民以安国",成为中国历代统治者遵循的根本。

中国共产党从建党之初就为民本思想赋予了新的含义,把共产党的宗旨确定为"全心全意为人民服务"。习近平总书记近年来反复强调:"让人民生活幸福是'国之大者'",要"坚持人民至上的人民观",要"执政为民",要"为人民谋幸福",要"始终坚持一切为了人民,一切依靠人民"等,所坚持的就是中国共产党一贯以来为人民服务的思想。

孔孟之后,坚持"克己复礼"的人还有很多,相关的书籍也很多。其中西汉礼学家戴圣所编纂的《礼记》值得推荐。这是一本中国古代礼仪的大全。如果想从礼仪入手学习中国的传统文化,了解中国的文明,《礼

---

① 任继愈:《中国哲学史简编》,人民出版社,1973,第97页。

记》就是中国古代在社会秩序、行为规范方面最系统、最经典的教科书。

在中国的传统文化中,非常注重诚信教育。诚信讲的是做人要诚实,有信用,孔子和孟子关于弘扬诚信精神的论述俯拾皆是。提到诚信,中国人耳熟能详的就是"言必信,行必果"这句话,千百年以来,人们始终把这句话作为讲诚信的重要标准之一。殊不知,我们"断章取义"了。

孔子在《论语·子路》中的完整论述是:"言必信,行必果,硁硁然小人哉。"在孔子看来,"小人"当然要讲诚信,但与之对应的"大人"未必一定要讲诚信。孟子在《离娄第二》中把话说得就更明白了,他明确告诉我们:"大人者,言不必信,行不必果。"为什么?孟子给出了四个字的解释:"惟义所在。"孔子和孟子的意思很明白:义在信先。信固然重要,但那是对小人而言。为了大义,大人是可以不必拘泥于"言必信、行必果"的。

也许孔子和孟子讲的有一定道理。但我担心的是,如此冠冕堂皇的理由会成为麒麟皮下的马脚,某些卑鄙之人会歪曲圣人的意思,假大义之名,行苟且之实,视诚信为无物,为自己的龌龊行为开后门。

其实,信和义并非势不两立。小人也好,大人也罢,讲诚信是做人的起码底线,谁也不能例外。正如孟子自己所说:"以善服人者,未有能服人者。以善养人,然后能服天下。天下不心服而王者,未之有也。"要想要求别人做到,就要自己先身体力行,以身作则,做别人的榜样。

我一向认为,与诚信相比较,更高的境界是轻信。诚信是让别人相信你,轻信是你相信别人。一个人做到诚信不容易,做到轻信更不容易。由于社会的复杂和人性的多变,轻信难免会上当受骗,所以,"害人之心不可有,防人之心不可无"成了很多父母教育孩子的至理名言。殊不知,一个人如果一生处处对别人设防,不仅活得太累,行为方式、言谈举止乃至心灵都会因设防而扭曲,久而久之,会失去从心底发出的真诚,失去坦荡纯真的初心。君子为人的珍贵所在,就在于无条件坚持诚信与轻信的底线原则,而且能够做到始终如一。

其实,管理心理学的研究早就发现,一个人的疑心太重,对别人从心理上处处设防的同时,别人也一定会有相通的感应,也一定会对你处处设防,甚至有过之而无不及,其心理倾向符合"对等性吸引规律"①。如此我防你,你防我,人与人之间的互信程度、交往效能就会降低,社会交往的成本就会加大,人生成功的概率就会变小。

历史上很多伟人都有轻信的"缺点"。恩格斯就曾经"嘲笑"一生经济窘迫、需要经常靠他接济的马克思,是一个最容易被欺骗的人,"任何一个人都可以把手伸进马克思的口袋"。但马克思至死不悔,在写给自己女儿燕妮的信中,他甚至把轻信作为自己一生坚守的人生格言。

诚信是交友的基础,轻信是交友的催化剂、黏合剂。只有心底纯净、坦坦荡荡的人,才可能轻信别人,才会把轻信作为自己坚守的做人原则。轻信表面看是轻率,甚至是愚蠢,实则是大智慧。抛开功利心,对人以诚相待,才能交到真正志同道合的同频朋友,个人的发展才会有更强大的助力。就人类社会而言,人与人之间多一分真诚、多一分信任,社会就多一分美好、多一分和谐。

也许有人对轻信的价值不以为然,也许有人认为轻信是相互的,如果别人不讲 fairplay,我们也大可不必"费厄泼赖"。我完全可以理解这样的想法,这里面的确有一个"公平"的问题。讲诚信、轻信是让人做好人,一个鼓励人做好人的社会应该是一个好人不吃亏、好心有好报的社会,应该是一个能够保证在人与人的竞争中让好人胜出的社会,而不是相反。

据 20 世纪 90 年代一家媒体的报道,美国曾经有人在"狼羊"竞争的仿真实验模型基础上,做过一个"弱 TFT"的仿真实验。实验的方法是把动物生存竞争的仿真模型输入计算机,以人为实验样本,让传统意义上的"好人"与"坏人"各自遵循自己的道德规范和行为准则,在相同的环境条件下自由竞争。实验的结果让"好人"大失所望:"好人"一败涂地,"坏人"大获全胜。

于是,设计实验者对模型做一点儿修改,即当"好人"发现"坏人"不

---

① 张明正、徐泰玲、赵铁民、李聪明:《管理心理学理论与方法》,中央民族大学出版社,1997,第 177 页。

合作甚至欺骗时，立刻改变迂腐的执拗，抛弃宋襄公之流愚蠢的"仁义"，坚持"人不犯我，我不犯人；人若犯我，我必犯人"的原则，并针锋相对地"以其人之道，还治其人之身"，毫不留情地"以牙还牙，以血还血"。实验的结果终于不负"好人"所望：胜出的是这些不讲恕道的"好人"。

实验设计者的初衷是什么我们不知道，实验的约束条件是什么，"好人"与"坏人"的标准是如何设定的，我们也不知道，自然对实验结果无从评判。我只是猜测，实验设计者让好人采取以暴制暴的做法并最终胜出，是因为人类社会这几千年，善良、忠厚的人吃亏的案例太多了，狠毒、狡诈的人成功的概率太高了。而坏人之所以屡屡得手，不是因为坏人的聪明和强大，而是因为传统道德规范中的缺陷所致。而以暴制暴恰恰可以弥补这些缺陷。

在私有制存在的阶级社会中，"己所不欲勿施于人"也许只是美好的愿望。在这个世界上，恬不知耻炫耀"我们有一整套撒谎、欺骗、偷窃课程"的蓬佩奥之流大有人在。但无论如何，"人性向善"的基本判断不会错，应该做好人必将成为全人类的道德共识，全人类会越来越清楚地认识到这一点，因为它代表的是人类道德的提升和发展的方向，有益于人类社会整体久远的进步。

其次，我们来谈一下中国传统文化中，以取士为目的、以科举为手段的人才遴选机制。

在中国传统的文化价值观中，非常崇尚读书学习，正所谓"少小须勤学，文章可立身"，"万般皆下品，惟有读书高"。而由于中国古代社会人生职业选择的局限性，尽管从政不是唯一出路，求取功名依然是众多读书人非常重要的人生选择。从春秋战国时期稷下学宫出来的莘莘学子，到历代书院培养的饱学之士，大多数人都把"夫子至于是邦也，必闻其政"当作学习的榜样。

中国封建社会为读书人从政提供了很多渠道，而其中最重要的是存续中国长达一千二百余年的科举制度。科举制度是一种通过考试选拔人才的遴选制度，因考试设立多种科目，采用分科取士的办法，所以叫做科举。不同的历史时期，科举考试的内容会有所不同，但基本思想是有承继关系的。科举考试按照考试的级别,可以先后在地方和中央举行,但取士权归中央所有。

科举制度具有两个非常鲜明的特点:其一是遴选机制的公平性,其二是取士标准的唯一性。这样的人才选拔机制有利于真正有能力的精英人才脱颖而出,有利于社会的稳定和发展。封建社会时期的中国是全世界所有封建主义国家中唯一长期保持超稳定结构(关于超稳定结构的相关内容,请参看本书第二部分第三章)的国家,这与科举制度下的人才选拔与使用不无关系。

在封建社会,科举制度相对而言算是比较公平的人才选拔机制。相较于汉魏的察举制,无歧视自由报考,允许不同社会阶层的人平等参与选拔,给了所有人出人头地的希望和机会,大大扩展了国家引进人才的空间。科举制度下的整个选拔过程相对透明,"鲤鱼跳龙门""金榜题名"成为所有人羡慕的成功、奋斗的目标,"朝为匹夫,暮为卿相""朝为田舍郎,暮登天子堂"成为寒门子弟励志读书的最大动力、登科入仕的最有效途径。

从隋唐到宋元明清,科举制度获得社会的广泛支持,凭学识和能力参与国家政治治理的取士安排被全社会所认同和接受,国家根据科举考试结果这唯一的取士标准,不拘一格选拔人才,为精英人才公平提供施展才华的平台。科举制度在长期的历史发展中,存在问题甚至弊病是必然的,但整体上瑕不掩瑜,其对中国古代社会发展的积极影响是毋庸置疑的。

在人类社会数千年的发展中,因社会管理的结构所决定,历史上任何国家在任何时期,无一例外都是由政治家控制和主导,政治家的品格和能力往往可以决定一个国家的命运走向。而中国科举的取士制度和用人原则在一定程度上保证了各级文官中大多数人的基本素质和能力,对中国封建社会能够长期保持超稳定结构,让中国在长达一千多年的时间里,成为世界文化历史最悠久、经济最发达的国家,无疑起到了至关重要的作用。

即便是人类社会发展到21世纪的今天,一个国家能否真正遴选出富有经验、具有远见卓识的优秀政治家,整个世界能否在睿智的政治家领导下进行全球治理,共同把控人类社会的发展方向,依然是人类社会面临的重大问题。从这个意义上讲,中国古代的取士制度,政治家必备的品格、学识、能力、经验等条件,对当今人类社会政治精英的选拔使用仍然具有重要的启迪意义。

最后,我们来谈一下中国传统文化中体现的中华民族精神。

中华民族的民族精神是什么？这是一个仁者见仁、智者见智的问题。我个人认为,能够支撑中华民族自立于世界民族之林的最核心精神就是中华民族坚韧不拔、自强不息的独立精神。这种精神的源头来自于中华民族的上古文化,在自上古以来的神话传说中多有体现。而这种源自上古文化中的民族精神在中国本土产生的道家思想中得到了充分地弘扬。

中国以孔子为代表的儒家文化,历来提倡"子不语怪力乱神",要求对鬼神敬而远之。但这并不影响神话传说成为中国传统文化中最神奇的部分。古希腊文化是西方文化的源头,如果将古希腊文化中的神话传说剔除,古希腊的文化将会黯然失色。中国古代的神话传说同样具有如此重要的作用。

当我们比较中西方古代的神话传说时,发现二者有明显的差异。在西方的神话传说中,大多宣传的是神的意志,强调的是人必须服从神,神是人的主宰。但中国的神话传说中,细数女娲补天、燧人取火、后羿射日、精卫填海、愚公移山、大禹治水、牛郎织女等,反映的都是人不甘命运被摆布的抗争精神,是不靠神灵靠自己的自强精神,是人定胜天的乐观精神。

中国神话传说中的抗争精神和自强精神在中国本土产生的道家思想中得到了充分地体现。

道家始于老子,以老子的道家思想为核心建立的哲学体系称为道学。道学是秦汉后建构出来的,先秦时期没有真正形成道学一派。道学分"黄老"与"老庄"两支,前者重外王,后者重内圣。而老子与庄子的哲学主张又有区别,老学偏向于治术和养生术,庄学则侧重天人关系方面的进展，偏向个人境界。

提到道家，很多人首先想到的是"无为而治"，批评的是炼丹成仙、神仙方术，这是把道家与道教混为一谈了。道家属先秦诸子百家的学派之一，而道教是一种宗教。道家与道教有联系也有区别。道家自强自立的抗争精神和道教重生恶死的积极人生观都是中国传统文化中非常重要的思想。

道家自强自立的抗争精神，集中反映在老子的《西升经》中。《西升经》为老子五部著作之一，传说是老子在函谷关写《道德经》时，函谷关守关关令尹喜在照顾老子饮食起居的同时，经常向老子请教，并根据老子的言谈记录，整理写出了《西升经》。《西升经》的影响力虽然远小于《道德经》，但因其中闪耀的抗争精神，成为中华民族自强不息文化的源头之一。

《西升经》全文共三十九章，其中第二十六章即《我命章》中，反映出一个非常重要的思想："我命在我，不属天地。我不视不听不知，神不出身，与道同久。吾与天地分一气而治，自守根本也。"晋代道教理论家葛洪在《抱朴子·内篇》中把此意通俗化为："我命在我不在天。"

道教以道家思想作为道教理论体系建立的基础，同样崇尚"我命在我不在天"。成书于五代的《真气还元铭》曾对我命在我有一个形象的描述："人若能知自然之道……则寒温饥渴不能侵，五兵白刃不能近。死生在手，变化由心，地不能埋，天不能煞。此之为我命在我也，不在于天。"这一描述的可贵之处就在于强调自然之道在先，寒温饥渴不能侵，五兵白刃不能近，是尊重自然规律前提下的"我命在我不在天"，而不是"刀枪不入"愚昧形象的展示。

中华民族总体上是一个非常谦和的民族，与西方基督文化宣扬"原罪"的"性本恶"不同，中国传统文化中的人性假设，基本主张的是"性本善"。但主张性本善不代表逆来顺受，中国文化自上古以来就柔中带刚，"我命在我不在天"彰显的是人的不屈精神。这种不屈不挠的抗争精神在中国文化几千年的发展历史中，早已演化为中华民族坚韧不拔、自强自立的独立精神，成为中国文化的精髓，助力中国社会的发展。

5. 国家综合实力的五维分析及世界中心转移规律

国家与国家之间的竞争可以体现在多个层面,但总体来讲,是综合实力的竞争。我认为,判断一个国家的综合实力,至少应该从五个方面入手,这就是一个国家的政治力、经济力、军事力、文化力和凝聚力,此五力分析又可以称为国家综合实力的五维分析。

政治是经济的集中表现,政治力是判断一个国家综合实力强弱的重要尺度。政治力主要包括国家政治制度、国家稳定状态、政府执政效率、人民幸福指数等判断指标。

在政治力的所有判断指标中,政治制度是一个国家最重要的指标,代表的是一个国家的核心竞争力。习近平总书记在中国共产党十九届四中全会上讲道:"'凡将立国,制度不可不察也。'制度优势是一个国家的最大优势,制度竞争是国家间最根本的竞争。"这话讲得千真万确。

国家间竞争从表层上看是经济、科技、军事的竞争,从深层上看就是制度的竞争。社会主义和资本主义是当代最主要的两种社会学思想和价值观,也是当代最基本的两种社会制度。社会主义与资本主义的根本对立集中体现在生产关系上,社会主义要消灭私有制,资本主义要维护私有制。当今世界最大的制度竞争就是社会主义制度与资本主义制度的竞争。

在20世纪90年代以前,世界上存在一个庞大的社会主义阵营,相当一批国家实行社会主义制度。但由于各国的国情不同,社会主义制度并不一定适合现在世界上的每一个国家,加之其他方面的很多原因,目前世界上真正实行社会主义制度的国家已经寥寥无几。

中国经过一百多年的艰难探索和社会实践,无数事实已经充分证明,中国人找到了最适合自己发展道路的社会制度,这就是中国目前正在实行的、具有中国特色的社会主义制度。社会主义制度的最大优势首先就来自于制度本身内含的执政为民的政府执政导向。众所周知,社会主义的宗旨是通过最终消灭一切不合理的剥削制度,解放和发展生产力。通过发展生产力,实现大多数人的共同富裕,为广大人民群众谋福祉。

尽管社会主义在实践中还有这样或那样的不足，还需要不断完善，但这是前进中的问题。归根结底，凡是主张为大多数人谋利益的制度，彰显的就是人性向善，代表的就是人类社会发展的正确前进方向。凡是坚持并真正做到为大多数人谋利益的国家，一定能够长治久安，一定能够稳定发展。

社会主义制度的另一个优势是可以最大限度地整合社会资源，集中力量办大事。这样的制度优势可以帮助一个国家在比较短的时间内，在有限的人力、物力、财力制约下，在科学技术、军事等重要领域实现关键点的突破，增强国家之间的实力对抗能力，带动国家整体综合实力的跨越式提高。

习近平总书记近年来多次谈到的制度自信，指的就是对社会主义制度有自信。社会主义是主张我为人人、人人为我的利他主义，社会主义制度是千方百计让大多数人满意的制度，是想方设法促进社会和谐、国家发展的制度。我们坚信，这样的制度在不断的自我完善中，一定能够得到大多数人的拥护，最终一定能够为全人类所接受。

目前，很多西方国家的有识之士和全世界大多数国家都在关注中国，从中国的发展中分析中国特色社会主义制度的合理性，研究、借鉴中国的政治治理模式。世界著名的未来学家奈斯比特2009年出版了一本名为《中国大趋势》的书，其中就讲道："在政治领域，西方国家仍然宣称西方民主是最好的执政方式。但是从在中国的所见所闻来看，我们不得不怀疑西方现代民主是否是唯一可接受的民主形式。对于第三世界的许多国家来说，中国已经开始展示一种与西方不同的、诱人的发展模式。假以时日，它很可能成为对西方民主治理方式的一种真正挑战。"[①]奈斯比特的预言更增强了我们的制度自信和对未来的期许。我们坚信，社会主义一定具有强大的生命力，因为它代表着人类发展的正确方向。

---

① 约翰·奈斯比特、多丽丝·奈斯比特：《中国大趋势：新社会的八大支柱》，魏平译，吉林出版集团、中华工商联合出版社，2009，第5-6页。

方向管理论

以美国为首的西方发达国家及部分其他国家,目前实行的是资本主义制度。资本主义制度主张私有制,强调的是个人利益至上。资本主义制度在宗旨上与社会主义制度具有根本的不同,本质上是利己主义的制度。按照马克思的观点,资本主义对应的是以物的依赖性为基础的人的独立性。

资本主义制度的出现已经有300年左右。苏联创始人列宁1916年曾经撰写《帝国主义是资本主义的最高阶段》,认为资本主义已经发展到"最高历史阶段"的帝国主义,而"帝国主义是金融资本和垄断的时代,金融资本和垄断到处都带有统治的趋势而不是自由的趋势"①,帝国主义这样做的结果势必会导致社会矛盾不可调和的极端尖锐化。所以,列宁预言,"帝国主义是过渡的资本主义,或者更确切些说,是垂死的资本主义"②,这样的制度很快就会灭亡。

100多年过去了,列宁认为寄生的、腐朽的、垂死的资本主义制度仍被世界上相当多的国家主动或被动地接受,并不断焕发出新的生命力。我们预测,在今后相当长的一个时期内,资本主义仍将对世界发挥着重要的影响力。这促使我们不能不深入思考,需要在充分肯定列宁一般性论断科学性的同时,认真研究资本主义的特殊性以及在当下存在的合理性。

应该看到,美国及西方资本主义国家最近几十年来,的确在政治治理方面出现越来越多的问题。自由选举日益沦为金钱的秀场,严重污染了政治空气。多党竞争成为少数主流政党之间相互攻讦的恶斗,导致党派利益高于国家利益的问题十分突出。三权分立的制衡机制已经蜕变为干扰国家管理的权力掣肘。而政治治理的混乱导致西方国家近年来国家综合实力的下降,早已成为不争的事实。所有这些问题究其根源,都与资本主义制度本身内在的弊端脱不开干系。

---

① 列宁:《帝国主义是资本主义的最高阶段》,《列宁选集》第二卷,人民出版社,1960,第839页。
② 列宁:《帝国主义是资本主义的最高阶段》,《列宁选集》第二卷,人民出版社,1960,第843页。

随着资本主义的发展和世界政治格局的演变,20世纪中期以来,不同资本主义国家之间的行为出现了显著的变化。逐渐分化出了以美国为代表的、野蛮实行强权统治的资本主义阵营,以法国、德国等国家为代表的、理性务实的资本主义阵营以及其余在制度上维护私有制、在国家治理上模仿资本主义治理模式的阵营。我们姑且将其称为第一资本主义阵营、第二资本主义阵营和第三资本主义阵营。

第一资本主义阵营从行为上看,实行的是一种"到处都带有统治的趋势而不是自由的趋势"的资本主义,是一种仰仗实力肆意妄为的、强权统治的资本主义。美国自20世纪40年代末牢固占据世界中心位置之后,根植于其文化中"美国第一"的意识被不断放大,长期无视国际规则和人类共识,在一贯强权的基础上更加强权,成为第一资本主义阵营当然的领袖国家和骨干力量。

英国是近代以来最早占据世界中心位置的国家,它虽然再也无法重现当年日不落帝国的辉煌,但与美国有共同的价值观,追随美国可以在重温旧梦中找到自身的存在感,并借助美国获得诸多利益,所以英国是追随美国最坚定的国家。至于因地缘政治原因不得不依附于美国的加拿大、因第二次世界大战失败而被美国牢牢控制的日本等国,这些国家事实上已经没有了自己独立的外交和自由的意识,只能追随美国。它们与美国一起,共同构成第一资本主义阵营的基本队伍。

近代以来,法国是一个始终具有自由、独立意识的国家。特别是20世纪50年代以来,从坚持独立自主原则、坚决维护法国在国际事务中大国地位的法国总统戴高乐,到如今宣称"北约已经脑死亡",强调欧洲需要思考自己的战略问题,要求把命运掌握在欧洲人自己手中的现任法国总统马克龙,法国始终坚持奉行理性务实的对外政策,努力减少美国对欧洲的影响。

德国在历史上曾经走过一段弯路,因两次世界大战及冷战中的国家分裂付出了惨痛的代价。但德意志民族是一个理性、务实的民族,近代以来出现了黑格尔、康德、马克思、恩格斯等影响人类思想发展的伟大思想家。自1990年东西德国和平统一之后,德国在深刻反省过去的基础上,也始终坚持务实的国家政策,与美国保持适当距离,依靠自己的努力发展经济。

法国、德国及另外一些老牌、传统的资本主义国家,实行的依然是资本主义制度,在涉及资本主义制度的诸多根本问题上,依然与第一资本主义阵营保持一致,在第一资本主义阵营的胁迫下,在共同利益的驱使下,也会经常与第一资本主义阵营采取一致的行动。但法国与德国等作为欧洲的核心力量,始终是提倡欧洲一体化、战略自主的推动者,与第一资本主义阵营的行为方式具有明显的不同。它们从价值观上怀念自由与独立的传统,在国际关系中承认当今世界多极化的发展趋势,不再简单以意识形态的不同划分敌友,在涉及本国利益时采取更加务实的做法。我们将这些在行为上与第一资本主义阵营有一定区别的国家,划分为第二资本主义阵营。

这里需要指出的是,在第二资本主义阵营的国家中,相当一批在当年争夺殖民地的过程中获益的国家,对被殖民国家强权统治的程度,丝毫不逊于第一资本主义阵营的国家,在涉及国家利益的诸多方面,至今仍保持着霸道的做法。比如法国,由于原来在非洲的殖民地最多,海外利益最集中,所以直到2007年萨科齐总统上台前,法非关系长期以非正常的不透明手段维持,在金融上长期控制非洲,在政治、军事上不断干预非洲事务。这其实暴露的就是资本主义制度下的国家本质。

在这个世界上,有一大批国家,包括曾经沦为欧洲列强殖民地的第三世界国家、伊斯兰世界中的世俗化国家、前社会主义阵营中脱离出来的国家等。这些国家受到西方国家普世价值观宣传的影响,保护私有制,学习资本主义制度下的政治治理模式,建立了模仿资本主义的国体和政体。但由于传统文化的不同、国情的差异,大部分国家在实行资本主义制度的过程中,都遇到了"水土不服"的问题,这就导致这些国家在政治治理模式等方面根据自己国家的实际情况进行改良,与第一资本主义阵营和第二资本主义阵营的诸多国家形成差异。我们把这些国家划分为第三资本主义阵营。

尽管我们现在还无法准确判断出未来国际政治发展的方向,但根据方向管理的基本理论和洛伦兹吸引子的双螺旋模型进行分析,我们大致可以判断,随着中国的崛起和示范效应,社会主义制度的优越性将会吸引更多国家的关注,未来50年至100年左右国际政治的发展,大概率将以社会主义制度为奇怪吸引子,围绕着社会主义制度出现排斥与靠近的交替,构成随机性的往来盘旋。资本主义世界将在2060年前后,首先从第三资本主义阵营的分化开始,逐步走向分裂。其中的部分国家尤其是发展中国家,可能会尝试实施列宁所预言的"国家资本主义"的政治治理模式,并逐步向社会主义靠拢,社会主义国家的数量会逐步增加。整个世界的政治格局将发生重大的改变,制度竞争将决定未来世界的走向。

公有制代替私有制,是人类社会发展不可逆的方向,我们坚信,随着人类社会的发展,社会主义终将在全球范围内战胜资本主义,人类无数先贤梦想中的大同世界终将到来。

文化力是人类社会所特有的一种力量。当今世界,各国之间综合国力竞争日趋激烈,文化在综合国力竞争中的地位和作用越来越突出。一个国家文化的力量成为综合国力强弱的重要标志。有人把文化理解为是一个国家软实力的表现,但实际上文化是一个国家软、硬实力的综合体现。

一个国家建立自己的文化自信,促进自己的文化自强,是一个国家能够自立于世界民族之林的先决条件之一。中国共产党的十八大以来,习近平总书记多次强调了我国建立文化自信的重要意义,作出许多深刻阐述,指出文化自信与文化自强的关系是相辅相成的,二者能够彼此赋能,联动攀升。

文化对一个人乃至一个国家的影响是潜移默化的。文化在人类社会中的作用就是,使人不自觉地从自己信奉的文化中,寻求对任何事物进行分析的角度、思维框架和判断标准。中华文化博大精深、源远流长,中华文化的力量集中表现为民族精神的力量,中华民族精神又根植于中华文化的传统之中,成为维系中国人共同生活的精神纽带,形成中国社会强大的凝聚力。

凝聚力在自然界指的是物质内部分子、原子间相互吸引的力量,在人类社会中指的是群体内部各成员因共同理想或价值目标而形成的集体聚合力,凝聚力是国家综合实力的指标之一。凝聚力是一个国家内生而非外力强制的力量,是一个国家的人心向背。一个国家在困难条件下全民团结的力量和危难时刻全民抗争的决心就是国家凝聚力的最好体现。

一个国家的凝聚力应集中体现在三个方面:其一是集体共识;其二是集体参与;其三是集体共享。

所谓集体共识,指的是在国家重大利益面前,政府与人民群众的共同认知。在国家重大利益面前,如果没有全社会基本的、总体的共识,国家就形不成统一的意志,就会人心涣散,社会结构就会严重撕裂。当今世界,与美国等西方国家政治两极化的日益严重相比,中国的集体共识尤其显得珍贵。集体共识是国家凝聚力在思想层面的体现。

广大人民群众平等参与国家的建设与管理,是国家凝聚力在社会实践层面的体现,集体参与更多体现为一个国家的民主化程度。

所谓民主,从根本上就是指人民所享有的参与国家事务和社会事务管理的权利。全世界对民主的认识从来就没有统一过,西方人主张程序正义,非常注重民主的形式。民主的形式多种多样,如果认为民主的基本形式是一人一票的普选,这显然是一种偏见。其实,即便是被西方国家标榜为民主旗帜的美国,也从来没有实行过真正一人一票的普选。我们中国人历来坚持实践是检验真理的唯一标准,坚持形式与内容的统一,更注重实质的民主。

集体共享是让所有参与国家建设做出贡献的人,共享社会发展的成果。共享成果体现的是公平正义的价值取向,是以人为本的落脚点。只有社会发展的成果共享,广大人民群众才能够更加热爱自己的国家,国家才能够形成更加强大的凝聚力,社会才能更加稳定,社会发展才有了基本的保证。

一个国家的综合实力决定了该国家在世界舞台上的位置。

日本科学史家汤浅光朝1962年对1501年至1950年科技编年表的科学成果和人物传记词典中编选的科学家按照设定条件做了一个完整

第八章 方向管理在人类社会管理中的应用

的统计处理。如果定义一个国家的科学成果数占全世界的 25% 就为科学兴隆期,那么科学兴隆期在世界范围内曾按下列顺序转移:意大利(1540—1610年)、英国(1660—1730年)、法国(1770—1830年)、德国(1810—1920年)、美国(1920年至现在)。而且上述各国的科学兴隆期平均约为 80 年。科学史上把这种现象称为汤浅现象,这种转移就称为世界科学中心的转移。

汤浅现象描述的是近代科学活动中心转移的现象,并没有揭示这种现象背后的复杂原因。如果我们借用"中心转移"的思路,把汤浅现象做一延伸,就会发现在不同的时期内,文化、科学、技术、政治、军事中心也在世界上的不同国家间发生转移,也大致遵从汤浅光朝所总结的类似转移规律。

如果我们把一个国家的政治力、经济力、军事力、文化力和凝聚力,按照强弱在世界范围内做一个排序,分析出一个国家在一定时期内的综合国力,排名第一的国家处在世界舞台的中心位置,我们就将该国家所处位置称为世界的中心。站在历史的高度看世界,国家综合实力排序的变化与世界中心的转移正相关。不同国家在世界舞台中心位置的轮流变化,我们将其称为世界中心转移;世界中心转移所表现出的规律性,称之为世界中心转移规律。

根据对 300 多年来世界主要国家综合实力的分析,我认为近代以来,世界中心已经发生两次转移,每次转移的周期在 150 年左右。

第一次转移发生的时间在 16 世纪至 18 世纪之间。不同地域的文化中心、科学中心、军事中心、政治中心等,在具有悠久文明历史的中国,因文艺复兴而首先兴起的意大利,16 世纪欧洲扩张中居于领先地位的西班牙、葡萄牙,16 至 17 世纪欧洲宗教战争、王朝战争、争夺殖民地战争中日益崛起的法国、荷兰、英国等国家散点分布,后逐渐集中并转移到英国。大约在 1760 年至 1910 年前后,英国因率先完成工业革命而富国强兵,占据了世界的中心位置。

第二次转移的时间发生在第一次世界大战前后。"第一次世界大战标志着曾在19世纪十分反常地全面支配世界的欧洲时代的结束。"①战争将欧洲变成一片废墟,整个欧洲经济的下滑非常严重。以英国为例,1870年时,英国的工业产值占全世界工业总产值的31.8%,但到1914年时,已经下降到13.2%。英国以及整个欧洲,在战后曾经试图挽救欧洲的经济,重新恢复欧洲对全世界的领先地位和控制力,它们的努力在一个短暂的时期内似乎已经见效。正当欧洲人欣喜看到重振雄风的希望之时,第二次世界大战爆发。第二次世界大战彻底粉碎了包括英国人在内的所有欧洲人的梦想,英国从此一发而不可收地走向衰落,无可奈何退出世界舞台的中心,并逐渐沦为了美国的仆从。

尽管美国自1865年南北战争结束至20世纪初的40年期间,已经逐步上升为世界强国,但真正帮助美国占据世界中心位置的是两次世界大战,美国是两次世界大战的最大受益者。

1914年7月,第一次世界大战在欧洲爆发,这是一场由欧洲发起却波及世界的部分国家争夺殖民地和发展空间的战争。战争初期,宣布中立的美国向英法等协约国大量出口各类物资尤其是军火,从中获取大量利润,造成美国战时空前的经济繁荣。在战争接近尾声的1917年4月6日,美国参众两院通过投票宣布参战,又使美国成为获利最大的战胜国。第一次世界大战为美国最终成为世界中心国家铺平了前进的道路。

第一次世界大战结束之后,美国成为全世界最大的债权国。但由于欧洲国家偿还不起巨额战争债务,购买力大幅下降,引发美国产品的海外滞销,加之国内方面的种种原因,造成了美国1920年至1921年的经济萎缩,而1929年的经济大萧条更暴露出了美国深层的社会矛盾和内在的危机。1929年至1933年,整个资本主义世界的工业生产下降了1/3以上,贸易额减少了2/3。其中美国的进出口额下降了70%。尽管在罗斯福实施新政之后美国经济略有起色,但仍然处于大萧条之后的"后萧条"状态之中,恢复的进程举步维艰。

---

① 斯塔夫里阿诺斯:《全球通史:从史前史到21世纪》,董书慧、王昶、徐正源译,北京大学出版社,2009,第484页。

第二次世界大战的爆发终于给了美国一骑绝尘的机会。

第二次世界大战初期,面对法西斯德国的所向披靡,美国没有出兵参战,而是选择向所有国家包括法西斯国家出口武器,从中大发战争之财。战争进展到中后期,美国人故伎重演,选择了出兵的最好时机向法西斯国家宣战。战争胜利之后,所有参战国的国家实力都因战争而严重削弱,唯独美国不仅本土基本没有破坏,经济还获得空前发展,加之自诩为战争胜利的最大贡献者,自然而然主导了第二次世界大战后世界规则的制定,毫无悬念地成了全球的绝对领导者。

这里需要特别指出的是,美国在第二次世界大战中最大、最重要的收获之一是科技人才的获得。美国在第二次世界大战即将结束前,启动了秘密的"回形针计划",派出36位美国专家前往德国,围绕纳粹留下的1500多名军事专家的名单,展开大规模的人才搜集。历史证明这项计划极其成功,德国战后大批的科学技术人才,尤其是军事领域的世界顶级专家如冯·布劳恩等,在赦免政策和优厚待遇的双重作用下,都被动或主动地选择了到美国发展。这批人连同当年在纳粹迫害下被迫逃亡美国的爱因斯坦等科学技术专家在内,对美国科学技术的发展和军事实力的增强起到了至关重要的作用。两次世界大战让美国一举奠定了其世界中心的地位,世界中心从此由英国转移到美国。

美国占据世界中心位置的时间,根据时间序列数据按照趋势延伸法和判断法分析,应该能够从1910年前后延续到2060年前后。我们首先对人类社会演化的方向做出基本判断,然后沿着人类社会演化方向进行分析,可以分析出在2060年前后,第三次世界中心将从美国转移到中国,这一变化的趋势在21世纪30年代后将会愈加清晰地显现出来。

我关于世界中心转移的分析,首先是基于对当今世界政治、经济、军事、文化诸方面现状的分析,但同时也受到共产主义学说的深刻影响,受到丹尼尔·贝尔、阿尔文·托夫勒、奈斯比特、克劳斯·施瓦布等一批未来学家关于人类未来发展研究的启发,我从他们的思想中汲取了丰富的营养。而方向管理理论中的两个方向判断原则也为我分析世界中心转移提供了方法的指导。

对人类社会未来发展做出全景式深刻分析的首推马克思和恩格斯。他们用阶级分析的观点,根据人类社会发展所遵循的公有制→私有制→公有制的否定之否定规律,将人类社会划分为原始社会、奴隶社会、封建社会、资本主义社会、社会主义乃至共产主义社会等五种社会形态。马克思主义对人类社会未来发展的分析,尤其是关于共产主义社会的分析,对我们研究世界中心转移有重要的指导意义。关于马克思主义中的共产主义理论及其实践意义,我们将在本章第二节"人类命运共同体与全人类价值观"中详细展开论述。

站在人类生产方式和劳动方式的立场上看,马克思和恩格斯设想的人类社会发展的未来是从生产力和生产关系相统一的生产方式的视域出发所做的分析,研究揭示出的是人类社会发展最本质的东西。1973年,丹尼尔·贝尔出版《后工业社会的来临——对社会预测的一项探索》,他根据第二次世界大战以来全世界经济、科技发展的实际,从劳动者和生产资料相结合的劳动方式出发,在具象层面对人类社会未来发展进行研究,同样取得了一系列的重要成果。

丹尼尔·贝尔在《后工业社会的来临——对社会预测的一项探索》中首次提出"后工业社会"的概念。他认为:"社会可以分为社会结构、政体和文化等三个部分。社会结构包括经济、技术和职业制度。政体则调整权力的分配和评判个人之间与集团之间发生矛盾的权力和要求。后工业社会的概念首先涉及社会结构方面的变化,就是经济改造和职业体制改组的方式。"①

丹尼尔·贝尔将人类社会划分为前工业社会、工业社会和后工业社会三种形态:前工业社会以自然资源为基础,工业社会以机器技术为基础,后工业社会以知识技术为基础。丹尼尔·贝尔认为,截止到20世纪70年代,亚洲、非洲、拉丁美洲的几乎所有国家都处于前工业社会阶段,西方发达国家(包括日本)已经进入工业社会阶段,而全世界唯一进入后

---

① 丹尼尔·贝尔:《后工业社会的来临——对社会预测的一项探索》,高铦、王宏周、魏章玲译,商务印书馆,1984,第18页。

工业社会阶段的国家只有美国。

丹尼尔·贝尔认为未来的人类社会,显示出鲜明的五个特征:经济结构从商品生产经济转向服务型经济,大多数劳动力不再从事农业和制造业,而是从事服务业;职业分布以技术阶层的崛起为特征;理论知识日益成为社会创新、变革的依据与源泉;在技术控制和技术评价体系下,运用新的技术预测模式,对社会未来发展方向进行控制,减少未来经济的不确定因素;决策模式表现为多变量、多目标、多方向、多层次的综合决策模式。

应该说,丹尼尔·贝尔将后工业社会定义为知识技术为基础,与之后阿尔文·托夫勒、奈斯比特"信息社会"的定义,以及如今的"智慧地球"、万物"互联互通",在认识上还是有差距的。但只需回顾一下个人用电脑生产的先驱苹果电脑公司成立于1977年,智能手机对生活在1973年的人来说,连基本的概念都没有,就知道丹尼尔·贝尔的预测能力是多么惊人。

丹尼尔·贝尔基于劳动方式划分社会形态的方法为我们认识社会提供了一个新的视角,因为仅仅用阶级分析的观点研究社会形态的变化,在五种社会形态的分析中,是无论如何也得不出丹尼尔·贝尔关于未来人类社会形态具有五大特点的预测结果。丹尼尔·贝尔能够在50年前就看到世界未来科学技术与经济发展的趋势,并提出一系列相应的预测,且相当部分得到了人类社会发展实践的印证,这是非常了不起的。

美国著名未来学家阿尔文·托夫勒1970年出版了《未来的冲击》,1980年出版了《第三次浪潮》。在《第三次浪潮》中,他阐述了与丹尼尔·贝尔基本相同的观点,进一步研究了科学技术发展引起的社会各方面的变化与趋势。

托夫勒把人类历史上开始发展农业、建立封建制度称为"第一次浪潮",人类就此从原始渔猎时代进入到以农业为基础的文明社会。工业革命的到来以及资本主义制度的建立,托夫勒称为"第二次浪潮"。第二次浪潮持续时间达300年之久,并在"二战"后的十年迎来了第二次浪潮的顶峰。托夫勒认为"二战"之后人类社会经历了一场最深刻的大变革,这场变革在几十年的时间波及全球,这就是第三次浪潮。

"第三次浪潮"是设计未来社会的一张蓝图,其立足点是现代科技的发展。托夫勒认为第三次浪潮发生的时间在1946—1970年,主要特点是微电子工程、生物工程、宇航工程和海洋工程将成为新兴工业的骨干,风力、地热、核聚变、太阳能和氢能等丰富的、多样化的、可再生的能源将得到广泛利用。第三次浪潮期间,从事制造业的人口比重不断缩小,而从事服务业、信息业和教育业等的人口比重越来越庞大。在托夫勒看来,第三次浪潮的到来会"使社会生活基本准则和人们的行为规范方式改变"[①]。

1982年,美国社会预测学家奈斯比特出版了他的《大趋势——改变我们生活的十个新方向》,从十个方面论述了美国社会未来的发展趋势,明确提出美国最根本的变化是已经进入"信息社会"。他认为美国未来十年是关键性变革的十年,美国必须做好迎接全面信息时代到来的准备。

在奈斯比特的《大趋势》中,他提出了一个非常重要的观点,这就是高技术与高情感的平衡。奈斯比特认为在21世纪即将来临之际,"我们必须学会把技术的物质奇迹和人性的精神需要平衡起来"[②]。这一思想被丹麦未来学家沃尔夫·伦森所接受,伦森在进一步的研究中发现,人类在经历农业社会、工业社会和信息社会之后,将进入一个以关注梦想、历险、精神及情感生活为特征的梦想社会,人们消费的注意力将由物质需要为主逐渐转移到精神需要为主。

在丹尼尔·贝尔、托夫勒、奈斯比特等人看来,与人类追求高技术与高情感的平衡相适应,产业的发展将随着人类社会的发展依次呈现五个阶段:第一产业农业(包括林业、牧业、渔业等)、第二产业制造业(包括采掘业、建筑业等)、第三产业服务业(包括金融、保险、交通运输等)、第四产业信息产业(包括机器人制造、智能互联等)、第五产业文化及社会福

---

① 阿尔文·托夫勒:《第三次浪潮》,朱志炎、潘琪、张炎译,生活·读书·新知三联书店,1984,第25页。

② 奈斯比特:《大趋势:改变我们生活的十个新方向》,梅艳译,中国社会科学出版社,1984,第39页。

利产业(包括咨询策划、文艺、体育、教育、养老等)。其中的第五产业就是文化、技术、情感的一体化,迎合的正是高技术与高情感的平衡。

这里有一个非常重要的问题,这就是西方未来学家五大产业的排序,是作为社会结构优化的进步序列,他们把产业迭代作为社会发展的标识。他们没有正确认识到农业、制造业在人类社会发展中的基础地位,没有认识到一旦出现逆全球化的场景时,基础产业占比的保底对一个国家,尤其对一个大国生死存亡的意义。而当丹尼尔·贝尔以及后来的托夫勒、奈斯比特等一大批未来学家都持基本相同的观点,且他们又对西方政府决策有重大影响力时,就会间接影响到包括美国在内的西方国家整体战略规划,在一些重要的决策中形成误判。

但西方未来学家显然并没有认识到问题的严重性。奈斯比特尽管在《大趋势》中明确告诉美国人,一旦以美国为首的西方国家将制造业大量转移到第三世界国家,将国家注意力聚焦在服务业、高科技领域之后,"再想重新夺取工业霸权已经太迟了,因为我们已经不再是一个工业国家了"①。但他同时认为这恰恰反映的是时代的进步和历史的选择。他甚至告诉美国人不要考虑"再工业化",不要再回到曾经带领美国走上强大的工业国家的路上,他大声疾呼:"我们必须放下旧工业,肩负起致力于未来新工业的任务。"②而美国最近30年来,确实走在了奈斯比特等人指引的道路上。根据2020年的统计,美国制造业在GDP中的占比仅占11%,即可见一斑。

由于美国及西方发达国家的主动放弃,当人类进入21世纪之后,西方国家制造业的转移重塑了一个崭新的世界经济格局。根据联合国统计司2018年的统计,数据全球排名前5的制造业国家占据了世界制造业份额的60%多,其中,中国占比超过28%,美国占比17%,日本占比8%,德国占比6%,韩国占比3%,中国成了全世界制造业占比最高、门类最全

---

① 奈斯比特:《大趋势:改变我们生活的十个新方向》,梅艳译,中国社会科学出版社,1984,第55页。

② 同上,第57页。

的国家。随着中国由制造大国向制造强国的稳步迈进,全世界在制造业及供应链方面对中国的依赖会进一步加强,中国在制造业中的世界中心地位会日益巩固。

当然,也有人对此持不同的看法。中国国家发改委产业司原司长年勇先生在2020年曾经有一个在理论界及全社会都产生较大影响的演讲:《美国从来没有放弃制造业,直到今天》。演讲认为不能简单从生产环节的产值占比来看制造业的重要性,比如,农业的基础性和重要性无人否认,然而,几乎所有的工业化国家,农业在GDP中的占比都已降到10%以下,且农业占比越低,国家的发达程度越高。如果不理解产业结构变化背后的技术进步和社会分工规律,仅仅从表面现象出发,那么所制定的指标就有可能起到不正确的导向作用。

年勇先生认为,虽然美国的制造业在GDP中的占比是11%,但如果算上美国那些为制造业服务的"生产性服务业",则美国制造业占美国经济总量超过60%。再以中国为例,中国农业在GDP中的占比为7.1%,但把为农业服务的工业(如化肥、农药、农机等)、农产品加工业(如白酒、饮料、休闲食品、棉纺服装等)、与农产品相关的商业和运输服务业、餐饮业、与农业有关的水利设施等基本建设都算上,那么"农业"在中国经济中的占比也超过50%了。

年勇先生的观点给了我们思考问题一个新的角度,对我们全面、客观认识什么是制造业以及当今世界制造业发展的现状是有意义的。但在美国及西方国家非理性打压中国制造业和高科技产业的今天,我们万不可一厢情愿地看待世界的"社会分工规律",万不可低估了制造业在GDP中占比的重要性,低估了制造业对实现中华民族复兴的重要意义。

关于制造业对于人类社会的重要性,中国很多有识之士是有共识的。他们认为制造业不仅是老百姓充分就业的保证,是国家长治久安的安全支撑,还是科学技术转化为生产力的关键环节,还可以带动其他产业的发展。中国共产党的二十大报告提出,2035年以前,中国制造业占GDP的比重不能低于25%,就充分说明了中国共产党和中国政府对制造业的清醒认识和重视程度。

其实，即便是现在西方国家的很多有识之士，也非常重视制造业在GDP中的占比，担忧西方国家"去工业化"进程的不断加快。早在2007年，欧盟（欧共体）就给出一个统计数据，统计发现欧洲自第二次世界大战以来，各国制造业增加值占GDP的比重一直在持续走低，除德国外，欧洲主要国家的制造业在GDP中的占比均低于20%。其中，意大利为16%，法国为12%，英国已经不足10%，而且下降的速率在不断加快。2012年欧盟发布"再工业化"战略，提出在2030年前将制造业在德国和欧盟GDP中的占比提升至25%和20%。由此可见欧洲人现在多么想重回昔日工业制造的辉煌年代。

美国目前制造业下滑的总体趋势和欧洲是一致的，11%的GDP占比已经与占比最低的英国可以媲美了。其实，早在20年前，美国就已经清醒认识到了经济脱实向虚对国家可持续发展的危害性，认识到了国家层面制造业战略的失误。我们只需要看一看奥巴马竞选时提出的"再工业化"以及2008年政府出台的《制造业促进法》、特朗普刚刚就任总统就提出的"制造业回流"以及2018年政府启动的《先进制造业美国领导力战略》、拜登刚刚就任总统就提出的"制造业回归"以及2022年政府发布的《国家先进制造业战略》，看一看现在美国发展制造业的心情是何等的急迫，乃至于到了不择手段的地步，也许就可以反证出来制造业在GDP中占比是何等的重要。

只可惜，由于西方国家和美国内在的、难以解决的深层问题，导致西方国家和美国制造业的重新振兴困难重重，前景不容乐观。

尽管欧美主要国家制造业已经出现严重的问题，但大多数国家并没有进行认真的反省。尤其当以中国为首的新兴国家经济快速发展，中国的工业化进程不断加快，全球化浪潮对美国及西方国家表现出必然的反噬性时，他们不从自身找原因，反而掀起"逆全球化"运动。根据美国相关机构统计，特朗普政府执政的短短4年，就主要针对中国、俄罗斯、伊朗等有关国家，实施了3900多项不同的制裁措施。截至2022年8月，美国在6年时间里，针对中国关键领域重点企业所宣布的制裁名单就达1000多家。但是，人类社会的发展从来不以某个人或某个利益集团的意志为转移,有着自身的演化规律,如果不能审时度势,只想靠强权霸凌阻挠其他国家的发展,最终必将事与愿违。

最近10年来,第四次工业革命的提法风靡全球。这一提法源自2013年德国政府制定的工业4.0计划,但概念的最早提出者是世界经济论坛创始人兼执行主席克劳斯·施瓦布先生。他在其2016年出版的《第四次工业革命:转型的力量》这本书中,首次提出了第四次工业革命的概念。

施瓦布先生认为,18世纪中叶以来,人类历史上先后发生了三次工业革命:第一次工业革命所开创的"蒸汽时代"(1760—1840年)标志着农耕文明向工业文明的过渡,它以机器代替了手工劳动,以工厂代替了手工作坊。蒸汽时代的到来不仅是一次技术上的变革,更是一场深刻的社会变革,历史上被称为第一次工业革命或产业革命。英国由于把握住了工业革命的契机,综合国力迅速提高,在1760年前后开始占据了世界的中心位置。

第二次工业革命进入了"电气时代"(1840—1950年),电力的广泛使用促进了钢铁、化工等重工业兴起及能源革命。而电报、电话的出现带动了通信行业的发展,推动人类社会由电气化时代向信息化时代迈进。

与电气时代到来的同时,是石油的大规模开采。

石油的发现是很早的,中国史书在公元前250年的战国时期就有记载,沈括在《梦溪笔谈》中就首先使用了"石油"的名称,并预言:"此物后必大行于世。"但直到1895年,一个叫埃德温·德雷克的美国人,才在宾夕法尼亚州打出了世界上第一口真正的油井,并从此引领了石油的大规模开采。

20世纪20年代前后,随着人类对石油需求量和贸易量的迅速扩大,人类才真正进入"石油时代"。石油成为人类的主体能源,使世界发生了天翻地覆的变化。石油作为工业血液的出现,不仅促进了工业社会的进步,同时促进了以汽车、飞机为代表的交通工具(包括之前火车、轮船等)的广泛使用。而交通工具的进步以及交通事业的迅速发展,使世界各国人流、物流的交流更为便利,世界逐渐形成一个全球化的国际政治、经济体系,全球一体化的格局逐渐形成。这种格局一旦形成,将浩浩荡荡、势不可挡,顺之者昌,逆之者亡。

第三次工业革命以科技的高速发展为基础,是人类文明史上继蒸汽时代和电气时代之后的又一次重大飞跃。第三次工业革命以原子能、电子计算机、空间技术和生物工程的发明和应用为主要标志,以信息化为代表涉及信息技术、新能源技术、新材料技术、生物技术、空间技术和海洋技术等诸多领域。第三次工业革命不仅极大地推动了人类社会政治、经济、文化领域的变革,同时也深刻影响到了人类的生活方式和思维方式。整个人类社会进入了一个前所未有的崭新阶段,世界的政治、经济格局将因此而重新划分。

前三次工业革命使得人类发展进入了空前的繁荣时代,但同时也造成了巨大的能源、资源消耗,付出了巨大的环境代价,急剧扩大了国家与国家之间资源争夺的矛盾,扩大了人与自然之间的矛盾。2017年6月27日,在中国大连召开的达沃斯论坛开幕,其主题就是"在第四次工业革命中实现包容性增长",国务院原总理李克强在致辞时表示,新一轮工业革命在经济全球化背景下孕育兴起,为各国经济增长提供了强劲动力,也带来更多平等参与的机会,有利于实现包容性增长,增强社会公平性和发展普惠性。这些话具有很强的现实针对性。

如果说第一次工业革命是蒸汽机时代,第二次工业革命是电气化时代,第三次工业革命是信息化时代,则第四次工业革命就是全世界范围内互联互通的智能化时代+绿色能源时代。

第四次工业革命所涉及的范围远比一般人设想的要更加广泛。正如很多有识之士所讲到的:第四次工业革命是由人工智能、生命科学、物联网、机器人、新能源、智能制造等一系列创新所带来的物理空间、网络空间和生物空间三者的融合,带来的技术发展和扩散的速度,以及对我们人类社会影响的深度和广度,都是前三次工业革命远远不能相比的。随着第四次工业革命的到来,人类期待在全世界范围内实现社会更和谐、环境更美好、人类生活更富裕的远大目标,推动人类社会向着更加稳定、更加丰富、更加有序的方向前进。

2021年2月16日晚上,前美国哈佛大学校长、财政部部长、世界银行首席经济学家劳伦斯·萨默斯在哈佛大学肯尼迪学院召集举行了一场重要的讨论会,会议的主题是"中国作为经济大国的崛起及其与美国的竞争"。会议主持是《注定一战:中美能避免修昔底德陷阱吗?》一书的作者格雷尼姆·艾利森,参加者有伦敦政治经济学院经济学家金刻羽,美国塔夫茨大学教授、白宫科学技术政策办公室高级顾问凯利·加拉格尔。

艾利森在会议上指出,目前中国占全球制造业的29%,门类最齐全,而美国占18%。中国高铁里程达到2.3万英里,美国没有1英里。中国只用了30年左右的时间,就将贫困人口占比从90%减少到1%以下。加拉格尔也认为,中国的经济发展契合了第四次工业革命的发展方向,正在转向绿色产业,风能和太阳能产业大幅增长,2020年中国创造了470万个可再生能源工作岗位,占全球的40%,而美国只创造了83.8万个,差距巨大。

加拉格尔认为,目前中国在风能、太阳能发电、新能源汽车等领域,已经在世界居于领先地位,牢牢控制着新能源领域的供应链。而人类能源结构的调整将从根本上改变世界经济的格局,影响人类未来的长远发展。谁在新能源领域占得了先机,谁就占据了主动,就可能引领整个世界的发展。

20世纪90年代之前,以美国为首的发达国家占世界人口不足10%,却在百年之久始终占有世界GDP总量的70%以上,但这种情况在10年左右竟奇迹般被改变。从2001年开始到2012年,世界新兴经济体对世界GDP总量的贡献迅速超过50%,而中国对世界经济增长的贡献率更是多年来持续保持在30%以上,成为世界经济增长的最大引擎。

中国的发展为何如此巨大?速度为何如此之快?金刻羽认为很重要的一点是中国制造业的生产效率高,而高效的原因在于:"中国是最灵活和适应性最强的国家之一,其政策具有高度的可调整性,政府会迅速调动政策,扩大开放或增加经济的流动性,而其他国家,包括美国未必有这样的灵活性。"她最后的结论就是:"美国梦如今出现在中国。"

按照五维分析的评价标准,当下在凝聚力、政治力、文化力方面,中国是不逊于美国的,中国人的文化自信、制度自信绝不是盲目自大。在经济力方面,中国虽然人均计算与美国差距较大,但 2021 年 GDP 规模已经达到美国 GDP 的 77%。尤其从 2012 年至 2022 年,中国人均国内生产总值从 3.98 万元增加到 8.57 万元人民币,国内生产总值从 54 万亿元增长到 121 万亿元人民币,折合 18 万亿美元,创造了人类发展历史中少有的增幅。如果能够保持这样的追赶态势,40 年后中国的经济总量将可能数倍于美国。加之中国拥有可以集中力量办大事的制度优势,届时国家间的经济对抗能力会远远强于美国。至于 40 年后的中美军力对比,双方差距会进一步缩小,任何一方都不可能出现压倒性优势。

中国曾经在长达几千年的时间里长久占据着世界中心的位置。但近代以来由于各种各样的失误,不仅失去了世界中心的位置,甚至一度沦为半殖民地半封建社会的落后国家,受尽了列强的欺负和侮辱。好在天佑中华,历史给了中国再次振兴的机会。面对世界百年未有之大变局,中美两国之间的竞争不仅是政治、经济、军事实力的竞争,更是文明的决战。近 50 年来,中国的国际影响力、感召力、塑造力显著提升,全世界已经深切感到了中国的日益强大。中国有如此深厚的文明基础,有近 50 年的快速发展,再用 30 年的时间奋起直追,2060 年前后中国占据世界中心的位置将是一个大概率事件。届时,中国一定可以扬眉吐气地自立于世界民族之林。

美国前国务卿基辛格是 1972 年尼克松访华的亲历者和推动者,他自 1971 年第一次秘密进入中国,至今已踏上这片土地 100 多次。世界公认,他比任何一个美国人都更了解中国。2017 年 9 月 26 日,这位将近百岁的睿智老人,向美国政府提交报告谏言,明确提出:"只要目睹最近一代中国人的变化,就会坚定地相信中国将实现目标。华盛顿需要承认,世界中心正在转移到中国,除了合作我们别无选择。"

奈斯比特在长达 20 多年的时间里,平均每年到中国 4 次,他对中国的认识程度,可以与基辛格比肩。2018 年 1 月 24 日,《环球时报》记者采访奈斯比特夫妇,报道的标题就是《世界中心正移向中国》。当记者询问如何看中国的发展前景时,奈斯比特明确表示:"世界的游戏规则正在改变。美国过去是世界的中心,现在这个中心正在向中国转移,这是事实,中国就是新的领袖。"

基辛格博士和奈斯比特都是对中美两国有深刻认识的有识之士,他们目睹了中国近50年的快速发展,对中国的评价是建立在客观、公正的基础之上。他们的预言让我们更加相信,只要我们持之以恒地做好我们自己的工作,坚持正确的发展方向,2060年前后中国占据世界中心的位置就不是一句空话。

由于美国的强大和目前世界发达国家的结盟,以及对中国的持续打压,很多人怀疑中国未来成为世界中心的可能性。但分析一下目前美国社会存在的结构性矛盾以及资本主义制度的深层问题,分析一下中国深厚的文明积淀、改革开放以来形成的国家力量集聚以及社会主义制度的优越性,再回想一下,美国当年追赶英国并成为世界中心,仅用了70年左右(1870—1945年),中国用90年左右(1949年至2060年)的时间追赶美国并成为世界中心,也是完全可能的,对此我们有坚定的信心。

6. 世界中心转移与人类社会进步

星移斗转,沧海桑田。世界中心的转移是人类历史发展的规律,不以任何个人、国家或国家集团的意志为转移。世界中心转移,代表的是人类社会的进步,反映的是人类社会发展的正确方向。我们试从全球治理的系统稳定性入手来进行分析,说明世界中心转移的合理性与必然性。

所谓全球治理,指的是为维护正常的国际社会秩序,在全世界范围内制定规范,由国际组织牵头,世界各国共同参与,对涉及世界各国共同利益的事务进行共同管理的治理模式。

关于全球治理的想法,德国前总理勃兰特早在1990年就已经提出,这一想法的提出顺应了当时已经出现的全球多极化的趋势,得到了很多人的赞同。1992年,28位国际知名人士共同发起成立了"全球治理委员会",该委员会于1995年发表了《天涯成比邻》的研究报告,系统阐述了全球治理的概念、价值以及与全球安全、经济全球化等的关系。

随着全球化进程的日益深入，人类面临的政治、经济、生态环境等问题越来越突出，问题的解决涉及世界各国的共同利益，需要国际社会的共同努力，世界迫切需要建立顺应全球化时代的、新的国际秩序和规则。基于此，全球治理的想法当然具有非常重要的积极意义。

但我们现在面对的现实是，目前在全球治理方面居主导地位的是以美国为首的西方发达国家。它们口中的国际秩序和规则是第二次世界大战之后由这些国家制定的，它们是这些秩序、规则的最大受益者。它们始终掌握着全球治理的话语权，并不断通过这种话语权的优势来解释、巩固和强化这些秩序、规则，保护它们的既得利益，它们不希望改变这些旧有的国际秩序和规则。

我们需要面对的另一个现实是，在这个世界上，的确存在着发达国家与发展中国家之间的矛盾。发展中国家的人民希望过上美好的生活，平等享受大自然赋予人类的资源，发达国家却认为这会与他们产生利益上的冲突。而目前尚未有一个这样的国际组织，能够公平反映并保护弱国、穷国的利益。包括联合国、世界贸易组织、国际货币基金组织等在内的这些国际性组织都不同程度缺乏必要的权威性，某种程度上还缺乏必要的公正性。

美国作为居于世界中心的先发国家，本应顺应全球化的世界发展趋势，发挥全球治理的积极领导作用，维护基于公平的世界秩序和规则，但我们看到的却是完全相反的一面。资本主义制度的利己主义本性决定了以美国为首的西方国家，为了保住它们已经取得的既得利益，为了维持它们数百年间形成的统治地位，它们不希望看到新兴国家的崛起，不希望看到世界的多极化。惯性思维和路径依赖，让它们不愿意面对世界已经出现的百年未有之大变局，为了阻止发展中国家的进步，它们甚至已经到了丧失理智、歇斯底里的程度。

当今美国之所以能占据世界中心的位置，为所欲为，从国家综合实力的层面看，主要靠的是科技领先、军力强大与美元霸权，三者缺一不可。美国世界中心的地位，建立在强大的科技与军事实力上，这种实力通过美元的霸权地位集中体现出来。就三者的关系而言，美国的科技、军事实力支持了美元霸权，美元霸权又反哺并帮助美国科技与军事维持领先地位。

美国自两次世界大战以来，凭借两百多年来政治、经济、军事发展的积累，特别是外来移民带来的科技人才，迅速形成了科技领域的巨大优势，在长达80年的时间里，执世界科技之牛耳。由于历史的惯性，这一优势在未来相当长的时期内很难有任何一个国家可以撼动。

美国的军力之强大，全世界是有目共睹的。美国每年的军费预算都是世界第一，2022年的军费开支超过7500亿美元，占全球总军费的将近40%。美国海军作为"全球战略"的重要组成部分，人员约50万人，包括11艘航空母舰在内的大型作战舰艇数量超过240艘，吨位超过470万吨。美国空军共有超过4500架的各型飞机，拥有世界上最大的轰炸机群。美国陆军不仅总人数接近100万，世界上单兵装备最先进，而且由于近百年来几乎没有中断参加世界各地的局部战争，战斗经验最为丰富。加之美国数百个海外军事基地分布在140多个国家和地区，扼制住了全世界几乎所有的军事战略要点，再加上无与伦比的核讹诈能力，目前世界上没有任何一个国家在军事上能够与美国对抗。

美元的霸权地位同样无可置疑。一种货币能不能形成世界霸权，关键取决于它在国际贸易中的结算比例、在各国外汇储备中的占比以及所拥有的全球货币的货币锚作用。目前国际贸易普遍采用美元计价结算，在世界的外汇交易中，用美元交易的比例在各国外汇市场中占比在80%以上。世界各国外汇储备中美元储备的比例最高，占比达65%以上。在维持货币稳定方面，美元长期发挥着锚定的作用。毫无疑问，美元的霸权地位已经形成。

但是，美国在表面强大的背后隐藏着深刻的危机。

当今的美国，科技水平固然世界领先，但美国政治家们的科技理念发生了重大偏移，背离了人类发展科学技术的初心。他们不是通过科技的力量去充分开发、利用大自然的资源，通过科技进步为全人类的发展贡献力量，通过科技协作造福于全人类，而是为了一己之私利，把科学技术变成谋求地缘政治利益的工具,长期对他们认为有可能在科技上超越他们的国家实行科技封锁和打压,不允许任何国家挑战其科技霸主的地位。美国的打压对象不仅包括中国、俄罗斯这样的"敌对国家",也包括日本、法国、德国这样的盟国。

美国这种变态心理作用下的行为不仅在客观上影响了科技领域的世界交流,也极大影响了美国自身的科技发展。美国的所作所为违背了科技发展的规律,阻碍了人类社会的健康发展。这种因自私而反人类的错误行径必将遭到全世界绝大多数国家的反对,最终必然因反噬而危及自身。

美国长期以来凭借强大的军力,肆意妄为,黩武好战,横行世界,但与此同时,也为自己的安全与发展留下了巨大的隐患。中国人历来认为"国虽大,好战必亡"。随着人类文明的进步,一个国家仅仅依靠武力,就可以征服另一个国家的可能性几乎没有,更遑论统治整个世界。美国期望依靠野蛮的军事霸权,长久维持其世界中心的位置,最终只能是事与愿违。

美元霸权从形成到如今 70 多年的时间里,从经济上为美国科技、军事力量的强大提供了有力的支持。没有美元霸权的支撑,美国的科技、军事力量将会被极大削弱。而美国要想美元维持其作为国际储备货币、结算货币的霸权地位,良好的信用、币值的稳定、流动性的充足是必不可少的三要素。而其中信用的建立是最基础的条件,任何货币一旦信用出现问题,就会地动山摇。然而我们看到的是,美元近年来恰恰在信用方面遭遇了严重的深度危机。

其实,自 1971 年美国宣布美元与黄金脱钩起,美元事实上已经成为一种信用货币。但在过去的几十年里,美国不仅利用美元的霸权地位,肆意收割世界其他国家的财富,而且一直在利用美元实施"特权",把美元作为地缘政治和经济的武器,动辄恫吓与制裁其他国家,大搞金融恐怖主义,严重破坏了国际秩序和金融稳定,其所作所为达到了肆无忌惮的程度。美国前财长康纳利的"美元是我们的货币,却是你们的问题"的傲慢狂言,就充分暴露了美国政治家们的狂妄和道德底线的缺失。

时至今日，美元已经逐渐失去了信用的支持，越来越多的国家和国家集团已经开始考虑规避美元风险的替代性安排。最近20年来，美元在全球外汇储备中的占比呈现整体下降的趋势。根据国际货币基金组织的统计，美元储备已经从2000年的超过70％，下降到2022年的56％左右。可以预见，随着时间的推移，这种下降的速度会越来越快，幅度会越来越大，美元霸权的根基将会因此从根本上发生动摇。

随着美元霸权的逐步瓦解，很多人展望未来人民币国际化的发展趋势，预见未来人民币取代美元成为国际主导货币的可能性。在我看来，未来人民币能否取代美元成为国际主导货币，影响因素非常复杂。虽然主导货币作用的发挥与国际贸易中的结算比例、在各国外汇储备中的占比等指标正相关，但不能由此简单认为这两个指标可以完全决定主导货币的地位。因为未来的国际金融市场很可能会在相当长的一个时期内形成多元化的货币体系，单一货币在国际贸易中的结算比例、在各国外汇储备中的占比很难像如今的美元一样，占有绝对的压倒优势。在这样一个特殊的时期内，一种货币能否成为国际货币市场上的主导货币，关键取决于其在国际货币市场上的话语权。

我们应该清楚认识到，从结果看，是美元信用危机的出现导致美元霸权的瓦解，但原因是美元信用的缺失扰乱了国际金融市场的秩序，破坏了国际金融市场的稳定，损害了大多数国家的经济利益。所以，人民币国际化的目的绝不是像美元那样以收割其他国家的财富为目的，不是用人民币霸权取代美元霸权，而是以建立国际金融市场的新秩序作为基本的出发点。

基于如上的考虑，根据方向管理中的趋势稳定理论分析，我们认为，所谓的人民币国际化，主要指的是建立一个以人民币信用为基础、以人民币为主导的国际金融市场的新秩序。这种新秩序将有利于世界范围内金融市场的稳定和发展，有利于维护世界所有国家的共同利益，并兼顾世界不同国家利益分配的公平和均衡。为适应这种新秩序的诞生，未来很可能会建立一个新的国际组织，建立一套完整的运行机制，所有国家在这个组织内都具有适度保护自己利益的话语权，而不是任凭一个国家的主宰。

美国先进的科技水平和强大的军力很大程度上依赖于美元霸权的支撑。美元在国际贸易中的结算比例、在各国外汇储备中的占比与美国的综合国力正相关,如果低于某一个阈值,美国综合国力的变化将不可避免地进入尖顶型突变模型中的折叠面边缘,一个不可预测的微涨落就可能导致美国综合国力因骤减而出现"坍缩",快速跌入另一个稳态。这种跌落的速度之快将会超出大多数人的想象。而随着美元霸权的终结,随着美国在全世界的经济主导地位的不复存在,世界中心的位置将会发生不可逆的转移。

中国是世界公认的文明古国,正在以现代文明大国的形象崛起并影响世界。中国在关于全球治理的问题上贡献了中国智慧。我们从中国深厚的文明积淀中,从关于大同世界的憧憬中,从共产主义的思想中,提炼出了"人类共同价值观",描绘出了"人类命运共同体"的愿景。面对人类的共同挑战,为促进不同文明的交流互鉴,建设持久和平、发展的世界,中国人提出了共建"一带一路"的构想,发出了"全球安全倡议""全球发展倡议""全球文明倡议"等三大倡议,推动全球治理向着更加公平、合理的方向发展。

在可以预期的未来,围绕三大倡议,以发展中国家为主体,极有可能会逐步形成世界范围内新的安全共同体、发展共同体和文明共同体。三大共同体一旦形成,将会对世界范围内的政治、经济等诸多领域产生深刻影响,重塑全球治理的新秩序。展望人类未来的发展,一个更加稳定、更加多元化、更加有序化的新世界必将会出现。而这样的发展道路代表的才是人类发展的正确方向。

中国改革开放几十年,在国家层面的政策上,已经逐步形成了有利于科技发展的良好条件,国家在发挥举国同心的制度优势下,正奋力追赶并逐步接近世界科技发展的先进水平。中国庞大的人口基数可以为国家提供源源不断且充足的科技人才。中国日渐完备的制造业体系和巨大的市场规模可以帮助科技成果迅速转化并反哺科技的发展。面对复杂多变的国际形势,中国正在不断加强军事力量,在不久的将来,一定能为维护世界和平发挥重要的作用。假以时日,中国未来完全有可能在整体上超越美国,世界中心的位置将会不可逆地发生转移。这种转移有利于世界的稳定,符合整个人类的发展方向。

中国共产党第二十次代表大会通过的《中国共产党章程》提出,跨过社会主义初级阶段需要上百年的时间。党的目标是在2035年基本实现社会主义现代化,21世纪中叶把我国建成社会主义现代化强国。这一目标与我们预测的2060年前后中国将占据世界中心位置是一致的。所有怀揣中华民族伟大复兴梦的中国人都盼望这一天真正地到来。

三、人类命运共同体与人类共同价值观

1. 人类共同体与人类命运共同体

德国现代社会学的奠基人斐迪南·滕尼斯是最早系统提出"人类共同体"概念的社会学家。他在1887年出版的《共同体与社会》一书中,把人类共同体划分为三种,即以氏族关系为基础的血缘共同体、以土地占有和居住地为基础的地缘共同体、以共同意识为基础的精神共同体。滕尼斯认为这三种共同体之间存在有机的联系:"血缘共同体作为行为的统一体发展为和分离为地缘共同体,地缘共同体直接表现为居住在一起,而地缘共同体又发展为精神共同体。"①其中,精神共同体是"真正的人的和最高形式的共同体"②。

滕尼斯把人的意志分为本质意志与选择意志。本质意志是心灵意志,具有动物性,受动物性意志的制约。选择意志是人的思想的产物,是人经过"深思熟虑"形成的意志,是意图、目的和手段的体系。"共同体的理论出发点是人的意志完善的统一体,并把它作为一种原始的或者天然

---

① 斐迪南·滕尼斯:《共同体与社会》,林荣远译,商务印书馆,1999,第65页。
② 斐迪南·滕尼斯:《共同体与社会》,林荣远译,商务印书馆,1999,第65页。

的状态。"①

滕尼斯认为,共同体和社会作为人类共同生活的两种基本形式,存在于人类漫长的发展历史中,存在于人类相互交往的关系中。共同体主要是在自然基础之上的群体(家庭、宗族等)中实现,是人类本质意志的产物。而社会是人类选择意志的产物,产生晚于共同体,是一种非自然的"人工制品",是一种个体思想与行为协调的人工联合体,带有很强的目的性。

我总结出滕尼斯的基本观点是:共同体基于人的本质意志而产生,社会基于人的选择意志而产生。共同体来自有机的现实,社会来自人的愿景。共同体是原始的天然状态,社会是进化的人工状态。共同体中的群体是共处的,社会中的群体是分离的。共同体是人类小范围的合作形式,社会是更大范围的整合。共同体是古老、传统的合作形式,社会是新兴、现代的合作形式。共同体是在情感基础上建立起来的,社会是在交换基础上建立起来的。共同体的联系建立在紧密、友好的基础之上,社会的联系建立在疏远、敌视的基础之上。

马克思和恩格斯虽然没有专门系统阐述人类共同体的著作和文章,但在其他领域的研究中,不少内容都涉及人类共同体的有关问题,而且对共同体中群体组成的界定,较之滕尼斯要更多、更广、更丰富,不仅指家庭、氏族部落,也可以指国家乃至超越国家的人类群体。

马克思与恩格斯在共同体概念的使用上也不完全统一,他们虽然使用过共同体的概念,但在《1857—1858年经济学手稿》中所使用的"整体""公社",《共产党宣言》中使用的"联合体"等,体现的都是共同体的思想,他们并没有在概念上做严格的区分。

毋庸置疑,马克思与恩格斯在《政治经济学批判》《资本论》《共产党宣言》等书中阐述的与共同体有关的思想,深刻影响到了当时的滕尼斯。滕尼斯在《共同体与社会》一书中,大量吸收了马克思关于劳动、市场、商品、价值、价格等方面研究的成果,并对马克思本人表达了深深的敬意。

---

① 斐迪南·滕尼斯:《共同体与社会》,林荣远译,商务印书馆,1999,第58页。

他坚持认为,尽管在近代资本主义社会中,社会整体上得到了很大的发展,但社会的进程是"病态"的。他预言人类社会最终的发展方向一定是"理性的社会主义"乃至"共产主义",人类社会"作为基础结构的是共产主义的,现实的和正在形成的结构是社会主义的"。① 哪怕后来的纳粹当局,不顾他在整个欧洲所享有的崇高声誉和将近 80 岁的高龄,因他的进步思想而疯狂迫害他,甚至取消了他的退休金,他也绝不改变自己的观点。

我非常崇敬滕尼斯教授的学识和人品,赞同他关于人类社会发展方向的预测,也完全理解他在当时的历史条件下对共同体这一概念的界定,以及他关于共同体与社会两种基本形式划分的标准,但我们不能简单停留在滕尼斯关于共同体划分的基础上。随着人类社会的发展,在当代社会中,我们已经对人类共同体赋予了新的含义。人类共同体在新的时代,不仅表现出新的存在形式,而且体现出新的存在价值,焕发出强大的生命力。

其实,社会中的个体人及群体以什么样的形式同相处、共命运,人类社会是如何演化的,人类社会未来向何处去,这是几千年来人类无数先贤一直讨论的问题。西方人受欧洲文化影响,更多讲人的权利;东方人受中国传统文化影响,更多讲人的义务。譬如,孟子提倡的"穷则独善其身,达则兼济天下",范仲淹提出的"先天下之忧而忧,后天下之乐而乐"等,西方人或许不以为然,但中国人却把它看成一种高尚的道德义务。其中孰优孰劣,如何形成互补,我们暂且不去讨论。我们想说的是,中国在这些问题的研究上为人类社会也贡献了中国智慧。

中国汉代礼学家戴圣在《礼记》中借孔子之口,将社会的发展分为两个阶段,可以接受但不太理想的阶段为"小康",理想的阶段为"大同"。戴圣认为,孔子所设想的大同社会应该是:"选贤与能,讲信修睦,故人不独亲其亲,不独子其子,使老有所终,壮有所用,幼有所长,鳏、寡、孤、独、废疾者皆有所养,男有分,女有归。货恶其弃于地也,不必藏于己;力恶

---

① 斐迪南·滕尼斯:《共同体与社会》,林荣远译,商务印书馆,1999,第 16 页。

其不出于身也,不必为己。是故谋闭而不兴,盗窃乱贼而不作,故外户而不闭,是谓大同。"

相较于"各亲其亲,各子其子"的小康社会,孔子向往的大同社会显然是一个更加稳定、更加有序的稳态结构,从小康社会到大同社会代表的是社会发展的正确方向。

自孔子主张建立"天下为公"的大同社会以来,特别是康有为、孙中山等人对大同社会的理想主义解读以来,建立大同社会就成为历代特别是近代中国很多有识之士的梦想。康有为就曾经把《礼记》中对小康、大同的描述与佛家的慈悲心怀、西方的空想社会主义及平等、博爱的思想糅合在一起,构想了一个以人类共同劳动和高度发达的生产力为基础、以公有制为基本特征的大同世界,勾画出了"大同之世,天下为公,无有阶级,一切平等"的人类社会愿景。中国共产党建党之初至今,始终坚持与大同思想一脉相承的共产主义思想,把实现共产主义作为共产党人的最高理想。

共产主义的思想早期是以空想社会主义思想的形式出现的。空想社会主义思想产生于16世纪,流行于19世纪初的欧洲。16—17世纪的空想社会主义思想主要用文学的形式表达对未来理想社会制度的向往。托马斯·莫尔的《乌托邦》和康帕内拉的《太阳城》是早期空想社会主义两部最重要的文献。

托马斯·莫尔1478年出生于伦敦,是欧洲文艺复兴时期英国杰出的人文主义者,他在1516年写成的《乌托邦》是人类历史上对空想社会主义思想进行明确阐述的最早的一本书。该书采用了类似于游记体裁的文学形式,借助书中旅行家希斯拉德之口,描述了一个名为"乌托邦"的神奇岛屿,在那里存在着一个田园诗般的、以公有制为基础的、按需分配的理想社会。

康帕内拉1568年出生于意大利。他1598年因为反对君主国政权而被捕,后被判无期徒刑,坐了近30年牢,《太阳城》就是他坐牢期间在监狱中所写成的。康帕内拉模仿《乌托邦》的写作手法,在《太阳城》中假借一个航海家的见闻,用对话录的体裁为我们描绘了一个美好的大同世界。

他"之所以描述一个臆造的乌托邦国家,目的是要我们按照它的方式建立自己的国家,或者至少建立这种国家的个别基础"①。

18世纪空想社会主义思想已经开始进入理论探讨和论证阶段。19世纪初期空想社会主义思想发展到顶峰的时期,他们把批判矛头直接对准资本主义制度,提出了经济状况是政治制度的基础、私有制产生阶级和阶级剥削等观点,并用这种观点去分析历史和现状。空想社会主义虽然是一种不成熟的理论,但依然是马克思、恩格斯共产主义思想的重要理论来源之一。

马克思、恩格斯共产主义思想的形成是一个逐步成熟完善的过程。

马克思最早关于共产主义的论述出现在他的《1844年经济学哲学手稿》中。马克思从劳动入手,分析了资本主义社会劳动的异化以及私有财产与异化劳动的关系,对共产主义做了初次探讨。马克思认为,共产主义只有扬弃私有财产进而消灭异化劳动,才能使社会从私有财产的统治下解放出来。共产主义不仅是扬弃私有财产的结果,还是实现人类解放的必然环节。

在马克思、恩格斯1845—1847年合写的《德意志意识形态》中,他们进一步认为,共产主义不仅仅是一种学说,还是一种运动。"共产主义对我们说来不是应当确立的状况,不是现实与之相适应的理想,我们称为共产主义的是那种消灭现存状况的现实运动,这个运动的条件是由现有的前提产生的。"②"意识在任何时候都只能是被意识到了的存在"。③

马克思和恩格斯合写的《共产党宣言》于1848年出版。在《共产党宣言》中,他们对共产主义作了更加完整的论述,明确指出:"共产主义的特征并不是要废除一般的所有制,而是要废除资产阶级的所有制。""共产党人可以用一句话把自己的理论概括起来:消灭私有制。"④共产主义的目的是使无产阶级成为统治阶级,共产主义的最终目标是实现每个人自

---

① 康帕内拉:《太阳城》,陈大维、黎思复、黎廷弼译,商务印书馆,1980,第63页。
② 马克思、恩格斯:《马克思恩格斯选集》,第一卷,人民出版社,1972,第40页。
③ 马克思、恩格斯:《马克思恩格斯选集》,第一卷,人民出版社,1972,第30页。
④ 马克思、恩格斯:《马克思恩格斯选集》,第一卷,人民出版社,1972,第265页。

由而全面地发展。

随着人类社会的不断进步，作为生活在21世纪的人们，我们对共产主义的理解，特别是共产主义的实现路径，肯定会有新的认识。习近平作为中国共产党的总书记，他首先是一个理想主义的共产党人，实现共产主义不仅是中国共产党的最高理想和最终目标，也是他崇高的政治理想。但他同时又是一个现实主义者，他清楚知道共产主义的实现不可能一蹴而就，必须遵循实事求是的原则，用一代又一代人的不断努力，为共产主义的实现创造条件。

习近平在中国共产党第二十次全国代表大会上指出："中国共产党是为中国人民谋幸福、为中华民族谋复兴的党，也是为人类谋进步、为世界谋大同的党。"习近平正是在对共产主义的思考中，对全人类如何过上安定和谐的幸福生活的思考中，放眼世界，心系天下，提出了与中国先贤梦想的大同社会，马克思、恩格斯梦想的共产主义相一致的"人类命运共同体"的主张。

习近平提出的人类命运共同体和滕尼斯的人类共同体在概念形式上很接近，但在内涵上有着根本的不同。人类命运共同体既是一种理想和理论，又是一种社会架构和社会机制。就当今世界而言，人类命运共同体是中国人对推进全球治理的贡献。在共产党人看来，人类命运共同体是人类迈向共产主义道路上必经的阶段。

习近平人类命运共同体概念的提出体现的是中国政治家的境界与胸怀，体现的是中国共产党人的担当。早在2012年习近平刚刚就任中国共产党总书记时，就在讲话中频繁使用"理想、信仰、中国梦"等词汇，多次引用费孝通先生"各美其美，美人之美，美美与共，天下大同"的十六字箴言，从中透露出习近平总书记不仅在探索中国人自己的发展道路，同时也在思考为全人类谋幸福。

2013年3月，习近平以国家主席身份访问俄罗斯，在莫斯科国际关系学院发表了重要的演讲。在这次演讲中，习近平主席首次向世界传递了对人类文明未来发展方向的判断："这个世界，各国相互联系、相互依存的程度空前加深，人类生活在同一个地球村里，生活在历史和现实交汇的同一个时空里,越来越成为你中有我、我中有你的命运共同体。"

此后,从博鳌亚洲论坛2013年年会的主旨演讲到2015年纪念中国人民抗日战争暨世界反法西斯战争胜利70周年大会上的讲话,从2015年在联合国《携手构建合作共赢新伙伴 同心打造人类命运共同体》的演讲到2016年G20杭州峰会开幕式上"携手构建人类命运共同体"的倡议,习近平主席数次在国内国际多种场合表达、强调了人类命运共同体的发展理念,呼吁全世界各国面向人类未来团结一致、齐心合力共建人类命运共同体。

人类命运共同体是有可能成为世界中心的中国在规划世界如何和谐相处时所提出的中国方案。人类命运共同体不是若干国家组建的同盟,不是拉帮结派的利益共同体,而是具有最大包容性的、和而不同的全人类共同体,是拒绝恃强凌弱、以大欺小的共同体。在这个共同体中,人类荣辱与共、休戚相关,在人类的共同命运面前建立共同的价值取向,形成具有自律性的共同行为规范。

中国共产党第二十次全国代表大会通过的《中国共产党章程(修正案)》把推进构建人类命运共同体作为中国坚持和平外交政策、和平发展道路开放战略的重要组成部分。人类命运共同体遵循世界文明交流互鉴的原则,互不干涉、平等合作的原则,己所不欲勿施于人的原则,灾难共担、利益共享的原则。人类命运共同体是为全人类谋幸福的共同体,代表的是人类发展的正确方向。

2. 人类共同价值观

人类命运共同体能够形成非常重要的一个前提是人类必须具有共同命运面前的价值共识,我们称之为人类共同价值观。

2015年9月28日,习近平在出席第七十届联合国大会时明确指出:"和平、发展、公平、正义、民主、自由,是全人类的共同价值。"这是习近平首次在重要的国际场合提出"人类共同价值"的观点。

在2020年9月召开的第七十五届联合国大会上,习近平进一步强调了和平、发展、公平、正义、民主、自由的人类共同价值观。人类共同价值观是习近平继"人类命运共同体"之后提出的又一个事关全球治理的重要概念,是对人类思想发展的重要贡献。

人类共同价值观不同于西方的"普世价值观"。

西方的普世价值观是建立在西方基督文明基础上的价值观。普世价值观虽然也提倡人类的公平、正义、民主、自由,但缺少了人类共同的和平与发展。普世价值观强调的是价值观的唯一性,是世界其他文明服从西方文明的绝对性。而人类共同价值观强调的是和而不同,是在倡导和平、发展、公平、正义、民主、自由价值的同时,尊重、维护和发展人类文明的多样性,尊重不同国家和民族对价值实现形式的自主选择。

2021年9月21日,习近平主席在第七十六届联合国大会上重点强调:"一个和平发展的世界应该承载不同形态的文明,必须兼容走向现代化的多样道路。民主不是哪个国家的专利,而是各国人民的权利……要大力弘扬和平、发展、公平、正义、民主、自由的全人类共同价值,摒弃小圈子和零和博弈。"

人类共同价值观和人类命运共同体,二者相辅相成。我们正是秉持人类共同价值观,才能推动构建人类命运共同体,而不是强行以一种文明代替另一种文明,以一种国家制度代替另一种国家制度。不同社会制度、不同意识形态、不同历史文化、不同发展水平的国家在国际事务中的地位是平等的。所有国家的文明进化和制度改变,首先必须是这个国家的认同和自觉行为,唯有如此这个世界才能稳定,人类才能沿着正确的方向前进。

四、大人类社会观

1. 狭义人类社会、广义人类社会与大人类社会观

纯粹从人类进化的观点看,大部分生物学家、社会学家倾向于认为,人是由古猿进化而来的。恩格斯曾把过着群居生活的古猿称为"社会化的动物",把它们的群体关系称为"社会本能"。而人是一切动物中最社

会化的动物,劳动把人从动物中分化出来。人类社会是以人的劳动为基础,在人的共同活动和相互交往的过程中形成的。狭义的人类社会就是自然界发展到一定阶段随着人类的产生而出现的人类群体及其组织结构、存在形式的总称。

从系统的观点出发,真正意义上的人类社会应该是一个包括家庭系统、人类命运共同体系统、自然环境系统在内的、共生共存的大系统。所以,广义的人类社会,指的是以家庭系统为基础单元、人类命运共同体为基本架构,人与自然你中有我、我中有你、合二为一的人类社会。我们把其中人与自然有机融合为一个整体的认识称为大人类社会观。

2. 与人类社会共始终的家庭

恩格斯的《家庭、私有制和国家的起源》是他在整理马克思关于读摩尔根《古代社会》笔记的基础上结合自己人类学研究的心得写成的一本伟大著作。尽管这本书在关于人类古代社会发展规律和国家起源的研究中因缜密论证而自成体系,但恩格斯不愿掠人之美,仍谦逊地将该书副标题定为"就路易斯·亨·摩尔根的研究成果而作"。

恩格斯在《家庭、私有制和国家的起源》一书中,分析了人类早期的演化历史,在揭示原始社会制度解体和以私有制为基础的阶级社会形成的过程中,重点研究了家庭的演化过程。他通过研究原始社会氏族制度的解体、母权制向父权制的转变特别是对血缘家庭、普那路亚家庭、对偶制家庭和专偶制家庭四种家庭形式的剖析,揭示出了家庭形式的演变过程及演变的基础。

恩格斯认为,在生产力水平低下的原始社会早期,决定人类社会制度的主要因素是血缘关系,但随着生产力的发展,生产关系逐步从公有制向私有制改变,这种所有制的转变促成了社会形态、家庭形式和社会组织形式的转变,家庭也从血缘家庭、普那路亚家庭和对偶制家庭转变为专偶制家庭。恩格斯把专偶制家庭看作私有制的产物。

恩格斯认为,私有制和阶级不是从来就有的,而是社会发展到一定阶段的产物。国家不是从外部强加于社会的一种力量,是在私有制和阶级出现与发展的基础上产生的,本质上是在经济上占统治地位的阶级用来镇压和剥削被压迫阶级的工具。国家作为一种历史现象,因私有制和阶级的产生而产生,也必将随着私有制和阶级的消灭而消亡。

在恩格斯看来,既然专偶制家庭和国家都是私有制的产物,国家随着私有制和阶级的消灭而消亡,专偶制家庭也必然会随着私有制和阶级的消灭而消亡。所以,在恩格斯设想的共产主义社会中,专偶制家庭将不复存在。

关于家庭的消亡问题,早在古希腊时期就已经有人在讨论。柏拉图在他的《理想国》中就至少两次提到,希望在"卫士"这个等级的群体中实行妻子和子女公有,废除家庭。近代以来,很多人误解了恩格斯专偶制家庭必然消亡的论断,将专偶制家庭的消亡与家庭的消亡画等号。更有一些反马克思主义的人,恶意歪曲恩格斯对家庭形式演化的观点,甚至用"共产共妻"等污蔑性语言往恩格斯身上泼脏水,进而否定共产主义在道德层面的合理性。

我们认为,专偶制家庭作为私有制的产物,随着私有制和阶级的消灭而消亡,将是一种历史的必然。但是,专偶制家庭的消亡和家庭的消亡有着根本的不同。专偶制家庭存在的基础是所有制关系,而家庭存在的基础是血缘关系和感情。莫尔在《乌托邦》中坚持由亲属组成的家庭是社会的基本单位,这种设想是有道理的。在未来的人类社会中,以所有制关系为基础的专偶制家庭可以不存在,但以血缘关系和感情为基础的家庭一定会伴随人类的存在而存在,与人类共始终,只不过我们已经赋予了家庭比我们今天所认识的家庭有更多的内涵。

但是,无论家庭的形式有什么样的变化,作为从动物中分化出来的人,对血缘的认同是与生俱来的,即便人类进步到大同世界,血缘依然是维系家庭非常重要的纽带。随着社会的进步和所有制的改变,感情也将上升为维系家庭必不可少的另一根纽带,情感相悦将成为家庭的黏合剂,将相亲相爱的人团聚在一个家庭内。在这种家庭内,相对于今天家庭的结构形式会更稳定,生活会更美满。我们坚信,未来人类社会中的家庭一定会以一种与社会进步相适应的新型家庭的形式出现,这种新型家庭将成为未来人类社会中的最基础单元。

与恩格斯重点讨论专偶制家庭的视角不同,滕尼斯站在人类共同体的视角,研究了以血缘关系为纽带的血缘共同体。在滕尼斯看来,血缘共同体始终是人类社会具有重要基础性的共同体。

阿尔文·托夫勒从另外一个角度来认识家庭。

托夫勒在《未来的冲击》一书中,专门用一章的篇幅来研究"破裂的家庭"。托夫勒认为随着科学技术的发展,技术对家庭存在的冲击会越来越大。由于试管婴儿等生殖技术越来越成熟,未来婴儿的智商、容貌、人格特征及诸多能力等都可以事先安排和定制,女人生育不再是创造的快乐和光荣,孕育器官成了可以批量制造的工具。人们不仅担心亲子关系会不会纯粹变成法律关系而失去生物学意义,甚至产生了会不会在流水线上生产人类、会不会通过公司行为买卖精子和卵子的担心,因为如果一个孩子面对的是工业化条件下产生的"父母",以血缘为纽带的家庭将不复存在。

在托夫勒看来,如果仅仅是技术的冲击,通过人类的自我控制,家庭还是可以挽救的。但问题是随着人类社会的发展,人类的家庭观念发生了重大的改变。"家庭曾被称为社会的'缓冲器',是个人避风的港湾,是急流汹涌的环境中个人最坚实的据点。而当超工业革命展开之际,'缓冲器'本身也将遭受某些冲击。"①托夫勒认为,家庭会以一种新奇的形态出现。

托夫勒认为,在缓慢发展的农业社会,家庭因为难以迁移而相对稳定。家庭不但要养活自己的孩子,还要养活祖父母、叔叔、舅舅等亲属,这种"扩张化"的家庭形式适合于农业社会。工业社会造成大批的工人随时迁移,扩张化的家庭开始解体,逐渐被"原子核"式的家庭形式所取代,家庭成员仅包括父母和孩子。在所有的工业化国家,这已经成为标准的家庭模式。

托夫勒认为,随着工业化时代向信息化、智能化时代的发展,家庭形

---

① 阿尔文·托夫勒:《未来的冲击》,黄明坚译,中信出版社,2018,第205页。

式会进一步受到冲击。没有任何一个人愿意让无能之辈为自己做脑外科手术,最底层的公务员也需要严格考核,"而在生儿育女方面,我们却丝毫不考虑父母的心智、品行是否健全,是否合格。只要孩子是他们亲生的,便任由他们去抚养"①。在信息化时代,这种状况将发生改变。

托夫勒在《未来的冲击》中描绘了未来家庭的多种形式:"真实父母""亲生父母"将会被"职业父母"所取代,育儿的责任将移交给更胜任这种工作的"职业父母"。当人们感到孤独和相互疏远时,由数位大人和若干小孩组成的"社群家庭"将会出现。一夫一妻制的禁令将会松弛,一夫多妻家庭的数量会比一般人想象的要多。同性恋会渐渐被社会所接受,相同性别的人可以组成不存在两性关系的家庭。"试婚"将会被一般人特别是年轻人所接受,临时婚姻组成的临时家庭的数量将增加。在用完即弃的社会发展趋势影响下,爱情维持长久的可能性在降低,连续婚姻将大为盛行。夫妻的共同生活将完全出于内心的共鸣,婚姻是主动完成的,是基于彼此相亲相爱而建立的。

由于历史的局限,恩格斯根本无法想象今天如此发达的信息社会,无法想象现代人的生活场景。所以从现象上看,恩格斯所描绘的家庭形式与托夫勒所描绘的众多家庭形式恍若隔世,好像有天壤之别。但深层来看,具有内在的一致性。我限于篇幅不再深入分析,但坚定认为,血缘与情感作为家庭的纽带,家庭作为社会的子系统,即便是到了未来大同的人类社会,也不会有根本的改变。因为这种新型家庭形式为社会的基本单元,会让人类生活有更高的幸福指数,有利于人类社会从一稳态向另一稳态跃迁时能够更加稳定、有序地发展。

3. 人类社会的可持续发展

人类产生于自然界,其本身就是自然界的一部分,人类的存在和发展一刻也离不开自然界。在人类漫长的发展历史中,人与自然界的关系经历了三个阶段,这就是人类社会早期的受制阶段、农业时代的利用阶

---

① 阿尔文·托夫勒:《未来的冲击》,黄明坚译,中信出版社,2018,第210页。

段和工业时代的索取阶段。尤其是进入20世纪以来,随着人类生产力水平的快速提高,人类对自然界的索取已经超出了自然界的承受限度,破坏了自然界的生态平衡。约束人类自我行为、保护自然环境的要求已经日益急迫地提到了人类的议事日程上来。

近30多年来,各国政府及专家学者都非常关心一个热门问题,即所谓的人类"可持续发展"问题。现代可持续发展的思想源头可追溯至1972年马萨诸塞理工学院的丹尼斯·米都斯领导的17人小组向罗马俱乐部提交的关于未来世界发展趋势的报告《增长的极限》,以及同年6月在斯德哥尔摩召开的第一次联合国环境会议。但真正认识到可持续发展问题是人类子孙万代长久生存发展之关键的,是1980年3月联合国所发出的"必须研究自然的、社会的、生态的、经济的以及利用自然资源过程中的基本关系,确保全球的持续发展"的呼吁,以及1982年的《内罗毕宣言》。

"可持续发展"认识趋于成熟的重要标志,是以前挪威首相布伦特兰夫人为首的"世界环境与发展委员会"1987年提出的一个报告《我们共同的未来》,以及1992年联合国环境与发展大会所通过的《21世纪议程》。"可持续发展"概念的首次提出及《21世纪议程》的通过,意味着可持续发展已成为全人类有识之士的共识,提到了全人类必须高度重视的程度。

环境的保护问题是可持续发展的核心问题。为了人类免受气候变暖的威胁,1997年12月,在日本京都召开的《联合国气候变化框架公约》缔约方第三次会议,通过了旨在限制发达国家温室气体排放量以抑制全球变暖的《京都议定书》。《京都议定书》规定,到2010年,所有发达国家二氧化碳等6种温室气体的排放量要比1990年减少5.2%。

《京都议定书》规定,需要在占全球温室气体排放量55%以上的至少55个国家批准,才能成为具有法律约束力的国际公约。目前全球已有142个国家和地区签署该议定书,批准国家的人口数量占全世界总人口的80%。尽管2005年2月16日《京都议定书》就已正式生效,但由于二氧化碳排放占全球排放量的25%以上、全球温室气体排放量最大的国家美国以及加拿大等国退出《京都议定书》,导致该议定书无法真正执行,事实上成为一纸空文。

2015年12月12日,《联合国气候变化框架公约》近200个缔约方在巴黎气候变化大会上达成《巴黎协定》,这是继《京都议定书》后,世界范围内第二份有法律约束力的气候协议。2016年4月22日,《巴黎协定》高级别签署仪式在纽约联合国总部举行。联合国秘书长潘基文宣布,在《巴黎协定》开放签署首日,共有175个国家签署了这一协定,创下国际协定开放首日签署国家数量最多纪录。但令人万万没有想到的是,2017年6月1日,美国总统特朗普就在白宫发表讲话,宣布美国退出"巴黎气候协定",并在2020年11月正式退出。虽然拜登政府上台后重新加入,但其信用与权威性已经严重受损。

与美国极不负责任的行为形成鲜明对照的是,中国国家主席习近平在2020年9月22日第七十五届联合国大会上讲话时主动宣布,中国力争于2030年前二氧化碳排放达到峰值,2060年前实现碳中和。习近平主席说,实现这个目标,中国需要付出极其艰巨的努力,但只要是对全人类有益的事情,中国就应该义不容辞地做,并且做好。中国这么做,是在用实际行动践行多边主义,为保护我们的共同家园、实现人类可持续发展做出贡献。

中国人不仅对全世界做出庄严承诺,而且在扎扎实实地落实。早在2012年中国共产党的十八大报告中,就对"大力推进生态文明建设"做出全面部署,明确提出"必须树立尊重自然、顺应自然、保护自然的生态文明理念",指明了生态文明的核心是人与自然和谐共处,生态文明建设的本质要求是正确认识和处理人与自然的关系。从2012年以来的10年里,中国人为改善环境付出了艰苦的努力和巨大的牺牲,也取得了显著的成果。截至2020年,我国碳排放强度比2005年下降48.4%,超额完成向国际社会承诺的目标,累计减少排放二氧化碳约58亿吨。

在2022年中国共产党的二十大报告中,习近平总书记再次强调,力争2030年前实现碳达峰、2060年前实现碳中和,这是我们国家经过深思熟虑做出的重大战略决策,是我们对国际社会的庄严承诺,也是推动高质量发展的内在要求。习近平总书记指出:"地球是个大家庭,人类是个共同体,气候变化是全人类面临的共同挑战,人类要合作应对。"

用全球历史上最短时间实现从碳达峰到碳中和,为全球气候治理做出贡献,绝不是轻轻松松就能实现的。这是涉及价值观念、产业结构、能源体系、消费模式等诸多层面的系统性变革。目前,中国已建成全球规模最大的清洁发电体系,水电、风电、太阳能发电等发电装机容量均居世界第一。新型储能产业链日趋完善,技术路线多元化发展,为能源清洁低碳转型提供了重要保障。依托技术优势、市场优势及全产业链优势,中国正引领全球低碳领域的技术革命与产业发展,源源不断为全球绿色低碳转型注入强劲动力,促进了全球生态改善,促进了人与自然和谐共生,使整个人类社会向着更加有序的方向发展。

20多年前我曾经写过的一篇文章《可持续发展必须以人类发展为中心》[1],收录在《21世纪与河南发展》一书中。这篇文章写作的动因是1985年我在北京参加了一个关于三峡工程上马与否的研讨会。上马派和下马派在会上争论十分激烈,下马派中不仅有人将某些鱼类能否在长江上游产卵的个例作为反对三峡工程上马的理由,甚至有人从生态伦理学出发,反对以人类为中心的观点,呼吁保证地球上其他物种的生存权利。这让我不仅觉得迂腐,而且觉得如果任由这种认识泛滥,将很可能会影响我们国家理性地发展。

我在《可持续发展必须以人类发展为中心》的文章中提出了环境保护的目的是什么的问题。我们人类究竟是为保护环境而保护环境,还是为人类的可持续发展而保护环境?人类的可持续发展,与其他物种的生存权利孰轻孰重,如何平衡?我当时就意识到,这不仅是一个理论问题,也是一个可能会影响到中国未来发展的实践问题。

我在《可持续发展必须以人类发展为中心》的文章中提到了鲁迅先生在《病后杂谈》中一段形象描述:"君子非吃牛肉不可,然而他慈悲,不忍见牛的临死的觳觫,于是走开,等到烧成牛排,然后慢慢地来咀嚼",而

---

[1] 张明正等:《可持续发展必须以人类发展为中心》,载《21世纪与河南发展》,新华出版社,1998,第233页。

且还"心安理得,天趣盎然,剔剔牙齿,摸摸肚子"①。在鲁迅犀利的笔下,那些一边大口咀嚼着牛排,一边诅咒着杀牛人残忍的伪君子的面目跃然纸上。

我在文章中批评那些宣传"生命面前皆平等"人的矫情,说他们:"一边呼吁'确立自然界的价值和自然界的权利的理论,保护地球上的生命和自然界',一边靠剥夺其他物种生存权利来延续自己生命。"这让那些生态伦理学家非常生气。但我觉得我是为国家着想,也就顾不得那些人的感受了。

我不仅宣泄了情绪,也讲道理。我讲作为"类"的人与个体人、种族、利益集团的区别;讲为什么自从地球上有了人类,一切人与自然之间的关系必须以人类为中心;讲地球的自修复能力;讲生态平衡的重构;讲每天都有无以计数的物种在诞生和消亡的事实;讲为什么冰川时代95%以上的陆生物种全部灭亡,现在照样是一个生机勃勃的地球。我讲了这么多,最后还是为了阐明"环保目的"这样一个主题。我自以为我是在坚持真理。我不希望在环保的问题上,我们从一个极端跳到另一个极端。

但是,我多年来时常反省并后悔我当时的执拗。

的确,人类的可持续发展与环境恶化二者并不存在必然的因果联系。恰恰相反,正是由于有了人类的存在,自然界才有了"自主意识",地球上才首次出现了一个以人类为中心、以人类发展为宗旨的"自为"的世界。当人类发展到21世纪的今天,坚持以人类为中心,全面推进落实可持续发展战略,已经成为全人类的共识,我当时提出的观点并没有错。但我现在非常后悔当初太书生气,不懂政治,话说得太不合时宜,每每有助纣为虐的负罪感。

我当时万万没有想到,在之后的10多年中,中国在经济高速发展的同时,环境破坏之严重竟然到了触目惊心的程度,大自然的反噬让国家和人民都无法承受,恩格斯在《自然辩证法》中讲到的大自然的报复成为活生生的现实。以至于政府被逼得矫枉必须过正,因为不过正无以矫

---

① 鲁迅:《鲁迅全集》,甘肃民族出版社,1998,第164-165页。

枉。

自 2012 年以来的 10 年里,我们欣喜看到了中国共产党和政府在环保方面的作为,看到了国家重视环保所取得的成果。截至 2022 年 10 月,中国煤炭占能源消费总量下降至 56%,非化石能源消费比重上升至 16.6%,全国地级以上城市 PM2.5 的平均浓度比 2015 年下降 34.8%,空气质量优良天数比率达到 87.5%,地表水水质优良断面比例达到 84.9%。山清水秀天空蓝的美丽中国已经展现。

4. 天人合一的大人类社会观

我们将人类社会划分为狭义人类社会和广义人类社会。狭义的人类社会仅包括人类群体及人类组织结构和存在形式,而广义人类社会指的是人与自然有机融合构成的一个整体系统。在这样的系统之中,自然界不再仅仅是外在于人类社会的环境,不再仅仅是人类社会发展的条件,而是人类社会的有机组成部分。这种思想体现的就是中国传统文化中天人合一的理念,我们将这样的观念称为大人类社会观。

"天人合一"是中国传统文化中重要的哲学思想,历代先贤无不重视有加,北宋哲学家邵雍就讲过:"学不际天人,不足以谓之学。"中国历史上第一次明确提出"天人合一"命题的是宋代理学家张载,"张载借批判佛教人生观之虚幻,重返《易》《庸》的传统,用天道自然、大化流行的宇宙观和致学成圣、诚明真际的人生态度来重新诠释天人合一的关系"。他在《正蒙·乾称》中说:"儒者则因明致诚,因诚致明,故天人合一。"中国著名历史学家钱穆先生认为:"天人合一是中国思想文化对人类最大的贡献。"

天人合一的思想最早来自《易经》。《易经》中强调三才之道,将天、地、人并立起来,天之道在于"始万物",地之道在于"生万物",人之道在于"成万物"。《淮南子》中的"天地运而相通,万物总而为一"讲的也是天人合一。天人合一在儒、道、释的思想中均占据非常重要的位置,儒、道、释诸家对天人合一的阐述虽各有不同,但基本的思想是相通的。

"天人合一"是中国传统哲学的核心问题,也是儒家的主流思想。儒家天人合一的思想远远超出了人与自然关系的范畴,与封建宗法、等级制度密切联系,成为封建社会核心价值体系的内核。中国著名哲学家张岱年先生曾指出,中国哲学"天人合一"有两层意思:一是天人相通,二是天人相类。天人相类讲天是人伦道德的本源,天道与人性合而为一。

儒家天人合一思想里面还有个重要的内容,就是人要向"天"学习。司马迁讲的"究天人之际,通古今之变"就是强调天地万物有法则,是人学习的榜样。《中庸》讲"诚者天之道,诚之者人之道",用一个"诚"字来沟通天与人。在《中庸》看来,诚信就是天道,人只要坚守诚信,以天地之道为圭臬,按照天道去做,自然就"天人合一"了。

道教中所说的天人合一指的是道与人的合而为一。所谓"道生一,一生二,二生三,三生万物",讲的就是天与人源于道,合于道。"天地与我并生,万物与我为一",说的就是天人合一,天人相合相应。在道教道法中,天人同构,天人同象,天人互泰。天人关系不仅是一种"同与应"的关系,而且是一种内在的生成关系和实现原则。天之道是生成原则,人之道是实现原则,二者缺一不可。道教认为天地之道和人可以由感应沟通,道行高深的道士能够通过自身的修为、法术感应天道,从而祈晴祷雨,利人济物。

佛教是通过"空"主张天人合一的。佛学的基本思想就主张本能的智觉与智觉的对象本属一体,所知即能知,所觉即能觉。佛教中的"空"是空无、空虚、空寂,所以一切存在之物皆无实体与我,而一切实体与我又皆为空,空就是宇宙初始的一切,包含了宇宙万物。《心经》五蕴涉及"色、受、想、行、识",每一蕴都与空相关联。正所谓"空即是色,色即是空",人与万物的关系通过空合而为一。"五蕴皆空,度一切苦厄"。

"梵"也与天人合一的思想有关系。在古印度的宗教观念中,把梵理解为是宇宙超越本体的终极实在,现世只是现象,只是幻觉,天地万物皆有赖于梵,梵无处不在。发源于古印度佛教思想中的"梵我合一"是精神与物质的合一,是天与人的合一。梵我合一是任何人通过修行都可以达到的境界。

我们的先人所提出的天人合一对后人具有极大的启发。建立在天人合一观念基础之上的大人类社会观强调的是人与自然的有机融合,是人与自然的共生、共存。大人类社会观不再将自然界外在于人类社会,不再将自然界仅仅看作人类社会发展的条件,而是将人与自然合而为一,人类来自自然界,生存于自然界,人类属于自然界,自然界也属于人类,你中有我,我中有你。

  大人类社会观认识的产生具有非常重要的理论意义与现实意义。就理论意义而言,建立在狭义人类社会与广义人类社会基础上的大人类社会观在概念上扩大了人类社会的外延,赋予了人类社会新的内涵,改变了长期以来我们对人类社会的传统认识,拓宽了哲学和其他社会科学研究人类社会的视野。就现实意义而言,大人类社会观为人类认识自然和改造自然提供了认识论的基础,对我们贯彻习近平生态文明思想,建设人与自然和谐共生的美丽中国,推动全球环境治理体系,推动人类的可持续发展,引导人类向着更加稳定、有序的方向前进,都有巨大的帮助。

附录一

我儿时记忆中的河南大学

　　我几十年来都习惯把河南大学简称为河大。《方向管理论》即将完成时,很多朋友问我将来准备在哪里出版,我毫不犹豫地说在河南大学出版社。如果河南大学出版社愿意承担出版工作,我不会选择别的出版社,因为我一生都有河大情结。

　　我的父母被河南大学诚邀所感动,20世纪50年代从上海复旦大学来到河南大学,协助创建地理系(如今的河南大学环境规划学院)。

　　刚刚从上海来到河大不久,学校就在生活上特殊照顾,分给我们家一排五间的房子,这在当时,已经算是"豪宅"了。更难得的是,还配有一个长方形全封闭的大院儿,占地至少有一亩多。

　　在我们家的院子里,四周种满了楝树、枣树、石榴树、无花果树等各种树。每年春末楝树开花时弥散的淡雅清香可以飘到很远很远的地方。父母带着我们几个孩子,在院子里养鸡、养兔子,种蔬菜、玉米、小麦、向日葵。我们家在这里住了十几年,这个院子在我小时候的感觉就好似鲁迅眼里的百草园。

　　我的祖籍是安徽合肥,但我是生在河大、长在河大、学在河大、将来注定葬在河大的河大人。我是从河南大学幼儿园、河南大学附小、河南大学附中、河南大学物理学院一路学出来的,主要的工作经历也是在河南大学。我在这所百年名校学习、工作、生活了整整70年,我对河南大学怀有深厚的感情。

　　河南大学始建于1912年,是一所文化底蕴极为深厚的古老学府。中国最后一次国家层面的科举考试就在河南大学校园内的河南贡院开考。中国科举史上最后一位状元、榜眼和探花就诞生在河南贡院。校园内曾经存在的一排排贡院厢房见证了中国科举制度的终结。每一个到过河南大学老校区的人，只需要在校园里走一走，看一看那么多属于国家级文物的古老建筑，就可以感受到河南大学极其厚重的历史和浓重的学术氛围。

我儿时的河南大学，南、东北、西三面环水，正东面是开封千年古城墙。以一个城市的其中一段城墙做学校围墙，河南大学可能是世界上的唯一。学校北边是风姿绰约的铁塔湖和葱茏树木掩映中的铁塔公园景区，以及雄伟高大的千年开宝寺塔，整个景区与河南大学连为一体，曾经属于河南大学的一部分。

学校南门外就是波光粼粼的阳光湖。站在学校门前不远处的湖边，可以近看水中时沉时浮的野鸭和湖边飞来飞去的水鸟，远眺湖中心芦苇丛生的小岛以及岛上传说中的孟良、焦赞墓。我小时候听学校的老人说，当初规划河南大学时，阳光湖就是河南大学的校内湖，学校南门原定是在阳光湖的南岸。我经常在想，倘若有一天真的能实现河南大学前辈们创建时的规划意愿，把铁塔公园景区和阳光湖划归河南大学，河南大学一定是全中国最美的大学之一，一定能够吸引最优秀的人才，一定能够成为一所世界一流的大学。

紧靠学校西边围墙的是缎带般的惠济河。河宽数丈，缓坡的河堤绿草如茵，严严实实地从水边一直铺到堤顶，几乎没有裸露的土地。两岸密匝排列、粗大的垂柳如烟，摇曳的柳枝一垂到地。站在西校门口的桥上向南望去，一连三座的过河桥各具特色。每座桥下边的过水口两端，都聚生着开封市特有的一丛丛当地人叫三春柳的柽柳，老干虬枝，姿态各异。尤其阳光湖西岸连通惠济河的那座半圆形的虹桥，更是美极了，远远望去，像天上的景色。

那个时候，开封当地人不怎么吃鱼，捕鱼的人不多，但每逢夏天雨后，就会看到有几位老人扛着一丈见方、四边绷紧的大网来到惠济河边，随手往网中间丢一块砖头，然后放入水中，三五分钟拉一次网，时不时会有一两条一尺多长的大鱼在网中跳上跳下。

冬天里,房檐下的冰凌像下垂的利剑,整个冬季都不化。每天早上起来,家里的窗户上都结满了窗花。所有的湖泊都冻实了,从入冬到开春都可以滑冰,感觉和现在东北的天气差不多。每天早上上学的时候,很多男孩子就拿出自己制作的简易冰车一路划着去上学。从1984年开始,开封的气温发生了显著的变化,湖面很少结冰,滑冰成了奢望。

我儿时记忆中的河南大学,到处是古木参天、浓荫蔽日,每天黄昏,古老的大礼堂上空都会盘旋着数以千计的群燕。周日,男孩儿们就会拿出自制的弹弓到河南大学校园里打满天的飞鸟。有时候我们也会跑到贡院旁的小礼堂花园里捉迷藏,或者几个孩子手拉手,从南往北,挨个儿去抱一抱贡院厢房东边那一排树干大多直径超过一米、树冠覆盖少说也有上百平方米的古树。

河南大学不仅环境优美,还聚集了一大批学术造诣极高的国内著名学者。河南大学历史系、中文系、外语系、地理系、教育系、艺术系等一大批院系,当时在全国声名显赫。全国政协原副主席侯镜如,民盟中央原主席楚图南,国防部原部长梁光烈,中国革命家、政治家罗章龙,中国人民大学原校长袁宝华,中国人民对外友好协会原会长王国权,哲学家冯友兰,历史学家范文澜、邓拓、尹达、白寿彝,作家周而复、姚雪垠,音乐家马可等一大批名人,都曾经在河南大学工作,或者毕业于河南大学。

20世纪60年代末,学校内的所有古树全部被砍光了。再往后,所有的贡院厢房全部被拆除了,极具特色的日字院也拆了,青砖墁地、松柏环绕的大礼堂门前的高台被改造成光秃秃的水磨石平台,惠济河被填平改造成开封市的内环路,阳光湖也被填得几乎看不到水了。我儿时熟悉的那些全国著名的老教授、老专家,也都离开了我们。儿时的一切一切都成了我永远的记忆和怀念。

我儿时记忆中的河南大学,何时归来兮?

附录二

关于"传道、授业、解惑"的几点想法

(河南大学工商管理学院2013级新生开学典礼上的讲话)

各位新同学,大家好。再有20天,我就要退休了。退休之前,院领导让我代表全院教师讲话,与新生进行一次思想的交流,给了我一次与同学们相识和告别的机会,我非常感谢院领导这深情的安排。

我舍不得离开这伴我一生的三尺讲台,我非常珍惜这最后一次与同学们的思想交流。前天院领导通知我准备今天的讲话,我当时正在北京开会。昨天晚上回来后,我想了很久,想最后一次和同学们谈些什么。想来想去,作为一个一生就职于学校的教师,还是想和同学们谈一下韩愈《师说》中的"传道、授业、解惑",因为这是我们中国千百年来大家公认的一个教师最神圣的职责。

我理解的所谓传道,简单说就是告诉同学们做人、做事的道理,而我认为传道中最重要的内容之一,是教导同学们如何正确建立自己的信仰,形成自己的人生价值观。

信仰,就是对某种宗教或主义极度的信服和尊敬。信仰是人们统摄、指导一切意识形态、社会心理的最高的观念文化。尽管费罗洛夫讲过,"信仰就是深信那些在当时既不能用理论也不能用实验证明的假设和推测",带有相当的盲目性,但从远古到今天,人还是不能没有信仰。没有信仰,人的心灵就无所依傍,或如英国华人作家虹影所说的,会"精神漂泊",物质生活再丰富也会有无穷莫名的烦恼,时常会感到空虚、无聊,幸福指数会大大下降。

我不信教,但我喜欢宗教的氛围,喜欢宗教中很多发人深省的思想,常常惊诧于宗教中信仰的力量。我现在正在写的一本书,就叫《宗教中的管理思想研究》,我给我们院MBA研究生讲授的《企业文化与企业形象设计》课,其中有一章就是"企业文化与宗教信仰"。

8年前,我的女儿结婚,他们听从了我的建议,婚礼放在教堂举行。当30个基督教徒身着宽大衣袍,伴着风琴轻声唱起祝福的《恭行婚礼歌》和《完全恩爱歌》时,整个大厅弥漫着圣洁的灵光,所有来宾都不由自主有一种心灵的震撼,强烈感受到一种信仰带来的力量。我相信,我的女儿和女婿一生也不会忘记这种氛围下由衷发出的忠诚誓言,这是任何婚庆公司无论如何努力策划也无法达到的精神高度,因为只有信仰才具有这种能量。

信仰还有一个非常重要的作用,可以使人产生敬畏之心。与敬畏之心相对的是狂妄自大,无法无天。敬畏之心,就是一种自我约束和自我警戒,是一种修养的体现。孔子说:"君子有三畏:畏天命,畏大人,畏圣人之言。"朱熹说:"君子之心,常怀敬畏。"我今天想说,在法的约束下,人也许会产生畏惧之心,但不一定会产生敬畏之心。有了信仰,人才会真正懂得敬畏。

有积极意义的信仰,是一个社会共同体基本的、必不可少的构成要素,是事关一个国家、一个民族最基本的思想观念、心理状态、行为方式的精神基础。我并不反对同学们有其他信仰,但我强烈主张同学们信仰共产主义,同时这也是我发自内心的、一生矢志不移坚持的信仰。

我们教师有责任、有义务帮助我们的学生建立积极向上的正能量的信仰,建立积极的人生价值观。做一个有信仰的人,不仅有利于社会,同时也有利于自己。向学生灌输有积极意义的信仰,是作为一个教师最大的传道。

授业，在我看来，不仅是传授知识，更重要的是传授掌握知识的方法。有人认为学习方法属于传道范畴，我认为传授知识和传授掌握知识的方法，是一个硬币的两面，应该放在一起讨论，都属于授业的范畴。

知识如何得来？归纳主义的代表人物，宣传"知识就是力量"的提出者培根认为，知识是靠归纳、靠积累得来的，培根认为，知识就像货栈中存放的货物，知识积累得越多，知识宝库就会越充实，人的能力就会越强。培根曾经形象比喻为只要"及时采集无数成熟的葡萄"，知识的酒浆就会源源而来。

其实，培根的归纳、积累，只是讲到了学习方法的一个方面，学习方法中更重要的一个方面，或者说更高的一个层面，是对旧有知识的怀疑。培养学生的怀疑精神和创新意识，是授业的题中应有之义，这也许比单向的知识传授更重要，更根本。我们当下大学教育的问题，很大程度上就是出在这里。

当然，还有比这个更迫切需要解决的，那就是在信息爆炸的当今时代，如何指导学生甄别知识以及学习什么知识的问题。当培根告诉我们如何采摘成熟葡萄的时候，他可能没有意识到，成熟在某种意义上等同于死亡，青涩才具有无限生命力的道理。我们的很多教师也没有告诉学生，成熟的知识大多都是死知识，只能充当思想生长的肥料，学问长进的基础。只有不成熟的知识，才能给我们的学生提供更大的思维空间，也才是学生更应该关注的知识。

最后说到解惑，我们教师绝不能简单理解为是帮助学生解决困惑，甚至以为帮助学生解决困惑是教师的当然责任。因为很多困惑本就是无解的，甚至是无须解的。更重要的是，我们必须认识到，困惑本身就是一种自在的、正常的思维状态。有困惑才有思考，有思考才有思想的进步。困惑是思想进步的原动力，也是推动社会发展的原动力之一。我们应该允许甚至鼓励学生因困惑而离经叛道，因困惑而胡思乱想。

比这个更重要的是,我们必须认识到,困惑其实是人类从无知→有知→困惑所完成的一次认识上的否定之否定。相较于无知而言,困惑本身就是人类思维更高级的表现形式之一。

洛伦兹的混沌理论告诉我们,在这个世界上,精确是相对的,模糊是绝对的;清晰是相对的,混沌是绝对的;清晰的认识是相对的,不清晰的困惑是绝对的。恩格斯早在100多年前也告诫我们,我们所面对的世界,不是一个非此即彼的世界。非黑即白、非对即错、非好人即坏人的二元思维,本质上是一种形而上学的思维方式。

庄子在《庄子·应帝王》中,给我们讲了一个故事:"南海之帝为儵,北海之帝为忽,中央之帝为浑沌。儵与忽时相与遇于浑沌之地,浑沌待之甚善。儵与忽谋报浑沌之德。曰:'人皆有七窍,以视听食息,此独无有,尝试凿之。'日凿一窍,七日而浑沌死。"

由此看来,给学生解惑、开窍,其实是一件非常困难甚至是非常危险的事,因为混沌本就天成,困惑就是思考。教师没有打断甚至剥夺学生思考的权利。至于因教师本身水平不够,还浑噩而不知,非要以其昏昏使人昭昭,还一本正经地非要给学生解惑、开窍,搞思维替代,那就无异于戕害学生了。

解惑其实是一种二元思维的变形。当今时代,是一个多元的社会,是一个多元化思维活跃的时代。我们的教师,必须适应这个时代,尽量少给学生唯一性的结论。这种认识不仅应该体现于我们的考试中(尤其文科考试中,少出只有唯一答案的试题),更应该贯穿于我们的日常教学中。

由此,我就想到,喊一喊"传道、授业、解惑"是教师的神圣职责的口号是容易的,但如何"传道、授业、解惑",确是一门大学问,搞错了是要误人子弟的。误人子弟害的不仅是学生,不仅是信赖学校、信赖老师的家长,还会危害到民族,危害到国家。因此,我衷心希望,也坚信新一届的学生在河南大学，会看到更多怀有敬畏之心、战战兢兢走上讲台，唯恐误人子弟的老师。倘若如此，乃学生之幸、家长之幸、民族之幸、国家之幸。

谢谢大家。

后　　记

　　这本书,从产生想法到动手写作如今已经有30多年。如果算上20世纪70年代初就开始的对不确定性的思考,已经过去了整整半个世纪。

　　用半个世纪的时间写一本书,对我来说就是用我的生命在写。这期间我不断地修改增删,但几乎没有一天是满意的,总觉得意犹未尽。尤其是2022年上半年,在撰写第三部分"方向管理理论的应用"时,始终纠结于到底是将方向管理的研究成果应用到微观层面,按照政治、经济、科技、企业管理等不同领域划分,分门别类地研究,让读者觉得方向管理理论"有用",还是研究方向管理理论在人类社会中的一般应用,侧重提供方法论的指导。

　　2022年10月1日,全家人为我提前一年举办70岁生日宴,当大家重提"人生七十古来稀"的老话时,我才突然意识到我真的老了,时间已经不允许我再拖下去了。我不敢再追求那可望不可即的完美,开始加快进度,终于用将近两个月时间完成了全书。看着眼前这部完成的书稿,我如释重负。

　　我在本书中展示了诸多的新思想和新观点。

　　我在明确指出目标管理是一个基于偏差分析的负反馈控制系统的基础上,在确信"系统演化就是一稳态向另一稳态跃迁"的基础上,在管理学发展史上,首次提出了"方向管理"的概念。我通过研究"两种方向之区别""长期行为与短期行为的六个特征""时间与确定性的反比关系""长期行为与不确定性的关系""长期战略目标是不可预测的奇怪吸引子"等方向管理的基本理论,建立了方向管理的基础理论框架。

　　方法论原本是哲学上的一个概念,指的是认识世界、改造世界的根本方法，一门科学所采用的一般性的研究方式和方法也可以归于方法论的范畴，世界观、认识论和方法论在本质上具有内在统一性。基于这样的认识，在方法论层面，我提出了"混沌思维方式""实践价值判断原则""概率判断原则""稳态跃迁的螺旋式上升道路"等一系列方向管理的一般方法论问题，希冀能够对方向管理理论的应用给予更好的帮助。

基于方向管理的理论和方法，在方向管理理论的实际应用过程中，我提出了"国家综合实力判断的五维分析""新人性假设""世界中心转移规律""超组织管理""三个资本主义阵营的划分""狭义人类社会与广义人类社会的划分""大人类社会观"等一系列的新观点。

还有一些观点和想法，我已经思考多年，也在不同场合的演讲中多次讲到。比如，我在本书第三部分讲到社会发展"演化形式与演化方向的判断与选择"时，提出方向判断、选择的两个原则，原稿其实是四个原则。除了"概率判断原则""实践价值判断原则"之外，还有"比较判断原则""稳态判断原则"。比较判断原则有点"两害相权取其轻，两利相权取其重"的意思。稳态判断原则更多强调的是系统稳定性的决定作用。根据稳态判断原则，我预测未来"国家资本主义"一定会向社会主义靠拢，并最终"殊途同归"。大同世界的实现，大概率会通过大国主导以"和平演进"的方式逐步完成，"暴力革命"将表现为以强止战的"强胜"而非武斗。但由于这些观点涉及的问题比较多，相关的诸多认识分歧我自己还没有想透，就没有写在书中。

这些基本理论和观点中的绝大部分是我在河南大学 30 多年教学、演讲中的积累，很多内容已经讲了二三十年，了解我这些基本理论与观点的学生至少上千人或者更多。其间，总是有学生提出，这么多的观点和预测是怎么从方向管理理论中得出的？能不能找到方向管理理论与应用之间一座触手可及的桥梁，而且每一个实践中出现的问题都能够在方向管理中找到解决的办法？

我相信，即便是今天，依然会有人提出类似的问题。我坦率告诉大家，由于长期行为的不确定性，方向管理理论与长期发展实践中遇到的问题不可能存在严格意义上一次函数般的线性对应关系。说到底，方向

后　记

管理更接近于一种哲学的思考,居于"道"的层面。尽管"器"也并非简单的有形之物,但道毕竟"在天成象",故而"视之不见、听之不闻、搏之不得",我们只有在长期的应用实践中才能真正领会并运用自如。

我至今依然记忆犹新的是,20世纪80年代中期,我曾受邀到河南大学很多院系以"振兴中华"为主题进行演讲。我从丹尼尔·贝尔的《后工业社会的来临》、托夫勒的《第三次浪潮》、奈斯比特的《大趋势——改变我们生活的十个新方向》等关于人类未来的描绘中,从汤浅光朝的科学中心转移规律的论述中,悟出了世界中心的转移规律。我在对一些有可能成为世界中心国家的比较中,预言了未来中国的复兴,憧憬中国在21世纪将重新昂首自立于世界民族之林,成为世界中心。但当时几乎没有人相信,很多人认为我在信口开河。

我至今依然记忆犹新的是,20世纪90年代初,我受校宣传部和系党总支的委托作过一个演讲,演讲的题目是"只有共产党才能救中国"。我首先从微积分的创立讲起,引出实践价值判断原则,一步一步带领学生加深理解中国成就的来之不易,理解实践是检验真理的唯一标准,并当场回答了至少十几位同学提出的几十个问题。演讲会后,很多参会的老师告诉我,当时的场面就像一场记者招待会。后来,我还知道,这件事竟被学生们传播到省内其他大学,演绎成河南大学有一个老师用微积分推导出了只有共产党才能救中国。

我至今依然记忆犹新的还有我在河南大学工商管理学院2013级新生开学典礼上的讲话(参看附录二),讲话的题目是:"关于'传道、授业、解惑'的几点想法"。我在讲话中阐述了信仰的作用,认为有积极意义的信仰是一个社会共同体基本的、必不可少的构成要素,是事关一个国家、一个民族最基本的思想观念、心理状态、行为方式的基础。向学生灌输有积极意义的信仰,是作为一个教师最大的传道。我讲授业时提出"成熟意味着死亡,青涩孕育着成长"。我从浑沌之死引出我对解惑的理解,不主张动辄为学生"开窍"。从这个讲话中,可以看到十年前我对方向管理理论部分内容的想法和当时的一些观点。

今天,我把这些观点集中展示在这本书中,也算是对我在大学工作

30多年的一个工作总结。虽然其中的部分观点勉强也可算是一家之言,但基于这些想法之上真正严谨的研究并不多,大部分都是直觉的猜想。这也许就是我几十年来对这些观点始终采取"述而不作"的原因。我只是对基于自己阅历、能力之上自己的判断有信心,自己相信,并没有十分的把握去说服别人。

我的直觉猜测主要来自三个方面:其一是自己对客观事物的观察和感受,其二是受别人观点的启发,其三是自己的信仰。

对客观事物的观察非常重要。创新大多来自对未知或不确定事物的认识,而在事物的真相或本质性特征暴露之前,我们对客观事物的观察和认识总是不充分的,在旧有认识的桎梏下,在客观条件的制约下,我们取得认识突破很重要的一个方法就是直觉的猜测。直觉的特点之一是思维的跳跃性,这种依靠丰富想象力迅速做出的猜想或判断,看似省去了分析推理的中间环节,其实是一个人长期知识积累的升华,是一个人思维能力的体现。

如果纯粹从数量上看,我大部分的直觉猜测来自别人观点的启发。比如,毛泽东提出"三个世界"的理论在先,我受启发想到"三个资本主义阵营"的划分。再比如,文化可以划分为狭义文化和广义文化,我受启发想到了"狭义人类社会与广义人类社会"的划分。再比如,有汤浅光朝"世界科学中心转移"的研究在先,我扩大一下,提出"世界中心转移"也是顺理成章的。

至于30多年前演讲中梳理《第三次浪潮》和《大趋势》的观点时,顺便说中国未来一定能够崛起,一定能够自立于世界民族之林,是因为毛泽东早就说过类似的话,我不过就是坚信不疑,重复一下罢了。至于说到2060年前后世界中心将转移到中国,分析固然是有的,但更多的是一种期待,是美好的憧憬。别人相信我当然高兴,别人不相信,我也不会勉强让别人相信。

我想特别提一下信仰的力量。

我小的时候,父亲曾向我讲过一件让他记忆深刻的事:抗日战争时期,复旦大学迁到重庆,父亲经常到重庆的大山里搞地质调查。有一天,

后　记

他到了一个偏僻的小山村,意外遇到了一个衣衫褴褛的外国传教士。他在当地已经生活了几十年,讲一口山里人流利的土话。由于这位传教士的坚持,当地很多人都信教。这件事让我父亲一辈子都相信了信仰的力量。

我从小受父亲的影响,也是一个理想主义者。我相信中国未来一定能够自立于世界民族之林,中国一定能够成为世界中心,其中主要来自我的信仰。我在《方向管理论》中,反复强调方向管理不仅是一种管理方法,还要仰赖直觉,靠信仰来支撑,与我成长的经历也许不无关系。

谈到信仰,我想起了毛泽东的一段名言。毛泽东在中国革命极其困难的1930年,依然在《星星之火,可以燎原》一文中想象着中国革命:"它是站在海岸遥望海中已经看得见桅杆尖头了的一只航船,它是立于高山之巅远看东方已见光芒四射喷薄欲出的一轮朝日,它是躁动于母腹中的快要成熟了的一个婴儿。"[①]我相信,在当时能够支撑毛泽东畅想未来的力量源泉首先一定来自伟大的信仰。每当我想起毛泽东对中国革命未来充满浪漫主义的激情描绘,我也会热血沸腾,也会充满了乐观的精神,就会永不放弃对中国未来的期望。

我从小喜欢文史哲,在河南大学学习期间学的是物理学,在北京师范大学研究生课程班学习的是自然辩证法。在河南大学工作期间一直讲授科学技术概论,主要研究方向是科学技术哲学和战略管理。也许正是我这样的学习经历和知识结构,才能够让我涉及比较宽泛的研究领域,形成"混沌"的思维方式,并最终帮助我完成了《方向管理论》这本书。

这本书能够完成,应该感谢很多人。

首先,应该感谢我的父亲张光晔(又名张光业)与母亲盛承祥。我父亲20世纪50年代与我母亲一同从上海复旦大学来到河南大学,与一批国内著名的地理学家共同创建了河南大学地理系(如今的环境规划学院),把一生献给了河南大学。他严谨的治学态度、勤奋的工作状态、无私的奉献精神、与人为善的处世原则深刻影响了我的一生。我母亲在河

---

① 毛泽东:《毛泽东选集》,人民出版社,1964,第103页。

南大学外语学院工作,她乐观豁达的性格、乐于助人的行为也是我一生学习的楷模。

还要感谢我的夫人徐虹。她承担了我们家几乎所有的家务,默默在背后支持着我,这才得以让我这个连手帕都不想洗的"懒人"无后顾之忧。

我还要感谢我的女儿张安南、女婿安立平和外孙女安思佳。是他们让我对生活充满希望,每天享受着天伦之乐。我从他们身上悟出,以血缘与感情为纽带的家庭是人类社会的基本存在单元,一定会与人类共始终。

我非常感谢的还有河南大学的副校长孙君健教授。他非常关注这本书的写作,在很多方面给了我实实在在的帮助,还拨冗为本书写了序言。正是他多年来的关心,对我起到了督促的作用,让我不好意思有丝毫的松懈。

我还非常感谢我的学生张洁梅博士。她在长达十几年的时间里,一直关心《方向管理论》的写作,经常询问进展的情况,其间还参与部分工作,帮助我完成了方向管理研究论文摘要的英文翻译工作。

我这次请张洁梅博士也写了一个序言,是出于三方面的考虑:一是因为她是一个业务能力很强的管理学博士生导师,想请她在专业上对本书有一个评述。二是我一向认为,学生就是老师的上帝,是老师的衣食父母。让学生给老师的书写序,如果过去没有,就从我开始。三是因为我们相识已经二十多年,而且一直有联系,她了解我,我希望她向读者展现一个她所认识的真实的我。

我这里特别想感谢的还有一个人,这就是河南大学学报编辑部的靳宇峰老师。2020 年 2 月,我写了一篇两万多字的文章《方向管理:长期行为不确定性管理的思考》,通过互联网发到河南大学学报编辑部。素未谋面的靳宇峰老师第三天就及时回信敲定,而且在学报版面非常紧张的情况下,仍决定全文发表,不做删减。正是这篇文章的发表,让管理学界更多人知道了方向管理。

在本书的出版过程中,河南大学出版社的责任编辑薛建立老师付出

后　记

了辛勤的劳动。他认真、负责的工作态度和极强的专业能力给我留下了深刻的印象。听说薛建立老师2023年底就要退休，我的《方向管理论》是他在职编辑的最后一本书。能在薛老师退休前由他在编辑上为我的书把关，是我的幸运。在此向薛建立老师表示感谢。

还要感谢为本书做封面设计的马龙老师。他将混沌理论中的洛伦兹螺旋线局部放大、进行抽象化艺术处理后作为封面主图的构思，形象体现了蝴蝶效应和稳态跃迁的思想，而且有"道路很复杂，方向需选择"的隐喻，与本书主题思想非常贴切。另外，希百寿药业有限公司的路彦英女士，承担了本书全部的绘图工作，一并表示感谢。

最后想说的是，我是从河南大学幼儿园、河南大学附属小学、河南大学附属中学、河南大学物理学院、河南大学政治系（管理科学系）、河南大学商学院一路学习、成长起来的，是河南大学培养了我，给了我施展抱负的平台。没有河南大学，就没有今天的我。

我们一家三代人在河南大学已经连续工作了70多年，我对河南大学怀有深厚的情感（参看附录一）。我把耗费我一生心血的《方向管理论》放在河南大学出版社出版，是想表达我对河南大学深深的敬意。

帮助我的人还有很多，在这本书将要出版之际，一并表示感谢。

张明正
2023 年 8 月